身体感性と文化の哲学

人間・運動・世界制作

樋口 聡
グンター・ゲバウア
リチャード・シュスターマン［著］

勁草書房

はじめに

樋口　聡

本書は、ハビトゥス、実践感覚、ミーメーシス、身体感性論といったキーワードのもとに、国際的に活躍している哲学者、グンター・ゲバウアとリチャード・シュスターマンによって展開され、私がダイアローグという形で関わった教育論、芸術論、スポーツ論を集めたものである。ゲバウアもシュスターマンも専門は「哲学」と言うことができるが、時代を先取りするようにして「身体論」に深く関わっており、その視点から「哲学」という古くからある学問の刷新を企ててきている。

ゲバウアは、ドイツで、研究者としてのキャリアを、「スポーツ哲学」から出発させている。ドイツ哲学会の会長も務めた著名な哲学者ハンス・レンクのもとで学び、スポーツ運動の身体論的研究とともに、スポーツ文化の社会的位置をめぐる社会学でも重要な研究を行った。ゲバウアが師事したレンクは、超一流のスポーツ競技者でもあり、ローマ・オリンピックで、ボートのエイトの西ドイツチームのメンバーとして、何と金メダルを取っている。スポーツ哲学という領域の成立は、レンクの尽力に負うところが大きく、ゲバウアは、その学問レベルの向上に大きく寄与した。ゲバウアは、その後、スポーツという領域を超えて、芸術の根源に迫る美学的研究も展開している。国際的にも、また日本においても、スポーツ哲学と美学の学問分野で有名である。

このゲバウアの経歴や研究の関心の展開は、私のそれとよく似ている。私も、研究者としてのキャリアを「スポーツ美学」（『スポーツの美学』不昧堂出版、一九八七年）から出発させたが、その領域にとどまらず、教育の哲学的・美学的研究へと研究を展開させた。

シュスターマンは、現在、アメリカのフロリダに拠点をおく、国際的に著名な哲学者である。彼を一躍有名にした *Pragmatist Aesthetics*（Blackwell, 1992, 2nd ed. Rowman and Littlefield, 2000）は、一二か国語に翻訳され、このところ、いつも世界を飛び回って、特に somaesthetics についての講演やワークショップを行っている。日本では、美学の研究者が関心を示して講演のための招聘などを行っている。教育学の領域でシュスターマンの身体感性論に関する研究を日本で行っているのは、今のところ、私だけである。シュスターマンには *Practicing Philosophy*（Routledge, 1997）といった著作もあり、彼は講壇哲学と批判される現在の哲学の学問情況を超えて、実践的な力を持った哲学の構築を企図している。私は広島大学の同僚とともに、この書物を日本語に翻訳した（樋口聡・青木孝夫・丸山恭司（訳）『プラグマティズムと哲学の実践』世織書房、二〇一二年）。私もまた、従来の「教育の哲学」に収まらない形で、哲学と美学の批判的研究に従事している。

ゲバウアと私は、一九九〇年代の中頃から、「スポーツ哲学」を介して研究交流を進めていたが、一方、ゲバウアとシュスターマンは同じ研究グループのメンバーとして、パリでピエール・ブルデュと共同研究に従事していた。そして、私は、一九九八から九九年にゲバウアを、二〇〇二から三年にかけてシュスターマンを、広島大学大学院教育学研究科・学習開発学講座の客員教授として招聘した。こうして三人の関係は、つながったのであった。

本書に収められた論考は、一九九六年から二〇〇七年にかけて、ゲバウアとシュスターマンが行った講演の私による日本語訳と、それに対して私が付したコメントである。第四章だけが、この関係が逆転した形になっているが、実際には、私の論考は、ゲバウアのミーメーシス論に触発されて書かれたものである。今、「書かれた」と述べた。確かにどの論考も「書かれた」論文である。しかし、それらはどれも、講演という形で、口頭で発表されたものである。講演の原稿としてオリジナルに執筆されたものもあるが、あるいはすでに活字になったものが口頭発表用にアレンジされたものもある。本書のそうした論考は、いわゆる研究書における「論文」とは一味違った雰囲気を醸し出している。引用に対する註が不完全であったりするのは、その結果である。その雰囲気は、読者に、まずはオーラルな場の情況に身を委ね、問題の広がりを感得することを求める。そこから得られた知＝実践感覚は、オリジナルでクリエイティヴな個別的「研究」を導く可能性を与えるだろう。

本書の諸論考は、書物の中に佇み、炯眼の読者を待つ存在を超えて、声になり、演じられた。その時空間でのやりとりこそが、まさにダイアローグと呼ばれてしかるべきものであるが、しかしながら、その実際は、記録されることなく、もはや知る由もない。当事者としての私の記憶においても、形をなしていない。訳された論考に、訳者改題や解説として記された文章が、かろうじてダイアローグの実相を示唆するのみである。

それでもダイアローグにこだわっているのは、欧米の進んだ議論を取り入れ日本の学界に紹介するといった、これまで人文学の領域で当たり前のように考えられてきたことへの、ちょっとした反省と抵抗があるからである。ゲバウアにしても、シュスターマンにしても、世界で活躍するスーパー・スターであったとしても、同時代に生きる友人である。私たちの研究が何かを生み出すとすれば、それはダイアローグという共同的営みによってである。その際のダイアローグは、ゲバウアと私、シュスターマンと私の間での文字通りの対話だけを意味するのではない。本書を読んでくれる人々も巻き込んだ、その濃密な場への志向が、今、ダイアローグと呼ばれるものへのこだわりに他ならない。

論考の内容は、ゲバウア、シュスターマンと私の対話によって浮上してきたものであるが、もちろん、それぞれの時点で私たちが関心を持って取り組んでいた研究からきている。それまでの経歴、そして置かれた立場への対応といった学究的な生活（生きること）と密接に絡んでおり、その意味で多様な問題の広がりを、ここに収録された諸論考は表象している。一定のテーマに即して内容を刈り取る、といった姿勢とは対極的な精神がここにはある。

この二人のスーパー・スターは、広島大学の客員教授であった。ゲバウアは八か月、シュスターマンは一年間、広大に滞在した。当時、この事実に、学界の誰もが驚いた。「広大はすごい……」と。そして、実際のパフォーマンスからすでにかなりの年月が経ち、あちらこちらから、リバイバルの声を聞くようになった。新たなページをしたためるためにも、これまでのパフォーマンスがこのような形でまとめられることには大きな意義がある。

ハビトゥス、実践感覚、ミーメーシス、そして身体感性論。これらの哲学的・美学的モメントは、私たちの生のどこにでも見出すことができるものであるという事実に自覚的になることは、重要である。スポーツやフェルデンクライス・メソッドなどの具体的なトピックに、話が矮小化されるべきでない。ゲバウアやシュスターマンが自らの生の中で、そうしたトピックと向き合っているそのあり方を見て、それをしかるべく模倣してみること（まさにミーメーシスだ！）。本書が、そうした振る舞いを、個々の読者に誘う媒体となることを、私は共演者として願いたい。

身体感性と文化の哲学——人間・運動・世界制作／目次

第一章　身体・運動・世界制作

G・ゲバウア

社会的世界が人々の相互関係の中でいかに生み出されるのか、その基本原理は、身体運動である。運動は、身体の可塑性（plasticity）と私たちの環境の可鍛性（malleability）の両方に関係する。この点からすれば、運動は、身体と環境が出会い、互いにかみ合う媒体＝メディアである。運動は、関係と変化の相互作用を生み出す。つまり、運動というのは人々によって共有された一つのゲームなのであり、全ての人がそのゲームに参加することを要求し、私たちがそのゲームに参加することによって、私たちと世界を変化させるものでもある。運動という媒体において、人々は他者の世界に参入し、自ら社会の一部となる。子どもたちは、しばしば、大人の運動の真似をする。そのことは意識されないことが多く、行動の前提として生じるものであり、明確な学習の段階を踏まえるようなものではない。特定の身のこなし方や姿勢は、例えば、一つの家族の男性がみんな同じ歩き方をするといったことに見ることができる。礼儀作法はこれとは違ったものである。礼儀作法は、「背筋を伸ばして座りなさい！」とか「口に物を入れたままおしゃべりをしてはいけません！」とか、言葉による指示によって明確に教えられるものである。しかし、社交的な礼儀作法でさえも両親から受け継いだ非言語的な特徴を持っている。例えば、話すイントネーションや声の大きさ、見るからにさりげない美しいテーブル・マナー、反対に、不自然でぎごちないナイフやフォークの扱い方、などである。意識的にせよ前意識的にせよ、事物に対する明示的な関わり方にせよ非言語的な関わり方にせよ、特定のモデルによって規定されるにせよ環境全体に影響を受けるにせよ、身体は、絶えず変容させられ、陶冶可能な身体へと組みかえられ、適応と従順さが求められ、相互関係と行動の枠組みにはめ込まれるのである。身体は他者の世界への関わり方を学び、それ自身形を変えるものである。運動は身体的なパフォーマンスの初歩的な方法である。運動は、私たちが、主体として、私たちを取り巻く世界に自己を呈示する初歩的な表現という側面を持っているのである。

I

哲学的人間学においては、運動は、人間と世界の媒介者と理解されている。ゲーレンにとって基本的なことは、「本来的に行為する存在としての人間という考え方」である。運動は、私たちのまわりの事物において「応答行動」を引き起こすものであり、それは、私たちが眺め使用する事物の「機能的質」として私たちの経験の中に集められた行動なのである。運動は、一種の言語的な力、「言葉のような」質を持っている。運動は私たちに語りかけるのであり、私たちは運動それ自体の中にこの性質を「見る」ことができるのである。あるいは、ゲーレンの言うように、「運動がいかに文字通り事物と交わり、運動と事物それぞれの新たに明らかにされた性格が新しい仕方で取り上げられ対応が図られるか、そしてそれぞれの性格が視覚的な記憶、運動の記憶において私たちの環境の中にいかに表現を見出すか」を知ることができるのである。ゲーレンによれば、「これらの出来事の主体は、実際のところ人間というよりも情況であり、すなわち人間と物との間に生起するもの」なのである。運動が成し遂げることは、周囲の世界の操作や表現的な行動をはるかに超えている。身体運動というレベルでは、運動は「言葉にならない経験の宝箱」（ゲーレン）を生み出すのであり、それを、行為する主体は、事物をちらりと見るだけで認知することができるのである。

　逆に言えば、運動は、事物を見ることだけで、事物の「機能的質」を示すのであり、ゲーレンが言うように、それらの質の証明は私たちが事物と向き合うときに示されるものなのである。ミードを参照しつつゲーレンが言うように、実際に事物と向き合うときは、「役割を演じること」に助けられながら、私たちは、他者によってなされる運動を、実質的に、完成させることが可能である。実際のところ、私たちは次に来る行為を予測することができるのであり、その行為の結果をあらかじめ認識することさえできるのである。したがって、運動は、今直面している情況に対する単なる応答なのではなく、事物と他者の両方の、潜在的で可能性のある運動に対応するものでもあるのである。

ゲーレンの運動についての考え方をさらに発展させようとする際、以下の三点が重要である。（一）私たちの身体の運動は、人間にせよ事物にせよ、他者の運動に向けられている。それらはすべて一緒になって、「運動空間」を形成する。（二）その運動空間は、そこにある情況をはるかに超えた広がりを持っている。その情況は、予測されはしても未だ現実化していない運動で覆われており、その運動はその時点では単なる可能性でしかないとしても、私たちが今見ている運動の中にすでに存在しているものなのである。（三）しかし、そのような予測的な現在の生成はいかにして生じるのだろうか。知的洞察のひらめきというのではないし、いかなる認知行為もそこには認められない。私たちはただ見るだけなのだ。運動が、私たちに何が起こることになるかを語ってくれるのである。行為する主体にとって、事物それ自体が、ゲーレンに言わせれば、「どのようにそれらを使用するかを指示し暗示している」ものである。運動空間は象徴的に構成される。行為する主体によって見られつつ、今ある情況は次に起こるであろう情況をすでに含んでいるのである。

　ゲーレンによれば、運動空間に象徴を持ち込むことは、想像力（fantasy）によってなされる。ここでゲーレンはミードに言及し、ミードの「表象（imagery）」の概念は、第一に何と言っても、私たちが知覚する事物を「過去の経験からの内容」で「満たす」ことを意味していることを指摘する。ゲーレンが想像力というのはドイツ語で「Ur-phenomenon（根源－現象）」と呼ばれるものであり、根源的で他のものへの還元が不可能な現象、それ以上分割不可能なものである。ゲーレンが言うには、それは、「『コミュニケーション的システム』を形成するための私たち自身と事物の両者に関して、私たち自身と事物が現実に有している情況とは違った情況の中に自分自身を入れる」ことのできる能力の意味なのである。言い換えれば、ゲーレンが示すように、私たちは、「次に起こりうる行動への一種の内的な位置移動を通して、今、現にある行動」を生み出すことができるということなのである。想像力の概念は、行為と、「認知的な営み」に限定されない実際的な知覚との相互作用において、創造的なものの特徴となる。ここで明らかにゲーレンは、プラグマティックなレベルにおいて、運動をそれに先立つ思考や認知と結び付けることをせずに、ただ運動それ自体のレベルで、認知理論の一連の概念を解明しようとしている。この種の実際的な認知は、行為の実際と結び付いており、言語のレベルの下にある、前思考的で、個体発生的な意味で言語に先立つ層を生み出す。それゆえに、そのような実際的な認知は言語の獲得を促すものであり、おそらく言語の獲得を可能にしさえするのである。想像力とともに、運動のレベルで、コミュニケーション、意味、言語的あるいは言語類似的能力、「視点の転換」、意志、役割、そういった事柄の創造をもまた、私たちは見ることになるのである。

運動を生じさせるには事物を一目見るだけで十分である。「運動は、意識されることなくそれ自体から生じる」のである。私たちの運動想像力は、子どものゲームやスポーツにおける実際の運動の認知において特別な役割を持っている。

ゲーレンにとっては、運動は、私たちの理解や認知を可能ならしめる原理であり、それは認知的思考よりも下位のレベルでのことである。運動は、私たちが知覚するさまざまなことがらを見、触れ、処理するひとまとまりの装置、一種の「応答行動」において、行為する主体の世界の事物を生み出す想像力という装置の中心に位置するものである。運動の複雑さと範囲が増大するにつれて、世界もまた複雑さと範囲の広さを増大させる。ゲーレンが述べるように、私たちの運動と知覚の層の厚みが増すにつれて、「実際の世界を超えた本当の意味での世界の拡張」を、私たちはもたらすことができるのである。運動によって形成される世界は、行為する主体と同様に、変容の可能性を持っている。どのような運動も、事物と私たち自身の両者から、新たな可能性を生み出すものなのである。

II

運動の社会的、文化的形成は、ゲーレンが言うような主体による受動的な関与をはるかに超え出ている、と私は考える。それに対して、人類学的、社会学的、そして歴史的な視点を有したモース、エリアス、フーコー、ブルデュらの著作は、運動が、それぞれの文化的なコンテクストによって規定されながらも、個々人の本格的な参与によって開かれることを示している。

手許にある事物との相互的な関係において、運動は実際的な意味を持つ。この考え方は簡潔で重要なものであるが、これを研究したのはソビエト心理学だけだった。確かに、小さな子どもにとっては、事物と向き合うことが、身体の操作方法の習得を促すことになる。椅子、皿、玩具、服といったものが、いかに運動の技能を引き出し洗練させるかを考えてみればよいわけだ。技術的・機械的な性格を持った文化的な事物は、その使用方法を子どもに間接的に示唆している。レオンチェフは、私たちが事物といかに相互的な関係を持っているかを示す例としてスプーンを挙げた。子どもがものを拾い上げるとき、ここではスプーンであるが、その動作は、それほどの困難もなく、自然運動のシステムの中に組み込まれるのである。子どもは、道具的な性格ではない自然的な事物と同じように、スプーンを口まで持っていく。スプーンを扱うようなレベルの運動かどうかはここでは問題ではない。親が直接的に介在することによって、スプーンを扱うような子どもの手の運動は次第にきちんと形作られてくる。レオンチェフが指摘するように、運動は道具の使い方の客観的な論理に即しているのである。これらの運動は身体の内部のメカニズムとどのように関係するのかという、運動の全体としての求心的な性格は、変化する。運動はより高度なレベルへ、すなわち外的な対象のレベルへと進展するのである。

私たちがものを使用するとき、事物そのものに対する運動図式の適用以上のことが生じている。私たちが食器のような事物の扱い方を学ぶとき、私たちの身体は作り変えられるのである。私たちの身体は、道具や技術に対して機械的に機能することができるようになる、むしろそのようにさせられるのである。私たちの身体は、事物の客観的な条件に対応すること、例えば快適に食事するための姿勢とか作法とかを身に付けることを学ぶ。私たちの身体は、身体の「良きあり方」を決定する内的形式に適合させられる。子どもは、身体において、そして身体とともに、事物の使用の仕方の機械的に刻み込まれた構造を模倣（imitate）する。子どもは事物自体によって求められるのに応じて、運動を形成し、また変形もする。このように、事物を身体へと組み込むことを通して、単に運動感覚においてだけではなく、触覚や自己受容、身体内部で生じる刺激の受容などの感覚を通して、規制されない自発的な運動に伴う抑制を通して、子どもは文化的な事物の性格を獲得するのである。このプロセスは、ルールや事物に注意深くなることを要求する、例えばゲームやスポーツ、歯磨きとか飲み物の注ぎ方や飲み方、服の着方、或る国々においてはいつ靴を脱ぐか、などといった文明と絡んだ技法における新しい運動の獲得においても同じように見られるものである。身体に要求された運動の助けを受けて、身体は外部から一つの形式を与えられる。身体はその形式を身体自身の模倣、反復、練習において形成する。身体は、事物によって求められていることが何で、それにどのように答えればよいのかを前もって予測することができるようになるのである。

自然の有機体から、私たちは知識を持ち能力を持った身体が形成されるのを知る。適切な関係にある場合、能力のある身体と事物は互いに協働しあい、滞りのない事物の使用のためにまとまるのである。マルセル・モースは、このプロセスを人間の身体の技術的・機械的研磨と呼んでいる。文明化された装置は、技術やテクノロジーに合わせて、身体によって形作られる。身体は、私たちが遭遇し使用することになる事物の条件に適応し、変容させられ、実践へと持ち込まれるのである。文明化の過程は、また道具を生み出す。ここで私たちは運動に習熟し特定の仕方で動くための技能、そしてそれとともに現実に対応した認知、予測、実際の行為、言い換えれば、知的な能力を獲得することになるのである。今述べたことから明らかなように、身体は自我や意志の「道具」として用いられるのではない。そうではなくて、身体とは、文明化された社会が求めること、技術的・機械的条件に応じて変形・変容させられる個人のことなのである。個人が社会を形成するのではなく、逆に社会が個人を形成するのである。モースは次のような例を挙げている。すなわち、鍬で穴を掘ること、水泳、テーブル・マナー、などである。モースは、このプロセスによって生じたものを、熟練した運動と実際的な洞察力の最も豊かな結び付きとして、「ハビトゥス」すなわち「習慣的態度」と呼んでいる。

身体がより技術的に熟達し、私たちの道具や装置がより文明化されるにつれ、私たちは私たちの運動が社会的な関係と結び付いてくるのに気づく。言い換えれば、運動は思考を伴わず習慣的で、実にさまざまな社会生活の中で、或る特定のライフスタイルの一部であるマナー、態度、行動などとして絶えず洗練され特定化されるにもかかわらず、しばしば目標を目指した活動と結び付き、目的を持ったものとなるのである。そのような運動＝能力は、私たちを取り巻いている身体や事物の物質的な世界を形成するのみならず、態度、意見、判断などに形を与えるということにおいて、やはり私たちの内部で働いているものである。もちろん、今述べた後者のことがらは、単なる心理学的な付随物や副産物ではなく、それ以上のものである。

エリアスにとっては、身体は、心的なものと筋肉のより深い内面的な制御のもとにあるとしても、社会的な制約のもとに置かれている。個人の心的・解剖組織的な装置は、外的な抑圧［あるいは圧迫や強制］を自己抑圧［あるいは自己強制］へと再び差し向けたのであり、内部から身体に対する支配を行使するのである。

Ⅲ

『文明化の過程』において、エリアスは、歴史的な事例を挙げながら、運動の社会的形成を通して、個人の内部でいかに内的形式が組み立てられるかを示している。歴史的なプロセスの中で、この内的形式は、社会的な運動系の制御を司っている。心的なるものの構成は、これもまた上記のようにして形成されたものであるが、理解に関する内的な世界、すなわち、習性、対人的感情、価値観、道徳的原則、判断基準、日常的習慣などの世界が形をなしてくる一つのプロセスとして考えられるのである。これらのすべては、範型的な姿が現れる実際の行為・社会的活動において生じるものである。

このプロセスはどのようにして始まるのだろうか。体系的にまとめられ、社会的な規範を付与された運動は、他者によって示される。私たちはその後、自分の身体によってこの運動を再生し学習する。私たちは、自分の身体がその運動を正しく行うことを理解するまで、それぞれ自分のやり方でその運動を繰り返し練習し日常的習慣とする。その成果は、初歩的な身体知である。つまり、この知は、私たちの身体の一つの側面、一つの次元として、私たちの身体、学習する人々の中に存在するものである。

文明化の過程における身体の構造変換は、練習、模倣、ルールと指示の遵守、制御、そして訂正などといった形での、基準化された運動のミーメーシス的な所有である。

ミシェル・フーコーは、エリアスの「文明化の過程」に対して重要な見解を付け加えた。フーコーは、特定の社会集団の行動を形成するために明確に設定される制度を分析する。それに対してブルデュは、社会的階層の内部あるいは階層間に働いている実践感覚（*sens pratique*）を想定する。フーコーもブルデュもこのプロセスにおける社会構造の持つ力に着目し、主体の構成的な参加を強調する。文明化され、規律・訓練を受け、階層に特有な身体は、個人と社会の積極的な相互作用、生産的なプロセスの成果なのである。さらに、この二人は、社会的な主体の形成がいかに身体運動とともに始まったか、そして社会的制御、要求、規範、さらには模倣の試みまでもがいかに身体全体に拡散させられているかを示しているのである。

この身体的形成というプロセスについてのフーコーの論述の鍵概念は、「訓練（training）」である。近代の始まりは、規律・訓練（discipline）という制度の創設を見ることにもなった。フーコーが言うように、座る、歩く、記憶するといった初歩的な身体的・知的活動の絶えざる反復によって、近代にとって必要な運動を身体にまさに叩き込むのが、この規律・訓練という制度である。これらの制度的に組織化された訓練という実践は、この制度が身体を支配し始める以前に獲得された運動に対して層を形成し、すでに形をなし始めたものを継続させるのである。空間と時間、並びに個人の協働の組織化に基づいて、フーコーによって研究されたあらゆる制度は、絶えずより大きな、そしてより同時性を持った機能的なまとまりの中で協調的に作動する。フーコーは、監獄、感化院、軍隊、病院、工場などの、規律・訓練を産出すべく特定的に構想された諸制度に考察を集中し、そしてその考察を、

「普通の」すなわち規律・訓練を受け特に目立たない個人が生成される、秩序を持った社会的実践のすべてに拡張するのである。

規律・訓練は、権力という視点からの人間の身体の技術的な研磨ないしは機械化の、社会的に組織化された形式である。すなわち、権力のテクノロジーである。フーコーは次のように言う。「訓練とは、身体をめぐる課題、すなわち反復、区別、差異によって特徴付けられる課題が要求される技術である」。この権力に特徴的なことは、それが増大させられ、また観察されうるということである。その成果は測定可能であり、そして評価されうるものなのである。

身体は従順である。身体は、模倣という形で、自ら模範となる運動の練習をする。身体は、内部から根本的に自らを変容させ、受ける訓練に応じてその仕組みを決定する。主体にとっても他者にとっても、身体を利用・開発することはますます容易になる。まさにこの特性こそが、主体を変革するために、規律・訓練という制度によって利用されるものなのである。

しかしながら、何と言っても、規律・訓練は、生み出すために働くものである。すなわち規律・訓練は生産的なのである。身体の従順さが利用されるのは、単に長期にわたる身体の服従を確実なものにするためだけでなく、まずは身体を有用なものにし、特定の教育学と結び付きながら、身体の従順さを利用するために身体を或る種の方法に組み入れ、最終的には新たな個人、規律・訓練を受けた個人を生成するためなのである。それぞれの個人は、明確に指定された場所に配置される。機能的な装置全体の中で、その場所は、代わる代わる、或る特定の個人によって占められるのである。

政治的な権力は、運動を通して身体を訓練することに発する。権力とは「身体の政治的・技術的操作の一要素である」とフーコーは書いている。近代において、権力は「決して完結することのない服従」を狙うのだと、フーコーは言うのだ。このことは次のことをもたらす。すなわち、私たちは、個人として、規律・訓練の制度によってすでに実現された監視の機能を引き受ける。そして今度はその監視を私たち自身に向けるのである。訓練は、最初は規律・訓練の制度によって企てられるのであるが、そのうち、身体それ自体に規律・訓練が入り込み、ほとんど大方、主体の内部で自立し始める。制度の外的な抑圧が、自己抑圧に変わるのである。このような考え方は一般的だろうか。エリアスもほとんど同じような結論に到達している。しかしエリアスとは対照的にフーコーは、抑制の内的・心的権威を認めない。フーコーにとっては、抑制するものは身体それ自体なのである。いかなる抑制も中心的な権威を有してはおらず、フーコーにとって抑制は、身体全体に拡散しているのである。この二人の間に見られるもう一つの違いは、フーコーにとっては、身体に対する抑制は絶えず権力と結び付いていることである。社会的権力を保持する権威は、この権力の行使においては姿を現すことはなく、その抑制の機能を個人に委ねるのである（「規律・訓練が個人を『作る』のだ。それは、個人を権力の行使の対象であると同時に道具と見なす、権力固有のやり方なのだ」とフーコーは書いている）。権力の猛威を制限するようなことは、このプロセスのなしうることではない。実際には、権力による利益を求める人々によって権力が行使されるとき、その抑制は不可視となり、権力は広がっていくのである。

Ⅳ

フーコーにとっては、社会構造が身体に入り込むプロセスを記述することで十分であったのであるが、ブルデュはそれに加えて、主体についての著作の中で、私たちはいかに社会を私たち自身において現実化するのか、言い換えれば、私たちは私たち自身をいかに社会の中に組み入れるのか、を問題にする。行為する主体は、客観的な社会の条件を、自分自身の主体的な構成へと変形させる。その主体的な構成とは、エリアスが心的装置の対応と考えたものよりもはるかに多くのことを意味している。

社会的実践それ自体は、システム的、社会的な組織性を持っており、経験的な用語で記述することが可能である。訓練、反復、模倣の要請さらには強制によって、社会的実践の諸形態は、良く知られた類似形態とともに、社会的な主体によって取り上げられ、受け入れられ、そして所有される。それらは、主体的なものと客体的な構造を結び付け、社会的な技能・能力、実践知、習性、知覚と判断の型を生み出すのである。これらすべては、一つの体系的な全体を支配する構成の中に「統合」される。その構成のことを、ブルデュは「ハビトゥス」と呼ぶ。

ブルデュに従えば、「(少なくとも部分的には) 類似した習性の創造システムのための［類比的な］条件」は、主体の側において「形をなすハビトゥスの同質性」と呼応している。この同質性は、次々に、「実践の諸形態とその結果生み出されるものの客観的な一致」をもたらす。実践の諸形態とその結果生み出されるものに関する限り、それらは、社会的実践の「規則性と同時に客観性」を生み出す。ここには相互的な関係がある。つまり、人間は存在の諸条件を作り、そして人間は自分自身の実践の諸活動において規則的に行為することによって、この規則性を再形成するのである。そのように考えられるとすれば、主体は存在の諸条件によって形成され、それと同時に、それらの諸条件の共同制作者であることになる。というのは、ハビトゥスそれ自体が一定の行為を生じさせるのであるから。身体が技術的に熟練を増してくるにつれて、身体はより一層習慣化される。社会的世界における人間の経験は、主体によって具体化される。ブルデュにとっては、このような仕方で具体化されるものは、意識的なプロセスを超えて自立する。つまり、意図や熟慮による変容からは免れているのであり、内容の系統的な明白さからも免れているのである。ブルデュは、いかなるものも、多かれ少なかれ、表現不可能、コミュニケーション不可能、代替不可能、模倣不可能であり、つまり、具体化された価値、文字通り具体化＝身体化された価値以上の重要性を持っている、と述べている。社会的実践を習得する必要のあるあらゆる行動は、「ディスコースのレベルへ到達することなく、実践的な状態で」とブルデュが言うように、それ自体社会的実践に媒介されているのである。つまり、運動は、身体において保持される記憶の直接的な現実化なのである。

習慣化された運動は、思考のプロセスの結果として生じるものではない。それは、反省的でも意図的でもない。つまり合理的な意志決定の対象ではないのである。情況に応じて、適切な行動、社会的に「正しい」運動を個人が行うためには、求められているもの、いわく言い難いものについての或る程度の感覚が必要である。或る特定のことがらに対する「正しい言葉」を見つけたり、「何が適切か」を知ったり、「適切な雰囲気をつかんだり」、といったことに求められるのと同じような感覚である。これが、古代ギリシア人が「テクネー」と呼んだものであり、特定の情況に応じた知覚、技能、実践的知識の適切な融合である。この伝統的な見方に沿いながら、ブルデュは、それぞれの情況における適切な実践的行動の現代的な「テクネー」について述べている。実践感覚という語について、ブルデュは次の点を強調する。すなわち、それは実践において獲得されるものであり、系統的に学習されたり教えられたりするものではないこと、そして、実践感覚は、数え切れないほどの反復と実践において発現し改変が加えられるものであること、である。それは運動と切り離された、より高い権威を持ち出すものではなく、私たちの実践的な身体的行為に内在するものなのである。私たちは、立ち止まることなく、ほんの少しでも考えてみたりすることなく、或る情況においてなすべきこと、それから生じる将来の可能性、そして、まさに今、ここでなすべきことを知るのである。

「構造的な習練」とともに、家庭での子育てでの実践感覚の発達にとって重要なのが、儀礼的風習とゲームである。模範、ルール、指示といったことは、学習する主体がいかに行為するかについて直接的な働きを持たない。というのは、主体はまず客観的な諸構造を獲得し、それらをハビトゥスに統合するからだ。別の言葉で言えば、私たちは、知覚によって与えられた世界を、自己の身体とともに、ミーメーシス的に新たなものへと形成・制作するのである。

エリアスと同様ブルデュも、社会的な諸構造の現実化が主体の心的なものを形作ると考える。ブルデュは、エリアスの思索の軌跡から離れ、外的な強制を内的な自己強制へと直接的に内面化させ変容させせることは考えない。ブルデュにとっては、外的な要求を自己の行為へと組み入れることは、私たちは社会的に定められたモデルに従って私たちの世界を模写するという意味で、私たち主体が重要な役割を演じる一つのプロセスなのである。

この簡単な例は、微笑みである。或る人が親しげに微笑み、それに対して同じように親しげに微笑みが返される。その返される微笑みは、知覚されたモデルの単なる再生ではなく、また自動的な反応というのでもないことは、明らかだ。そうではなく、その微笑みは、実践感覚を通してなされる、その主体固有の運動の世界であり、ミーメーシス的に創造された主体的な運動なのである。この主体的な運動は、応答する人のハビトゥスに呼応しながら、外的な運動へと結び付く。或る微笑みに微笑みが返されるとき、そこには思考的な反省はほんの少しも含まれていない。何かの声明を発表すること、言葉によって話をすること、あるいは微笑みを返すこと、いずれも社会的世界によって表現的行動と解釈されるものである。応答する主体の内部で、微笑みは因果関係とは違った意味で感情を引き起こす。主体の感情は主要なもの、応答を促すものではなく、ミーメーシス的な運動の世界における最初の微笑みの再生、模倣といったミーメーシス的な行動の結果なのである。或る人自身の運動と外から見た運動が類似しているか否かは、微笑みを返す人にとっては意味を持ちえない。というのは、その人は自分の微笑みがどのように見えるのか、自分自身の姿についての表象を持つことはないのだから。逆に、類似性はミーメーシス的な運動の結果でありうる。どのようにしてであろうか。或る人の微笑みに自分ならではの仕方で微笑みを返すとき、ほんの一瞬であっても、この二人の微笑みには類似性が見られるのだ。

私たちの環境に見出されるものにせよ、私たちに指示が与えられるものにせよ、表現的行動の再生において、私たちの運動には、私たちを取り巻いている世界によって感情の表現として解釈される諸形態が与えられている。次の段階で、私たちは、認知行為においてではなく実践感覚の一部として、私たちのミーメーシス的なモデルと向き合い、この解釈を自ら引き受けるのである。ここで私は再びブルデュを参照してみよう。ブルデュによれば、私たちが或る立場や身体的な姿勢をとるとき、そのことは、パスカル以来私たちが知っているように、そこで表現された感情は影響を受け強められることを意味する。俳優やダンサーのパラドックスが私たちに教えるように、身振り（gesture）は感情を高まらせ、また反対に感情は身振りを強める。ブルデュは、全体主義的な特徴を持ったあらゆる社会制度の例を示している。全体主義的な社会制度は、全体的な身体的実践に特別の位置を与える。そのような実践は、社会的なものを象徴化することによって、その社会的なものを具体化するのに貢献する。身体的・全体的なミーメーシスによって、全体主義的な社会制度は、社会の交響楽的統合を強めようとするのである。ストラヴィンスキーのバレエ『兵士の物語』は、人を支配しようと思えば踊ることを許せばよいという民話を思い出させる。ブルデュは言う。「知的な習練」は身体的な習練であり、数知れぬ近代の訓練の方法は、世俗内的な禁欲主義の一形態なのである。信仰は、身体の一つの状態のことなのである。

他者の世界を再構成する人は、必然的に、自己の世界をその他者と共有し始める。それが一つの、同一の世界であるかどうかは重要ではない。唯一重要なことは、ミーメーシス的な行為が社会的な力、そして社会化を進める力を持っているということである。ここでまた私たちは、社会的なミーメーシスは、非形式的、非固定的性格を有していることを見出す。社会的なミーメーシスは、文書、明確な合意、何らかの風習などに基づかない共同体が成立することを可能にする。それらの共同体は、身体的コミュニケーションという、他と比べて自発的な行為から生まれる。その一つのモデルは、音楽、スポーツ、ダンスなどで生じるような、身体的モデルからの学習である。私たちがモデルを見ながら何かを学ぼうとするとき、いかなる意識的なプロセスも含まれていない。例えば、ピアノの先生はどんなふうに指を使うのかとか、スキーを習うとき、滑る時の身体の使い方、膝の曲げ方、ポールの使い方等々をマスターするために、どのようにスキーの指導員についていけばいいのか、といった事例を挙げればよいだろう。

この、ブルデュが「非言語的コミュニケーション、身体対身体・実践」と呼ぶことから、身体とともに理解する主体の共同体の極めて単純でありながらも効果的な諸形態が生じる。ブルデュは大変鋭い洞察でもってこのことを説明する。彼が言うには、身体によってのみ私たちの理解が成立するさまざまなことがらがあり、意識のこの側面では、それらのことがらを言葉で表現することは不可能である。私たちが表現できないことがあるのだとブルデュは主張するのであって、スポーツの実践はまさに理解が身体的である実践に他ならない。しばしば私たちは、「これを見よ、そしてそれを行え」としか言いようのないことに遭遇する。

偉大なダンサーによって書かれた書物は、何がその著者の「天才」を作り上げたのかをほとんど何も伝えないのはよくあることだ、とブルデュは言う。ダンスは、ダンサーと観客、教師と生徒のどちらの関係においても、その伝達が完全に音声的で視覚的、あるいはもっと良い表現をするのならミーメーシス的な唯一の芸術である。教会とか軍隊とか政党とか、あるいは企業などといった組織体の大方が、身体的な規律・訓練に重要な位置を与えているとすれば、それは、従順さがそれらの組織にとっての重要事項であること、そして忠実さとは精神が拒否するものであっても身体が受け入れるものであることという事実によっているからだと言うことができるのである。

V

本日の講演の結論へと進みたいと思う。身体的な習練・訓練は内的形式を生み出す。恥ずかしさや当惑といった社会的な感情と、主体がなすべきことにおける誠実さ、内的な強制と命令といった外的世界の諸特徴がいかに日常的な常態へと向けられるのかについての確実性、こういったことすべてが内的形式に属す。要するに、運動は内化と外化という二つの動きのプロセスの中にあるのである。ポイントは、この二重化された運動に気づくことである。内的な権威が私たちの行動を導くのでもなく、外的な世界が主体の内面を決定するのでもない。内部と外部は、それぞれがお互いを支配しようとする対立する領域を意味するのではなく、同じコイン、同じプロセスの二つの側面以外の何ものでもない。内的なものは、私たちが社会的な領域に属していること、その中で私たちは行為することができること、そして私たちは慣習に従って行為することを、私たちに感じさせる。しかし、これはすべて、あたかも私たちがここにおり、あたかもルールを熟知しており、あたかも普通の役者として舞台に立つかのように、この領域のルールに従ってすでに行為しているときにのみ可能である。内部と外部は身体の二つの側面である。内的なものは身体の状態（state）であり、外的なものは身体の相（aspect）である。腕と脚は、「隠れた命令に満ちており、それらは腕と脚に現存するということにおいてのみ行動の命令なのだ」とブルデュは書いている。身体が学んだものは、私たちが目の前に呼び出すことができる知識のように何らかの形で獲得されたものではない。それは、私たちそのものなのだ、というのがブルデュの結論である。

熟練した身体は自ら成熟する。スポーツ選手について言われるように、それは「良い調子（in shape）」にあるのだ。思考や意志を制御する、あるいは人格という抽象的な概念のような上位のものがあるわけではない。制御は、身体全体に拡散させられている。同じことが意図についても言える。身体全体が意図された禁止に対して「ノー」と言う。しかし逆に、例えば、何としてでも勝とうとするとき、競技者の身体全体が勝利に向けて努力することになるのだ。身体それ自体が行為する主体なのである。

文明化の過程についてのエリアスの研究は、身体を、賢明さなどない、完全に非合理的で、本能の赴くままのものとして呈示する。私たちの本能的な生による「野蛮な」行動の操作は、それの形を整え、規制する文明化の手を求める。他方、今日お話ししたようなフーコーやブルデュに従うならば、全く抑制されていない本能などは存在しないのであり、本能と運動の間に直接的な関係さえもありえない。そうではなくて、身体は技術とテクノロジーによって道具化され、訓練され、研磨され、「知的に」され社会的な事物へと変えられるのである。社会的な感情は、自立的な権威のように主体の習慣化された反応を操作することはない。私が最初に述べた世界と個人（自我あるいは人格）の媒介者としての身体という人間学的な見方に関して言うと、その見方は身体と社会が互いにいかに関連し合っているかを見るには疑問の多い見方であることが判った。身体が道具と技術に出会い、それらを使用するとき、それ自体は技術的あるいは機械的で社会的な事物へと変容する。そして第二のプロセス、それは具体化のプロセスであるが、それは社会的実践の客観的な構造をハビトゥスの主体自身の構成へと変換させる。身体はそれ自体社会的な世界の一部なのである。さらに、社会的な世界それ自体が、身体において、身体的になるのである。とりわけミーメーシス的なプロセスを通して、私たちは、身体がそれ自身を客体化すると同時に社会化するのを知る。最後に、ミーメーシスはあらゆる社会的な諸形態の創造にとって基本的なものであるということを述べて、私の講演を閉じたいと思う。

参考文献

Bourdieu, P., *Le Sens Pratique*, 1980.

〔今村仁司・港道隆ほか訳『実践感覚１・２』みすず書房、一九八八・九〇年。〕
Elias, N., *Über den Prozess der Zivilisation*, 1969.
〔赤井慧爾ほか訳『文明化の過程（上）（下）』法政大学出版局、一九七七・七八年。〕
Foucault, M., *Surveiller et Punir -Naissance de la Prison*, 1975.
〔田村俶訳『監獄の誕生――監視と処罰』新潮社、一九七七年。〕
Gehlen, A., *Der Mensch, Seine Natur und seine Stellung in der Welt*, 1940.
〔平野具男訳『人間――その本性および自然界における位置』法政大学出版局、一九八五年、池井望訳『人間――その性質と世界の中の位置』世界思想社、二〇〇八年。〕
Mauss, M., *Sociologie et Anthropologie*, 1950.
〔有地亨・伊藤昌司・山口俊夫訳『社会学と人類学１・２』弘文堂、一九七三・七六年。〕

ダイアローグ1　行為する主体としての身体

樋口　聡

グンター・ゲバウアが広島大学を訪れ、この講演“Movement and Worldmaking”を行ったのが、一九九八年の一〇月だった。ゲバウアの広島来訪は、一九九六年に次いで、二度目であった。一九九六年には、“Orality and Literality in Sport: On the Language of the Body and Art”なる講演を行っている（本書の第七章）。一九九七年には、私はノルウェーのオスロで開催された国際スポーツ哲学会にゲバウアと一緒に参加し、学会後、ゲバウアのベルリン自由大学を訪問し、スポーツと文化をめぐる当時の最先端の研究討議をゲバウアと行っている。

社会の中に生きる人間という当たり前の事態が、ゲバウアが問題にしている対象である。意志や思考が問題にされるとき、人間は個人と言い換えられるが、個人は社会によって形成される、と同時に個人は社会を形成する。この社会の形成が、世界制作である。個人と社会の相互関係をもたらすのが、ゲバウアの論考のキーワードの一つ、「身体」である。そこでは、人間は身体と見なされている。そして、身体が社会との関係を持つあり方が「運動」なのである。その「運動」は、身体運動であるのだが、とにかく動き、活動するという日常生活でごく普通にありえる行為一般（姿勢や身のこなし方も含む）を指し示すものである。人間＝個人＝身体を社会が形成するときに重要な役割を果たすのが、ハビトゥスであり、それは「実践感覚」の獲得でもある。

ゲバウアは、モース、エリアス、フーコー、ブルデュとともに、身体は、自我や意志の「道具」として用いられるものではなく、文明化された社会が求めること、技術的・機械的条件に応じて変形・変容させられる個人のことなのだ、と述べている。身体とは個人のことであり、人間のことなのだと言うのである。この「身体」概念の背景には広大な問題の領野があるのであるが、私が、例えば『身体教育の思想』（勁草書房、二〇〇五年）で前提にしている、「身体」とはからだのことではなく人間の総体的な実相を把握しようとするための方法的な概念である、という見方に通じるものだろう。『身体教育の思想』は、一九九〇年代から二〇〇〇年代にかけての私の論考を集めたものであるが、この「身体・運動・世界制作」を改めて振り返って、ゲバウアとのやりとりの中で私は「身体」というキー概念の基本理解を共有していたことが分かる。その共有の感覚は、まさに「実践感覚」的なるものである。

それゆえに、「身体教育」の観念も、「体育」をはるかに超えていくことが分かるだろう。そうした私の問題構制の淵源は、グンター・ゲバウアとの研究交流、ダイアローグの中にあったようである。

こうした研究の実践感覚の広がりは、ゲバウアの「身体・運動・世界制作」に登場するゲーレン、モース、エリアス、フーコー、ブルデュといった論者の議論を通して、読者に伝播する可能性を有している。オリジナルでクリエイティヴな研究の展開は、そうしたところから出発するのだと思う。

第二章　〈手〉の世界制作について

G・ゲバウア

I

私たちの身体は、身体運動を通して、私たちが生きている世界の創造に携わっている。身体の全体が世界の創造に関わっているのであるが、身体のさまざまな器官の中で、手は最も多様な機能を有している。手は、それが届く範囲の内外の事物に対して、また手が付随しているところの身体、さらには手そのものにまで関わって、手は実に無数の仕方で使用されうるのである。

まず、手は、身体のすべての部位の中で最大の適応性を持っている。正確に言えば、手は私たちの周囲にあるいろいろな形態を模倣することができるのである。手は、世界とのあらゆる距離をふさぎ、指先で世界に順応し、表面を手探りして形を発見し対象の輪郭をなぞりながら、周囲の事物を包み込むことができる。しかし、これは事柄の半面でしかない。手は、周囲の事物を変化させ形を刻むことによって、世界を形成することができるのだ。手は一方でそれ自身最も多様な形態を有しており、他方、手の周りにある対象に絶えず違った形態を与える。この二面の適応性によって、手は、私たちの世界の構成、身体を通しての世界制作（ネルソン・グッドマン）の中心に位置するのである。

触れる、なぞる、握る、たたく、ひねる、などの手の使い方によって、私たちは世界の構成を手から始めるのであり、結び付けられ操作された世界、私たちが文字通りつかむ現実を構成する。しかしながら、同時に、手は対象を必要とする。対象との関係がなければ、手はいかなる機能も発揮することができない。有意義に機能するために、手は、具体的な事物の世界を持たねばならないのである。対象を扱うことは、その対象を変形させることもあれば、手それ自体に変化をもたらすこともあり、あるいは両方が起こることもある。手は、次から次と世界を把握する行為を行うのである。私たちの言語では、「手」にまつわるたいていの表現は、この変化と影響の意味を喚起する。ドイツ語では、行為に対する語は"Handeln"であり、それは手の行為的な意味を含み持っている。

手の第一の特徴は、世界に対して開かれていることである。手は事物に関心を示し、そして事物に依存している。第二の特徴は、手は事物と身体を媒介することである。手はその身体の一部である。手は、身体から身体を取り巻く世界への橋渡しあるいは転移をもたらす。第三の特徴は、手の自己関係性である。手は対象を探り当てるように、その探索を手自身にも差し向ける。手が自らを形成するのは、それを使用することによってのみである。手は、事物に、他者に、そして手自体に、まさに関係をもつ器官であり、このことが私たち自身の個人的発達の経過において多様性と複合性を増し続けるのである。手が微妙な差異を含んだ触覚を持つことができない発達の初期の段階では、口が感受性のより鋭い微細な感覚を持っている。しかし、口は、社会的相互作用という習慣的行為を実践するのには、手よりも適していない。

事物と身体の媒介は、両者にその痕跡を残す。操作された対象が特定の「応答」に応じるように、人は、手と対象との相互作用の仕方を、内的イメージあるいはモデルとして、一つの運動図式に統合する。手がいかに対象を変化させるのかについて思い至る第一の例は、事物を制作することである。しかし、それは、広い範囲にわたる手の可能性のほんの小さな断片にすぎない。触れることがいつも対象に変化を与えるわけではないが、触れることは、人が対象と関わる仕方を変化させる触覚的接触を生み出す。触れることは、事物を把握する一つの方法であり、それが確かにその対象であることを確かめる方法であり、そしてその事物を指示することなのだ。

触れることは、対象が存在していることの確からしさを生み出す。この意味で、触れることは創造の基本行為である。触れることは、手‐対象（objects-for-the-hand）の生成である。触れる行為において、触れられる事物は、身体すなわち触れようとしている手と同じように存在感あふれるものであることを私たちは確信する。触れることは、触れられる事物という一つの到達点に至る。それは手から独立したものであるのだが、手それ自体と同様に生き生きしたものなのだ。触れられる対象は、それが主体の行為と応答へと組み入れられることにおいて、存在する。手の使用には一つの強力な構成的側面があるのであるが、二つの事柄が手によって創造される構成へと関わる。一つは事物の反応であり、もう一つは、手自身がいかに構造化され形作られるかということである。

　触れることは、或る対象が存在することの私たちの確信をもたらす一つの事柄であるということを述べた。さて、ここで議論を、触れることの次の側面、すなわち指示することに進めよう。或る対象を指示するとき、私たちはその特定の諸特徴によってその対象を選び出している。手はその対象を指示し、特定の対象としてその対象を指示するのである。しかし急いで付け加えるのであるが、指示された事物の諸特徴は、それを指示する行為と切り離されたものではない。それらの諸特徴は、単なる心的活動を通して、知性的・意図的行為を通して、言い換えれば、理解を通して、身体が関係することなく、構成され生成されることはありえない、ということを明記することは重要である。対象を純粋に知的に指示することがありうるなどと考えるのは誤りである。私たちが或る対象を指示するとき、私たちはそれを身体によって、そして身体と関わるかたちで、行うのだ。指示される行為の中で、対象は手と同様に、まさに具体的で存在感あふれるものとなる。指示された対象は、触れられる行為における手－対象としてその対象が生成されることにおいて、存在するのである。手の使用の二重性が、触れられる対象を創造するのである。

Ⅱ

さて、私たちは事物を扱うために手をどのように訓練するのか、私たちが手を使用する方法の特徴、そして捉えられた事物がいかに反応するのか、に目を向けることにしよう。一方の手が、単独で、対象に対して触れ、感じ、指示し、働きかけるために使用される。もう一方の手は、その先行する手を助けることができる。手の使い方の社会的側面が増すほど、二つの手の存在がより大きな意味を持ち、それぞれの手の次元が生じることになる。私たちは手をいかに使うのかについての簡単な類型論を以下に展開してみよう。この類型論と手の使用は、二つの仕方で互いに関係している。第一に、個体発生的発達の経過の中で手の使用の分化が進み（最初に私たちは一方の手だけを使い、その後二つの手の調整を図る）、そして、経験の世界の絶えず新しい次元の創造と構成がなされるのである。

操作したり、感知したり、表現したりという多様な機能を手が獲得するためには、長くて根気強い「訓練」が必要である。その訓練の過程の中で、手の使用は一層の分化を増していく。手の使用のさまざまな段階を考えてみよう。新生児は、手の使用の最も単純な形を示す。そこでは五本の指と手のひらは、ひとまとまりの、分割不可能な機能的単位を形成する。この段階では、指は分化しておらず、また二つの手が協同して働くこともない。赤ん坊の手は事物に触れ、事物をつかむことができ、対象の表面と形を感じることができ、そして自分の手の運動パターンを形成することができる。手によって形作られた対象と同調して、手の使い方は身体イメージの中に示される。そのイメージは、取り込まれた対象が形をなしうるという点において、特に一つの重要な機能を有している。人間の発達経過の中で、そのイメージは、私たちの環境と運動に対して、ますます自立的になっていくのである。

発達の第二段階で、赤ん坊の親指はその他の指と独立して動くようになる。そうして物をしっかりと手につかむことができるのである。手を見てみると、親指とその他の指の間には空間があるのが分かる。それは子どもが持つ最初の人為性を有する空間的差異であって、私たちは後にそれを物を測定するために使う。第三段階で、人差し指が動き始め、それは、指の運動、指の相互関係、そして指の微妙な協調動作の始まりである。このことが道具の使用を可能にする。この時点で、赤ん坊は親指と人差し指の二つの感受性と可動性を持った表面の間で対象を感じ、つかむことができるのである。

第四や第五段階で獲得される、その他の指の自立性は、手に対する訓練の結果である。

この指の使用は非常に知的である。タイプライターを打つことやピアノを弾くことを考えてみればよい。そこでは指はまさに文字通り訓練され、「慣れさせられる」のだ。ところで、手の構造的可能性は実に大きいことがわかる。手の分節可能性は、手が空間と時間を分け始めることができることを意味している。数を数えることは、この空間・時間の構造化の極めて良い例である。数を数えることは次から次と指の運動を引き起こし、それぞれが数を示している。そこでは、それぞれの数を言うだけではなく、一つの数から次の数へと動いていくのである。

すべての指が自立性を獲得したとき、この能力は十分に開花する。そのとき、手は、区分けをしたり、組み立てたり、つなぎ合わせたりする最もすぐれた道具となる。これらの行為は、もはや何らかの一つの形に結び付けられるのではなく、それぞれのルールを工夫し、作り出すことができるのである。手を使うことによって、私たちは、私たちの周りの世界を、私たち自身のルールに従って構造化された、異なる秩序のもとに置くことができるのである。

とにかく、絶えず分化しつつある手の使用は、事物の世界の新しい次元、領域、レベルを生み出す。手そのもの、そして手が触れ、つかみ、感じるあらゆる物から出発して、身体の外部の対象だけでなく身体それ自体も、発見され、そして形をなすのである。身体は、手の介入に対し触覚的に、この場合は自己受容的に、次々と反応する感覚的な表面を身にまとい、繊細に構造化された形態へと変えられる。この反応は象徴的に解釈されるのであり、象徴において後から私たちが気づくものでもあるのだ。

Ⅲ

手の使用によって形をなしてくるさまざまな世界に目を向けてみよう。私たちはすでにその世界の一つの特徴を描写した。それは、おそらく第一の世界と考えられる、確からしさの世界、私たちが指示することのできる世界である。触れること、なぞること、形作ること、これらの手の運動は、私たちの指先の世界に見出される事物を生成する反復である。それらは、「模倣」「再生」、そして一種の

「周囲の事物の包み込み」として区別することができる。それぞれの場合、模倣される、あるいは再生される、あるいは手によって包まれる対象は、まず何と言っても、手の使用によって生成されるのである。それは、手と手の運動に依存した対象なのである。

第二の世界は、整えられた空間世界である。手が空間へと届くとき、手のなぞりや刻みが、この世界の構造を生み出すことになる。その構成において、手は視覚と一緒に働く。この協同は、より高いレベル、より複雑な仕方へと進展する。したがって、生み出された空間は、感じられた空間であると同時に見られた空間でもあり、この経験の二つのあり様は、互いに分けられることはない。だからと言って、両者がそれぞれに解消されてしまうのではない。そうではなく、感じられる物と見られる物は、互いに補い合い、連続したものと見なされるのである。私たちの触覚と視覚は協同的に働くのであるから、もっぱら人間にのみ当てはまることではあるが、視覚的な受容は、触覚的な受容の経験でもある。私たちが見る対象は、その対象を私たちが手でもってつかみ探り当てるときの経験によって「満たされて」いるのだ。

より進んだ発達の段階でも、視覚は触覚に依存し続ける。触覚は目が知覚する物を確実なものとする。言い換えれば、触覚は、知覚される物の確からしさを保証するのである。つまり、手は、そこにある対象の形と特徴についてさらなる情報を付け加えるのだ。アルノルト・ゲーレンが述べるように、手は目の知覚を続行するのであり、視覚的な受容のいくつかの課題を引き受けるのである。しかし、手が成し遂げる最も重要なことの一つは、手が、知覚の新しい仕方、新しい側面、新しい視点を生み出すという、まさにその事実にある。その創造性は、指示すること、身振りの実行、運動の模倣、すなわち、実に多くの多様な関係性を生み出す手の能力にあるのである。

言葉による名指しは、その目的のために、手が持っているこの構成作用を使う。「言葉とそれに結び付いた対象は、一つの、総合的な経験の結果であり、手による表象である」（エリアス・カネッティ）。この結び付きは手の二つの働き＝ゲームにおいて明らかになる。すなわち、手が模倣される物の形へと形成されることと、線描や描画の身振りにおいてである。或るモデルに即した線描や描画は、もう一つの世界の存在を現実のものとする。芸術家の身振りは、この世界がそこにあること、そして芸術家はその世界を独自の見方に応じて制作し、そして独自の方法でその世界を組み立てること、その保証を私たちに与えるのである。

今述べた考えは、すでに私たちを時間的な構造化の世界へと導いている。経験の世界は身振りにおいて形を与えられるのであり、時間と運動は、連続、反復進行、速さ、リズムとして組み立てられる。例えば、身振りを伴う描画や音楽（最も明瞭な例はおそらくパーカッションであろうが、ブルースでも考えることができる。ブルースは、本質的に、身振りの運動、動きと語りの連係から生まれるものである）において、時間的図式への空間の統合は特に重要である。二つの流れに目を向ける必要がある。一つは、手の活動は、より一層の表現的性格を帯びてくるということである。手によって生み出される形や運動は、手とは異なる、手以外の対象の世界に属する何物かを表現するのである。もう一つは、その表現的な活動における手は、すべての対象物から自由であり、「それ自体の生き生きしたあり方」（カネッティ）が許容されているのである。手の自由な運動は、旧石器時代の「芸術」に見られるように、装飾的な形態、リズムを伴う型を生むとともに、穏やかさの身振りをも生む。カネッティが言うように、身振りでの表現は、手自身の生命の、そのもともとの意味における最高度の純粋さを維持しているのだ。

同様に、数を数えることも、時空間の自由な形成から生じるものである。数を数えることは最初は恣意的に始まるのであるが、すぐに数を数える原則がしっかりした変更不可能なルールのもとに設定され、その原則は全く厳格に適用される。手全体で数えるのか、それとも一本の指で数えるのか、左から右へか、右から左へか、どの指をどんな順番に使うのか、どんな呼び名を使うのか、こういったことは慣習によっているのであり、その日常生活での方法が話し合いで決められるなどということはありえない。私たちは同じ文化の中にいる他の人々と同じように数えなければならないのだ。測定や名指しと同様、数え方は強い社会的規制のもとにある。手の動きや数え言葉が決まっているだけではない。運動のリズムや数え方のスピードもまた規制されている。数え方はゆっくり過ぎても速過ぎてもいけないのである。また、数え方の特定の流れがあり、決められた言い回しを使ってその流れに従わなければならない。このようにして、最初の数の世界、繰り返し構成される秩序が生成されることになる。それはもはや運動の問題ではない。そうではなくて、その秩序は知的に考えられた或る観念的な秩序の表現なのである。数を数えることは、一つの観念化と一つの空間秩序の両方を生み出す。それらはともに、知的原則に従いながら、実在の世界全体を分節化する働きをするのである。

空間的・時間的秩序は、それら自身の原則に応じて構成されることによって、身体の行為と私たちの周囲の世界との関係を失う。私たちはこの関係を、私たちの数の数え方、すなわち数えるという社会的実践が、身振りの結果としての数の連続をどのように構成するのかということにおいて、やはり認めるができる。しかしながら、数の観念的な世界は、数を数える初期の身振りにおいてなお見られた身体的要素を排除したのである。

見ることと感じることとの関係はどのように作用するのだろうか。視覚の助けを借りずに手だけを使うとき、触感覚に適合して、私たちは違った視覚のイメージを増大させる。同じことがその逆の場合にも当てはまる。私たちの身体の一部が触れられており、ただし、麻痺しているとかその部分が何かで覆われているとかの理由で、その感覚に反応しないといった場合、私たちは私たち自身の可能な、そして通常の触覚経験を付け加えるのである。こうしたギャップを埋めるために働く手と目の協調性は、二つの事柄からなっている。一つは、私たち自身の個人的立場と結び付いた個人的な経験であり、そして、原理的にすべての人によって観察される視覚的印象である。したがって、言い換えれば、私たちは主観的なものと客観的なものの対立を見るのである。知覚の非対称性に結び付く、この二つの側面は、感情についての言説の特徴である。通常、私たちは、私たちの諸感情の関係を、内的・外的という二重の側面において考える。視覚的印象のような実際の自己受容的経験に類似した代替物を見出すことができるという事実は、私たちの視覚と触覚の密接な結び付き、両者の関係の反転可能性をも意味する相互依存関係を示しているのである。

これまで私たちは行為する主体だけを考察してきた。個人的な経験と感覚は、外的側面を超えて社会的形式をとるのであり、他者へと伝達可能である。この過程において、視覚的側面を、自己受容的触感覚、必要なものとして喚起される準備が整っている感覚の貯蔵庫で補う能力が決定的に重要な役割を演じている。この能力は知的な成果をもたらすものではない。そうではなく、それは、特に私たちが私たち自身に触れる仕方における、私たち自身の身体で経験され実践される一つの能力である。触覚それ自体を同時に感じながら、私たちが私たち自身と私たちの反応を触れて観察することができるように、私たちは他者がどのように視覚や触覚に応答するかを類推によって知ることができるのである。手は、視覚と協調して、媒介者として機能する。手は、私たち自身の感覚と他者の感覚の間に橋を架けるのである。

　これまでの私たちの考察の結果は意外性を有している。視覚との協調関係において、手の使用は、観念的な数の連続を構成することによる数を数えるという客観化された実践と、同時に、主観的な感覚の世界の構成との両方に至るのである。両者とも、しばしば言語へと関係付けられる。しかし、言語にとって最も基本的だと考えられる機能、すなわち（関係を）指示する私たちの能力は、まさに私たちの手の使用においてまず形作られるということを、私たちは考察したのであった。そして、繰り返すことになるが、指示することは、客観的・主観的世界の構成にとって本質的なことなのだ。言い換えれば、指示することと関係付けることの源泉と機能的な関係は、言語の下に広がるより深いレベル、すなわち身体による世界制作の領域と手の分野に根ざしていなければならないのである。

Ⅳ

文明化をもたらすテクノロジー全体が、手の社会的使用と関係がある。手は、他の身体部位と異なり、道具を使うため、ゲーム・絵画・音楽のため、書いたり数えたりするため、指示するため、家事を行うため、そして社会的な身振りのために、訓練可能となるのである。私たちの手の使い方は、文明化のレベルを明らかにする。良い行動の厳格な要求、精密に統制された運動、強い象徴的意味付与、さまざまな分節化、そして儀式化などの社会的技術の領域は、手を身体の特別に統制された部位とする。それらの成果のたいていは、個体発生的に見て、私たちの言語形式の発達に先立っており、実際、言語形式の発達を準備するものである。手はそれ自体が社会的生成物であり、社会的世界に秩序を与えるための基本的なものである。私たちの社会の基本的方向、社会の基本的区別は、すべて手の使用において先取りされている。

この考えを展開した最初の人はフランスの文化人類学者ロベール・エルツである。彼の思考の出発点は、人間は二つの手を持っているという事実である。手という「一般性」だけを問題にしている限り、私たちの二つの手の使われ方は同じではないという事実を見逃すことになる。エルツが指摘するように、右手と左手の間にある違いと、それに伴う手の使用の差異は、すべての文化に共通したものである。手の使用は、右手と左手に付与された価値に応じて区分された、右の世界と左の世界に、社会の全体像を分ける働きをする。右手は、人に挨拶をし、物を食べ、神の恵みを祈るために使われる。右手は清らかな手である。それは儀式的行為のために使われる。右手は良い手なのである。これらの価値、成果、性格と対立するものが左手によって示される。右手が許されることは、左手にとっては禁止事項である。言ってみれば、左手は、右手が行ってはならないことをなすために呼び出されるのだ。機能、象徴的解釈、価値の一種の幾何学が、身体を覆っているのである。二つの手の使用は、実践的機能、象徴的身振り、道徳的価値を区別するのに役立つ、鏡に映し出されたような対称的対立の図式に従う。器用で純粋で社会的に受け入れられた手と、それと全く反対の手という身体の区別から、私たちは人間を支配している、そして実際には社会の全体像を支配している二元論的秩序を見出すのである。

右と左の区別は、包含と排除の力学をも生む。それは、或る個人やグループがどちらの側に属するのか、すなわち、純粋、廉潔、尊敬に値する側、神聖な側に属するのか、それとも、不純で卑しく、否定的な社会的立場、世俗的な側に属するのか、を決める。右と左の区別は、特に男性・女性の区別に見られるような大きな世界秩序の二元的な差異化の種を含んでいる。この区別は、同時に、象徴と価値の地理学に覆われている。数えることや測定することの空間的な組み立てとは違って、この配置関係は観念的なものではない。つまり、ルールの体系によって構成されているのではないのである。それは、二つの手というモデルに応じた身体による世界制作である。私たちがそれぞれの手を違ったように使うという事実は、何が含まれ何は含まれないのか、何を受け入れ何を拒否するのかを判断する構造、純粋と不純、善と悪を決する構造を生み出すのである。伝統的な社会にとっては、右・左の身体的な二元論モデルは、その社会秩序を象徴的に表現する基礎を形成している。このようにして、社会的空間の分断が、一つの架空の区分線の右と左への振り分けとして、目に見える形になるのである。

私たちが手をどのように使うかについての価値判断はない。しかし、手の使用は、秩序を与える一つの方法、価値を特定するパラメータと空間を設定するための「言語ゲーム」（ルートヴィヒ・ウィトゲンシュタイン）を生み出す。思考にとって手を大変重要なものとするのは、表現の方法を見出し、作り上げ、そして磨き上げる能力である。手の実践的機能とともに、手は表現的機能を有しているのである。例えば、握ることは、保持する実践行為、何物かを私たちの所有へともたらす実践行為である。と同時に、それは、握られている物を超えて、握る人の能力を示している。それは、物が握られる準備が整った状態を形成する能力を示すのだ。このことを以下のように解釈することができる。すなわち、ステージがあり、配役があり、物語の構造を持った日常生活の微視的なドラマのように、握るという行為において、手は、権力と服従の関係を演じるのだ。指示することについて、同様の視点から記述することができる。その場合、人は対象に対する支配を主張するのではない。対象をただ指示するだけなのである。指示という行為には多くの経験が内在している。それらは、手が、指示された対象（あるいはその対象と似ている他の事物）でもってすでに生成した経験なのである。指示された対象の「役割」は、その対象がすでに使用された仕方の中に、探索され作り上げられている。

表現の複合的な事例において、表現された事物とそれに結び付いた実践課題に対して、手はより大きな自立性を主張する。その自立性は、まさに自立性の期待が最も小さい場合、すなわち模倣において、重要になる。私たちが指で線をなぞるとき、手の諸条件のもとで、すなわち或る運動図式と運動イメージを形成する運動として、私たちはその線を再生するのである。運動図式も運動イメージも、第一に、身体における図式かつ描かれた図として、第二に、描く人の身体による線の型取りの再実行として、与えられた線とは独立に存在し続けることが可能である。手による線の再形成は、はじめの実践行為からは離れ、個人によって自立的に生成される一つの形を創造する。この形はもともとの線との関係において、その違いを主張する。このようにして、たとえ最も単純な反復でさえも、生成的と見なされうるのである。反復は、対象を別の媒体において、運動の形式において、呈示という観点を伴いながら、新たに構成するという点において、所与の対象との一種のゲームを形成するのである。

「手のゲーム」による制作物は、それ自体新しい洞察を与えるものではない。その代わり、それは、行為から獲得された構成物なのであり、そして、洞察のための諸条件を作り出す。それは、反復、指示、手の区別された使用、右手と左手のさまざまな使われ方、そして手の道具的な使用において、作り出されるのである。「手のゲーム」の本質的な成果は、操作される対象それ自体の使用と手によって再創造される対象の使用という、二重化された使用にある。手元にある諸要素を取り上げ、それらを再び違った媒体において使用する、それらを自立的に使用する可能性は、一般にゲームの成果である。疑いなく「手のゲーム」は、人の人生における第一のそして最も重要なゲームに属するものである。人間のあらゆる他の器官と比べて、手は、世界に対するより直接的な関係、より微妙な分節化、より明瞭な対象化を可能にする。私たちが手にする世界は、手の二重化された使用において、一つの象徴的世界として新たに創造されるのである。その象徴的世界は、実践行為と不可分的に結び付いているのであるが、他者がそこに存在する社会的に形成された世界なのである。

参考文献

Bourdieu, P., *Le sens pratique*, Paris, 1980.〔今村仁司・港道隆ほか訳『実践感覚1・2』みすず書房、一九八八・九〇年。〕

Canetti, E., *Masse und Macht*, Bd. I, München 1976.〔岩田行一訳『群衆と権力（上）・（下）』法政大学出版局、一九七一年。〕

Focillon, H., *Vie des forms: suivi de l'eloge de la main*, Paris 1993.〔杉本秀太郎訳『形の生命』岩波書店、一九六九年。〕

Housset, E., L'âme et la main, in: Institut d'arts visuels: *La Main*, pp. 23-41.

Hsiung, P. M., La main du maitre. Sur la peinture et la calligraphie chinoises, in: Institut d'arts visuels: *La Main*, pp. 183-194.

Gehlen, A., *Der Mensch. Seine Natur und seine Stellung in der Welt*, Wiesbaden 1978.〔平野具男訳『人間——その本性および世界における位置』法政大学出版局、一九八五年、池井望訳『人間——その性質と世界の中の位置』世界思想社、二〇〇八年。〕

Goodman, N., *Ways of Worldmaking*, Indianapolis 1978.〔菅野盾樹・中村雅之訳『世界制作の方法』みす

ず書房、一九八七年。〕
Hertz, R., La prééminence de la main droite. Étude sur la polarite religieuse, in: Ders.: *Sociologie religieuse et folklore*, Paris 1970 (1928).〔吉田禎吾ほか訳『右手の優越――宗教的両極性の研究』垣内出版、一九八〇年。〕
Ifrah, G., *Universalgeschichte der Zahlen*, Frankfurt/M., New York 1986.〔弥永みち代・後平隆・丸山正義訳『数字の歴史――人類は数をどのようにかぞえてきたか』平凡社、一九八八年。〕
Insitut d'arts visuels (ed.), *La Main*, Orleans 1996.
Leroi-Gourhan, A., *Hand und Work*, Frankfurt/M. 1988.
Levame, J. H., Main-objet et main-image, in: *Eurasie. Cahiers de la Societe des Etudes euro-asiatiques.* No. 4, Paris 1993, S. 9-18.
Nissen, H. J., Damerow, P., Englund, R. K.: *Frühe Schrift und Techniken der Wirtschaftsverwaltung im alten Vorderen Orient. Informationsspeicherung und verarbeitung vor 5000 Jahren*, Ausstellungskatalog, Berlin 1990.
Salamito, J. M., De l'éloge des mains au respect des travailleurs. Idées greco-romaines et christianisme antique, in: Institut d'arts visuels: *La main*, pp. 51-75.
Pelegrin, J,: La main et l'outil prehistorique, in: *Eurasie. Cahiers de la Societe des etudes euro-asiatiques.* No. 4, Paris 1993, pp. 19-25.
Wittgenstein, L., *Philosophische Untersuchungen*. In: Schriften, Frankfurt/M. 1960.〔黒崎宏訳『哲学的探求』産業図書、一九九四年、藤本隆志訳『哲学探究』大修館書店、一九七六年。〕
Wittgenstein, L., *Über Gewissheit*, Frankfurt/M. 1969.〔黒田亘訳『確実性の問題』大修館書店、一九七五年。〕

ダイアローグ2　認識論的な世界構成の問題としての身体の問題

樋口　聡

私たちは、広島芸術学会第五〇回例会（一九九九年一二月一一日、広島県立美術館講堂）に参加した。そこでグンター・ゲバウアが行った研究発表が、第二章の論考である。ゲバウアは、"The Worldmaking of the Hand"という英語の論考を読み上げた。私は、発表原稿の翻訳と当日の通訳を務めた。その論文は、クリストフ・ヴルフが編集する *Vom Menschen: Handbuch Historische Anthlopologie*（Belz, 1997）に収録されたドイツ語論文"Die Hand"をもとに、広島芸術学会の例会のために作成されたものである。少しの紆余曲折がある。例会での発表のために最初に準備された論考は、"The Hand"というタイトルであり、当日の発表に対して私は、「〈手〉についての美学的考察」という邦題を付した。この論考を後日、広島芸術学会の機関誌『藝術研究』に寄稿するに際し、ゲバウアは若干の加筆修正をほどこし、タイトルは上述のように改められ、それに応じて邦題は、「〈手〉の世界制作について」

と変更された。

この論考に関係するゲバウアの編著書として、*Körper und Einbildungskraft*（Reimer, 1988）, *Historische Anthropologie*（Rowohlt, 1989）, *Mimesis. Kultur-Kunst-Gesellschaft*（Rowohlt, 1992）（English edition: *Mimesis: Culture, Art, Society*, University of California Press, 1995）, *Praxis und Ästhetik*（Suhrkamp, 1993）, *Spiel, Ritual, Geste: Mimetisches Handeln in der sozialen Welt*（Rowohlt, 1998）, *Anthropologie*（Reclam, 1998）がある。また、M. Kellyがチーフ・エディターとなってOxford University Pressから出版された*Encyclopedia of Aesthetics*（全四巻、1998）で、ヴルフと共著でゲバウアはMimesisの項目を執筆している。

この論考は、事物と身体を媒介する手の機能に着目し、「世界制作」という視点から手をめぐる諸問題を考察したものである。ゲバウアの考察の理論的背景には「身体」への強い関心がある。認識論的な世界構成の問題を身体の問題として捉え直すことがゲバウアの基本的関心であり、この論考では、身体の中でも突出した形態と機能を有する手が取り上げられた。

手といったまさに身近な対象から人間の文化や社会についての考察を展開するという試みは、通常の「哲学」の議論とは様相を異にし、ユニークで斬新である。しかしながら、手についての哲学的省察がこれまで全くなかったわけではなく、私がすぐに思い立ったのは、今道友信の『手についての瞑想——手と精神』（週刊カセット出版、一九七六年）である。歴史的世界に刻印する手の働きや、指の動作と道具さらには技術連関との関係、また手振りの表現性の問題など、ゲバウアの考察に接続可能な論点のいくつかを、すでに今道の省察の中に見出すことが可能である。しかし、両者の決定的な相違点は、今道が手を人間の精神の空間化をもたらすもの、そして手を精神あるいは永遠と自然を結ぶ媒介者と見なすのに対し、ゲバウアの考察はその存在論的視点を完全に欠いていることである。おそらくここに、この論考で取り上げられた問題をさらに展開させる一つの方向性があるだろう。いわゆる「精神」の問題に対し、これまでの哲学的視点とは（そして今道の形而上学視点とも）違った側面から光を当てることを、ゲバウアの手についての考察は誘うのである。

さらに、坂部恵の「ふれる」ことの哲学（『「ふれる」ことの哲学——人称的世界とその根底』岩波書店、一九八三年）もまた、本論考の問題との関わりを含んでいる。坂部が指摘する「ふれる」と「さわる」の区別を端的な単語の違いによって示すことは、ゲバウアには不可能である。それゆえに、自－他、内－外、能動－受動といった区別を超えた相互浸透的な根源的経験を「ふれる」ことに見出す坂部の論を参照することによって、ゲバウアが論じる手の持つ意味がさらに広がる。要するに、対象に対する明晰な位置を前提にするヨーロッパ近代の思考法への批判的視点が見えてくるのである。それはゲバウアもまた共有しうる視点である。

さらに、小田部胤久の『木村素衞——「表現愛」の美学』（講談社、二〇一〇年）で取り上げられている木村素衞の「身体の技術性」についての議論。木村の「技術」は「一つの知性」であり、その「知性」は、「手そのものに宿っている身体的知」であり、かつ「物に接し物に即して物そのもののうちに浸徹しつつ、敏感に物そのものの理法に従って微妙にはたらく一つの直覚知」である（七五頁）といった理解は、ゲバウアのこの論考での議論と重なる。

ところで、本論考は広島芸術学会の研究例会で口頭発表されたほか、そのドイツ語版（"Die Hand und die Konstruktion der Welt"）が山口大学の哲学研究会（二〇〇〇年三月一六日）でも発表され、日本の研究者との間でいくらかのディスカッションが持たれた。総じて、本論考は日本の研究者に多義的な印象を与えており、本論考において見出されるさまざまな論点からさらに議論は展開されなければならない、というのが正直なところである。また、ディスカッションにおいては不要な行き違いも散見された。手の問題にこだわりすぎている、などというのは筋違いの発言だ（なぜならば本論は「手について」の論考なのだから）が、手さらには身体の持つ働きや意味を過剰に評価しているのではないかといった感想が、言語や認識の問題の研究者から呈示された。この感想はゲバウアの意図に沿うものではない。言語の持つ機能を手が果たしうるなどということを彼は論じようとしているのではない。先にもいくらか触れたように、観念や精神と手の関わりについてはペンディングになったままであるし、また言語論的転回以降の認識問題に言及するのは世界制作という観点においてであり、いわゆる認識問題に新たなアプローチを身体論の側面から試みようというのがゲバウアの基本的意図なのである。また、制作や構成といった手の持つポジティヴな側面のみが取り上げられているという本論考に対する印象も、やはりゲバウアの論の全体像からすれば誤解である。というのは、彼のミーメーシス論においては、ジラールに依拠しつつ暴力論の興味深い展開がなされているからである（本書のダイアローグ4—1参照）。

また、本書のダイアローグの試みと関係することであるが、ゲバウアのドイツ語原稿は、厳格なドイツ語テクストのクリティークとして読まれた。それはしかるべきことでもあるのであるが、ここに口頭で発表されダイアローグの場を形成している情況からすると、「少々滑稽だね」と、私はゲバウアと一緒に笑ったことを覚えている。

芸術研究との絡みで本論考を見てみれば、身振りに代表されるようなパフォーマンス的行為の美学として、芸術という営み・行為を検討しなおす視点の広がりを予想できるだろう。しかしながら、本論考ではそれが示唆されているにすぎない。

第三章　歴史人間学とは何か

G・ゲバウア

ここでの考察は、歴史人間学とは何かという問いへの回答の試みである。人間学の対象は、或る特定の物質的構成を持ち、特定の生活世界と生の条件のもとにあり、他者の目を通して見つめられ、哲学研究の対象とされる人間、である。「人間学」を説明する構成要素のそれぞれは、さまざまに解釈される可能性と歴史的変化を余儀なくされている。

人間の物質的構成は自然によって与えられ、そして人間とは異なる自然と結び付いている。しかし、人間の身体は、驚くべき学習能力を有しているのである。生まれて間もないころから、身体は、他者の働きかけや自己自身の運動によって変化する可能性を有している。身体は、生物的自然の基本条件に制約されながら、身体自身の生成の産物であるのだ。身体の関係的諸構成がどんなにかすかなものであっても、それは完全な自律性を獲得することはないだろう。絶えず関係がそこにはあるのである。

したがって、人間学が生成させることが期待されうる知は、専ら、或る特定の場所と時間に結び付けられた個別的なものであって、普遍的なものではない。人間の関係的諸構成は、その発生から切り離されたものとして考察されることはありえないのであり、それは世界内存在としての人間との結び付きを残しているのである。人間学は、人間の関係的諸構成と生活世界との結び付きを切断するのではなく、それを目に見えるものとするのである。

人間が生きる世界は、生まれたときにすでにそこに存在するものであり、人間の生物的・物質的・社会的環境を規定している。人間を育成し、形作り、教育するのは、この環境である。しかし、それらの影響は、受動的な受容によってもたらされるのではなく、積極的な関わりを通して生み出されるものである。人間は、自分が生まれた世界を変えるのだ。人間は、この世界に同化し、この世界を身体化し、諸活動の中へ取り込みつつ、この世界を自分のものとする。主観化の動きの中で、自我は自らの世界を生成させるのであるが、それは、それと正反対の客観化の動きなしでは起こりえない。人間の諸活動、社会的行為、制度、言語、象徴的な媒体一般が、世界に客観的な形式を与えるのである。

人間は他の人間によって見られる存在であるという事実は、何と言っても、日常生活のありふれた出来事と思われるだろう。私たちは他者を見、他者によって見られるのであり、これは人間存在の条件の一部分である。見るという行為に含まれている反省という要素を考えると、人間は「生まれながらにしての人間学者」である。哲学的な学問としての人間学は、日常的な観察、反省、解釈、評価と対立するものではなく、理論化の対象としてそれらに関わっており、学問的な文脈の中へそれらを統合するのである。

以上の複合的な特徴によって規定される、人間についての理論的視点は、人間学の重要な基礎の一つである。ところで、確かに、この視点は、観念、普遍性、永遠的存在といったことがらに関してではなく、そして全知の神的視点からではなく、人間自身のこととして人間についての省察を試みるあらゆる哲学に妥当するものである。人間は、人間学を展開する主体であると同時にその対象でもある。人間は、諸活動を通して、類似性を示し、関わりを持つ他者との関係の中でのみ存在する。また、この考え方は、人間学の基本要素や考察装置がどのように理解されるのかに応じて、さまざまに解釈される可能性がある。例えば、人間学の基本要素や考察装置を歴史の運動からは切り離されたものと考えるか、それとも歴史の運動の中に組み込まれたものと考えるかで違いが生じる。人間学の基本要素や考察装置が、それらが問題にしようとする対象の歴史性と関わりがあるとすれば、そこには二重の歴史性があることになる。すなわち、その対象の歴史性のみならず、それらを扱う方法もまた、或る特定の歴史的・社会的情況において、人間が他者とともに参与する対話の結果としての歴史性を有しているのである。これは、相対主義の唱道ではなく、規範的な立場や普遍的な視点を取ることの否定である。

それゆえに、私たちが「歴史人間学」と呼ぶものは、それ自身の歴史性を理論化の一部として理解する人間学である。それは、エリアス、ヴェルナン、ブルデュといった多様な研究者たちの研究に認められる共通項である。何人かの研究者たちは、自ら歴史人間学という規定を受け入れているが、例えばモース、ホルクハイマー、アドルノ、フーコーといった人たちはそうではない。しかし、彼らの研究の少なくともいくつかの側面は、歴史人間学というカテゴリーに含められるであろう。

ここで問題にしている人間学の第一の問いは、私は何を知ることができるか、ではなく、私が知ることを私はどのようにして知るに至ったのか、である。まず、私たちは、私たち自身について、そして他者についてもまた、人間学の対象を規定しなければならない。そして、人間に対する、また人間の生と人間の知の条件に対する私たちの視点を明らかにしなければならない。問題を呈示し、理論の対象を設定する私たちの方法に対して根拠を与えなければならない。人々を人間学的知の対象とするものは何であるのか、またどのような観点からそれは可能であるのだろうか。私たちは、人間学は取られた視点によって規定されるということを認めざるを得ないのであり、その条件のもとでのみ、私たちの次のステップが省察を客観化可能にするのである。具体的で個別的な思考から出発して、個別の事例を比較可能にするような、主観を超えた一般的な言説と概念へと至る方法を、私たちは探究するのである。

それ自身が示す第一印象とは裏腹に、「人間学」という概念は、一六世紀と一七世紀の歴史の一時期に創られたものである。この時期に、それは「哲学的学問の名称」(1)となった。政治の不穏状態と個人の不安の時代において、それは人間自身へと向かう思想の新しい転回と見なされうる。そして、人間学の対象であり続けると思われるのは、人間の生の諸条件のもとにある人間である。私たちは人間学的哲学の歴史上の三つの段階を区別することができる。まず、古い神学に基づいたモデルから人間を切り離し、考察の枠組みとして古典的な研究に依拠しつつも、他者との共同作業によって形成された世界の中の自我が考察の重要な対象であるという事実をすでに明確に強調し、人間についての省察への新たな取り組みに向けての探究が顕在化する段階がある。この種の考え方の発生にはさまざまな影響が作用しているのであり、人間学の地平を哲学の領域に限定するのは認めがたい単純化であろう。啓蒙運動の時代の始まりとともに、「人間学」という哲学的学問は、ほとんど議論の余地なく明瞭なかたちを与えられることになり、人間性の普遍性を強く主張することによって、人間性の政治的、倫理的、認識論的思想の基礎を与える、新しい自我意識の表現と見なされることとなる。啓蒙とは、とりわけ自己自身を明瞭にすることであり、明るみへと通じる出口、他者の援助を拒否して「自力で歩む」勇気を与えるものである(2)。啓蒙の時代以来、すべての偉大な哲学者たちは人間学的考察に携わってきた。例えばカール・マルクスは、初期の著作「パリ草稿」で、その哲学的思想の基礎として「人間的自然」ということを主張している。しかし、人間学の体系化のためには、生物学の諸概念との関わりが必要とされたのであり、ドイツに限って言えば、それは一九世紀になって実現されることとなった。ドイツの「独自性」は二〇世紀まで続くのであり、特にプレスナーとゲーレンの強い影響のもとに、「哲学的人間学」へと至るのである。

ところで、いくらか違った方向に目を向けてみよう。歴史人間学では、人間学的思想の完結した理論構造の呈示が拒否され、社会的・歴史的思考が目指される(3)。

一六世紀に、人間学は二重の意味で人間の自己省察として出発した。一つは「人間についての知」

であり、それは人間の「道徳的本性」の発見である。もう一つは心的活動であり、専ら人間的手段によってなされる自律的な思考、すなわち、神学、神話学、形而上学からの解放を求めて人間の生の地平の範囲内でなされる一つの哲学である。[4] 人間学の研究者自身もそうであるが、彼の省察の対象もまた、生の歴史によって構成されたものである。どちらも人間という種に属し、人間的本性との関わりを有している。この普遍的な性格は、個々の事例において、伝記や肖像という文学形式で呈示される、自己自身の生や他者の生において探求されるものである。初めから、人間学は哲学的学問を形成するに至っているわけではない。しかし人間を観察する新しい方法と、人間の身体的・精神的本性ならびに人間の生の諸条件について語る新しい方法がそこにはあるのであり、それは間違いなく一つの人間学的関心の存在を示している。それは自我への信頼に向けての変化であり、その信頼とは、今なお可能性を持っており、世界や神が今や与えることの不可能な、そういった種類の信頼である。人間学的情況の孤立の中で、人間は自分自身と対話する。神の前ではなく自我を前にして、自分自身について語り、おのれの行為を正当化し、理解可能なものとし、その中で、人間自身は部分的にしか応じることのできない生の諸条件を考察するのである。この自我との対話は、人間が自分自身を疑うことを経験し、来世とか超越とか永遠などといったことを持ち出すことなく、人間とは人間自身にとって何であるのかを考察し始める時代のなせる技である。

モンテーニュは『エセー』の冒頭、読者に語りかけている。私の本において、あなたがたは、作為やわざとらしさのない、私の、自然で気取りのない平凡さのうちに、私と出会うことになるだろう、と。それが可能なのは、私、すなわちモンテーニュが、自分自身をありありと描写しているからに他ならない。それが、人間学的視点の中心であり、その構成の条件である自我である。人間についての新しい関心のこれ以上に鋭い描写はないだろう。

人間学的省察は、世界の内部に位置付いており、その探究は、人間の真実を目指して、世界の内部の視点から、有限性の地平において、他者との関係のもとで、自我と生の歴史の内部でなされる。

人間学は、何と言っても、不確実性の表現である。仮に人間の目的地が自分の手の内にあるとして、その目的地とはどこなのか。この種の不確実性が可能性を持つためには、人々が自分自身を自律的な人間、すなわち自己の生を自分の手許におくことのできる個人や自我として見なすことの（知的かつ政治的な）可能性を保持するところにまで時が至らなければならない。このことは、あらゆる時代やあらゆる国家において、到達するというものではない。人間学についての私の省察の出発点は、人格、個人、自我についての問題である。これらの三つの概念は、人間の思想の「永遠の」カテゴリーではなく、長い歴史の過程を通してヨーロッパにおいて発生したものであるということを理解することは重要である。何世紀もかけて、「『自我』という単なる感情が生じただけでなく、さまざまな時代を生きた人間が自我の表象と概念を形成したのである[5]」。この考え方で、マルセル・モースは、人間学の中心的なカテゴリーの歴史性を明らかにする、実に多様性に富んだ研究を進展させたのであった[6]。

人間学は歴史的な試みであり、その前提条件は哲学だけに見出されるものではない。人間学が成立するためには、一連の諸条件が満たされなければならない。すなわち、社会との関係における個人の優先、共同体の構成員は自分自身の個人的な空間を有しているという事実が認められたカテゴリーの進化、個人が公共の場で行動する一定の自由とその結果としての個人の権利、などである。これらの前提条件は、個人の人格を構成するさまざまな方法を持った諸文化を研究することによって複合的に明らかにされうる。そうでなければ、何と言っても、人格とか自我といった概念の展開はなされなかったであろう。人間の本性についての問題が、人間と動物を比較するより洗練された手法においてさえも回避されていることが、今や明らかとなったであろう。そのような比較は、絶えず、人間の世界についてよりも、動物の世界についてより多くのことを私たちに語ることになるだろう。動物とは異なる人間存在の特異性は、その多様性にある。人間はそれ自身何であるのかについての知の獲得のために、動物と人間の共通点よりも、両者の違いの方がはるかに重要である。人間の基礎的な独自性は、法による保障と法的な権利という事態、特に人間の権利であり、そのようなものとして規範的な議論の対象となることである。しかしながら、人間学は、法学や倫理学の下位学問ではない。それは、経験的な人間存在を問題にするものであり、或る特定の出発点から、人間が互いに関係を持ちうる多様な差異をどのようにして発展させるに至ったのかを研究するものである。

今日、人間学は可能なのだろうか、また将来においては可能なのだろうか。人間という概念についての強調された解釈に対する疑念は、適切なものであるように思われる。人間、個人、人格といった全体像は、ヨーロッパの歴史の中であまりに際立つ位置を与えられてきたということなのだろうか。今日、自律性、本来性、自由意志、誠実さ、自己決定、内省といった概念は、全く廃れて使われなくなってしまったようである。しかし、ヨーロッパの人格概念は、一つの構築物であっただけではない。それは行為に対して影響を与えるものであり、高い文化的価値を生み出すための一つのモデルであったのだ。もしそれが一つの神話でしかないとしても、その神話は極めて影響力の大きな神話である。人間学の歴史は、人間という概念がどのように問題化されてきたのかということの歴史でもある。その歴史は、すでに議論されているように、フーコーで終わるものではない。逆に、それはフーコーとともに再び始まるのであり、フーコー自身、主体のために、実存の美学に関する新しい生のあり方を考えた人であったのだ。(7)

現代の人間学の理論においては、電子メディアという環境のもとで、人間は、ますます無制限、無条件に自分自身を捉えようとしている。人間は、今日、自己自身について自ら作り上げたイメージの反映以上のものでありえるのかどうかは一つの問題であり、それについてヴィレム・フルッサーは、すでに（否定的に）答えている。(8) しかし、人間学の歴史は、シミュレーションやヴァーチャル・リアリティで停止してしまうものではない。それには対抗する動きや抵抗があり、イメージへの懐疑やメディアへの批判、そのまさに人為性に闘いを挑もうとする中で示される派手な人為性の誇張に対する批判などがある。そして、大切なことであるが、分断された感性を回復しようとする試みがなされているのだ。しかしながら、人間のイメージと現実についてのこれらの議論は、歴史によって作られてきた共通の基盤が、小さな、断片的な個々の領域に分断されてしまうのを見ることになる恐れをもたらす。あるいは、実際にこれらのすべての動きが、新たに生じた政治的諸関係の中でその位置を見出すがゆえに、そのように思われるのかもしれない。将来、まさに問題になるだろうことは、人間の部分的なイメージを生み出すこれらのすべての試みに対して、一つのコンセンサスが社会のための共通の枠組みを超えて達成されることである。

註

（1） Marquardt, O., "Anthropologie," *Historisches Wörterbuch*, Gründer, K./Ritter, J.,（eds.）Darmstadt, 1971.

（2） Kant, I., "Beantwortung der Frage: Was ist Aufklärung?" *Kants Werke: Akademie-Textausgabe, Bd. VIII, Abhandlungen nach 1781*, Berlin, 1968, pp. 33-42.〔小倉志祥訳「啓蒙とは何か？」の問いの答え」『カント全集第十三巻』理想社、一九八八年、三七―四八頁。〕

（3） 歴史人間学のテーマの概要については以下を参照せよ。Dressel, G., *Historische Anthropologie. Eine Einführung.* Wien/ Köln/ Weimar, 1996; Gebauer, G., Kamper, D., Lenzen, D., Mattenklott, G., Wünsche, K. und Wulf, Ch., *Historische Anthropologie: Zum Problem der Humanwissenschaften heute oder Versuche einer Neubergründung.* Reinbek, 1989; Wulf, Ch., *Vom Menschen. Handbuch: Historische Anthropologie.* Weinheim/ Basel, 1997.

（4） Marquardt, O., *Schwierigkeiten der Geschichtsphilosophie.* Frankfurt/ M, 1973, p. 124.

（5） Mauss M., "Eine Kategorie des menschlichen Geistes: Der Begriff der Person des 'Ichs'" Mauss, M., *Soziologie und Anthropologie*, Frankfurt/ Berlin/ Wien, 1978, pp. 221-252.〔有地亨・伊藤昌司・山口俊夫訳『社会学と人類学Ⅰ・Ⅱ』弘文堂、一九七三・七六年。〕

（6） Carrithers, M., Collins, S., and Lukes, S.（eds.）*The Category of the Person; Anthropology,*

Philosophy, History. Cambridge, 1985.〔厚東洋輔、中島道男、中村牧子訳『人というカテゴリー』紀伊國屋書店、一九九五年。〕Sturma, D., *Philosophie der Person. Die Selbstverhältnisse von Subjektivität und Moralität*. Paderborn etc., 1997. を参照せよ。

（7）セクシャリティについてのフーコーの最後の著作を参照せよ。〔渡辺守章訳『性の歴史Ⅰ——知への意志』新潮社、一九八六年。田村俶訳『性の歴史Ⅱ——快楽の活用』新潮社、一九八六年。田村俶訳『性の歴史Ⅲ——自己への配慮』新潮社、一九八七年。〕

（8）Flusser, V., "Abbild-Vorbild" Hart Nibbrig, Ch.（Ed.）*Was heißt "Darstellen"?* Frankfurt/ M., 1994, pp. 34-48 を参照せよ。

ダイアローグ3　「歴史人間学」と「学習開発」をつなぐもの

樋口　聡

I

この第三章の論考「歴史人間学とは何か（What is Historical Anthropology?）」は、グンター・ゲバウアが広島大学大学院教育学研究科・学習開発専攻基幹講座の客員教授であったとき、一九九九年八月三日に行われた講演会で読まれたものである。ゲバウアは、当時、ベルリン自由大学教授であり、ベルリン自由大学に附設された「歴史人間学学際センター（Interdisziplinäres Zentrum für Historische Anthropologie）」のセンター長を務めていた。このセンターは、その名の通り、教育学の領域をも含む広い学際性を特徴としており、それは、或る意味では、私が関わってきた広島大学大学院教育学研究科

「学習開発専攻」の設立の精神とも通じるところがある。学習開発専攻の設置を申請するに当たって教育学研究科によって作成された資料によれば、「学習開発専攻」とは、「既設の教育諸科学の専攻の成果を統合し、学際的な新しい学習理論の開発を行う専攻」である。歴史人間学学際センターの構想と重なってくる。そこでは、従来の教育諸科学研究だけでは十分に対応することができなかった、あるいは十分に対応することができなくなってしまった教育をめぐる諸課題に対し、従来とは異なる発想・視点に立って研究を推進することが期待されてきた。このような、従来の研究を超える方向性が、ベルリン自由大学の歴史人間学学際センターの構想と重なっているのである。まずはこのセンターの基本構想を概観してみるべきである。というのは、ゲバウアの本論考のテーマは、このセンターの名称に由来しているからである。

歴史人間学学際センターを紹介する小冊子によれば、この研究センターは、一九九三年の一二月に設立された。それに先立って八〇年代から、ベルリン自由大学の何人かの研究者たちが、このセンターの設立に向けてすでに活動を開始していた。さまざまな人間の文化の歴史的条件・社会的条件を視野に入れて、多種多様なテーマについての考察を展開する学際的・共同的な研究プロジェクトである。それは、財政問題とも絡んだ大学改革の動きと関係があり、大学の意義や機能を見直す流れの中で、大学が持っている人材という強力な潜在能力を新しい仕方で活性化することが意図されたのであった。これまでの専門分野は、テーマにしても研究の方法にしても、ルーティーン化してしまった伝統という名の制約などによって暗礁に乗り上げてしまった感があったが、さまざまな領域からの研究者が新たなコンテクストのもとに集い、新しい研究課題の設定と研究組織の構成が目指された。それがこのセンターとして結実したのである。それは、ひいては大学の新しい役割を考察することにもつながることが期待された。このセンターには、教育学、美学・芸術学、哲学、社会学、文学、生物学、心理学、社会医学、文献学などの研究者が集っているが、ゲバウアによれば、人間学的諸問題について人文科学と自然科学の間に交通が図られていることが特筆すべきことがらである。また、他大学の研究者との交流もあり、さらに、関心を持つ一般の人々にもセンターの活動は開かれている。

このセンターの名称となっている「歴史人間学」とは、「人間」の現象と構造についての多様な学際的研究を意味している。それは、歴史と人文学の緊張関係の中に位置付いているのであるが、「人間学の単なる歴史」や「人間学のための歴史学」を意味するのではない。歴史人間学は、その視点と方法の歴史性とその研究対象の歴史性を関係付けようとするものである。つまり、人文学の成果を、歴史的・哲学的に基礎付けられた人間学の成果と結び付け、そこから新しいパラダイムに関わる問題を展開させるものなのである。そのためには、絶えざる考察の展開が求められ、考察が終結・停止してしまうことはあってはならない。また、歴史人間学は、特定の文化や時代に限定されるものではない。歴史性の考察の中で、歴史人間学は人文学の「ヨーロッパ中心主義」を放棄することを試みる。それはまた単なる懐古趣味的な関心を歴史に寄せるものではなく、むしろ未だ解決されていない現在や未来についての諸問題を目指すものなのだ。

歴史人間学学際センターを紹介する小冊子における右の記述は、センター長であったゲバウア自身によるものであるが、この予備知識を踏まえて、ゲバウアの講演のポイントを抽出してみよう。

一　身体的存在としての人間

人間学とは、要するに、「人間とは何か」という問いに答えようとする言説であるが、その回答は、人間に対するまなざしの基本的視座に左右される。その基本的視座が、ゲバウアにとっては「身体性」である。人間をめぐるあらゆることがらを、あくまで身体的存在としての人間という視点から哲学的・歴史的・社会学的に考察すること、それがゲバウアの提唱する歴史人間学の構想の骨格である。この身体性の問題は、ゲバウアの個人的選択といったような安易なものではない。というのは、この視点のもとに問題にされることがらは、例えば、いわゆる「身体」が表面化する身体運動を伴う行為だけではなく、通常「精神的」と考えられている認知行為や言語行為など、あらゆる人間の行為を包括するからである。

二　人間学的知の個別性

人間が身体的存在であることは、人間が、人間を取り巻く環境世界や他者との「関係」のもとにある、という当たり前の事実を考察の基本とすることを要請する。それは多様な解釈と歴史的変化の可能性を内包している。このことから人間学的知の個別性が帰結する。ここで言う個別性とは locality のことであり、普遍性（universality）と対置されるものである。人間学的知は、「或る特定の場所と時間に結び付けられた個別的なものであって、普遍的なものではない。……人間学は、人間の関係的諸構成と生活世界との結び付きを切断するのではなく、それを目に見えるものとするのである」。そして、哲学的な学問としての人間学は、私たちが日常的に行う「見る」という行為に含まれている反省という要素とも関係があり、日常的な観察、反省、解釈、評価をも学問的な文脈の中へ統合するのである。

三　世界に対する人間の関係——主観化と客観化

人間存在は生物的・物質的・社会的環境によって規定されているが、世界に対する人間の関係には或る種の積極性を見ることができる。「人間は、この世界に同化し、この世界を身体化し、諸活動の中に取り込みつつ、この世界を自分のものとする」。これが主観化の動きであるが、同時に、諸活動、社会的行為、制度、言語、象徴的な媒体一般によって、世界に客観的な形式を与える客観化の動きの中にも人間は巻き込まれているのである。こうして人間は、自分が生まれた世界を変えることになる。

四 人間に対する自己言及的な視点

人間は、人間学を展開する主体であると同時にその対象でもある。それは、人間自身のこととして人間についての省察を試みる哲学へと接続するのであり、普遍性や永遠的存在などといったことがらに関する全知の神的視点とは対立する。このことは、歴史性についても同様に指摘されるのであって、研究対象としての人間の歴史性のみならず、それらを扱う方法もまた、或る特定の歴史的・社会的情況において、人間が他者とともに参与する対話の結果としての歴史性を有しているのである。歴史人間学は、それ自身の歴史性を理論化の一部として理解する人間学なのだ。そして、おそらくカントの『論理学』(1)を意識しつつ、ゲバウアは、「人間学の第一の問いは、私は何を知ることができるか、ではなく、私が知ることを私はどのようにして知るに至ったのか、である」と言う。また、このような考察の視点は相対主義だとして批判されることを予想して、「これは相対主義の唱道ではなく、規範的な立場や普遍的な視点を取ることの否定である」とし、「具体的で個別的な思考から出発して、個別の事例を比較可能にするような、主観を超えた一般的な言説と概念へと至る方法を、私たちは探究するのである」と述べている。

五 人間学の歴史的展開

「人間学」は、一六世紀から一七世紀にかけて「哲学的学問の名称」となった。その人間学的哲学の展開を、ゲバウアは歴史上三つの段階に区別している。第一の段階は、古い神学に基づいたモデルから人間を切り離し、考察の枠組みとして古典的な研究に依拠しつつも、人間についての省察への新たな探究が顕在化する段階である。第二の段階は、啓蒙運動の時代である。「人間学」という哲学的学問は、明瞭なかたちをなし、人間性の普遍性を強く主張することによって、人間性の政治的、倫理的、認識論的思想の基礎を与える、新しい自我意識の表現と見なされた。啓蒙の時代以来、すべての偉大な哲学者たちは人間学的考察に携わってきた。そして、第三の段階が、生物学との関わりを持ちながら、特にドイツにおいて体系化を見た「哲学的人間学」の段階である。

六　人間学の省察の出発点と前提条件

人間学についてのゲバウアの省察の出発点は、人格、個人、自我についての問題である。それらは、人間の思想の「永遠の」カテゴリーではなく、長い歴史の過程を通してヨーロッパにおいて発生したものである。人間学が成立するためには、社会との関係における個人の優先、個人的な空間の認知、公共の場での個人の行動の自由と個人の権利などの前提条件が整わなければならない。

七　動物とは異なる人間存在の特異性へのまなざし

人間と動物の比較は、人間の世界よりも動物の世界についてより多くのことを私たちに語ることになるだろう。動物とは異なる人間存在の特異性は、その多様性にある。人間が互いに関係を持ちうる多様な差異をどのようにして発展させるに至ったのかを、特定の出発点から研究するのが人間学である。

八　人間学の可能性

人間という概念を強調することについては疑念が持たれており、それは適切であろう。しかし、人間という概念がどのように問題化されてきたのかという人間学の歴史は、ここで終結してしまうものではない。現代の人間学の理論においては、電子メディアという環境のもとで、人間は、ますます無制限、無条件に自分自身を捉えようとしている。それには否定的な見方をしなければならないのであるが、しかし、人間学の歴史は、シミュレーションやヴァーチャル・リアリティで停止してしまうものではない。人為性の誇張に対する批判がなされており、分断された感性を回復しようとする試みがなされている。一つのコンセンサスが社会のための共通の枠組みを超えて達成されなければならない。

Ⅲ

右のような形で、ゲバウアが言う「歴史人間学」の内容は理解することができるのであるが、実は、historical anthropology を問題にする場合、これを日本語に何と訳すのかが、まず問題になることを指摘しておこう。要するに anthropology の訳語の問題であり、anthropology には「人間学」と「人類学」の二つの訳語が存在しているのである。人類の系統、発達形態、種差などを研究する physical anthropology、人類が作り出した文化に着目し、民族の習俗や民族精神などを研究する cultural anthropology は、それぞれ形質人類学（自然人類学）、文化人類学と訳され、それに対して philo-sophical anthropology は哲学的人間学と訳される。[2] また、historical anthropology に対応すると考えられる「歴史人類学」という語がすでに存在している。例えば、歴史人類学会という学会の存在や、『「食」の歴史人類学』とか『出産の歴史人類学』といった書名にそれを見ることができるし、l'anthropologie historique や historische Anthroplogie の訳語として「歴史人類学」が使われているのである。[3]

ゲバウアの学生であったオイゲン・ケーニヒの著書 *Körper-Wissen-Macht: Studien zur historischen Anthropologie des Körpers* が山本徳郎によって『身体－知－力：身体の歴史人類学的研究』[4] として翻訳されている。ここに historische Anthropologie ＝歴史人類学という用語法が見られる。historical anthropology（あるいは historische Anthropologie）を、特定の条件を考慮せずに仮に日本語に移し替えようとしたとき、「歴史人類学」は或る意味では魅力的な名称かもしれない。というのは、レヴィ－ストロースに代表されるような人類学の新たな動向、そして文化人類学のダイナミックな展開に引き替え、「人間学」といった名称に対する陳腐でネガティヴなイメージを、特に七〇年代以降のわが国の思想情況には見て取ることができるからである。しかし、ケーニヒの historische Anthropologie がゲバウアのもとでの研究領域に属すことを考えれば、この挑発的で魅惑的なケーニヒの著作は「歴史人間学」的研究と称されるべきであろう。historical anthropology の歴史的経緯についてのゲバウアの記述を見る限り、いわゆる「哲学的人間学」へと接続する構想の広がりは、日本語の「人類学」ではなくむしろ「人間学」の範疇で理解されるのが妥当だと思われるからである。とはいっても、ゲバウアにとってもケーニヒにとっても、「歴史人間学」は、一個の自立的な学問に対する名称としてではなく、研究に内在する方向性を指示するものとして機能していると見るべきである。したがって、ゲバウアの言う historical anthropology を、今、「歴史人間学」と捉えるにしても、それは文化人類学的な知から一線を画す哲学的人間学を単純に意味するのではない。むしろ文化人類学の視点や方法をさえ、必要に応じて包括しうると考えるべきである。人類学にしても人間学にしても、それらは anthropology なのであり、その一語を二様に訳し分けるのは日本語の事情によるものなのだ。このことを踏まえた上で、「歴史人間学」は理解されるべきである。

Ⅳ

ところで、ゲバウアの論考の中に、人間は「生まれながらにしての人間学者」である、という言い回しがある。これとよく似た表現を、三木清の、『哲学的人間学』(5)として出版される予定で執筆されたが未完成のままに終わった遺稿の中に見出すことができる。三木は、人間の自己理解としての人間学の性格描写をする中で、「凡ての人間は人間であると同時に人間学者であると云ひ得るであらう」(一三四頁)と述べている。また、三木は「人間が何であるかは、我々があからさまに、学的に研究するに先立つて、我々にとつて分つてゐる。けれども直接に分つてゐることと認識されてゐることとは同じでない」（一三八頁）と述べ、人間に関する人間智（誰もが実生活において持ちうる人間理解）、人生観（人間智よりも深い層にあって、人間の起原、本質、運命等に関する全体的な直観）、人生論（学的に組織され抽象化された人間についての知識）を区別し、人間学は学的自覚に高められた人間智と人生観との綜合的統一である、と言う。そして「特に人間学と名附けられる所以は、それが従来の哲学に於て考へられた人生論の如く抽象的でないことが要求されるからである」（一三五頁）と言うのである。ここに見られる、従来の哲学に欠けていたとされる現実的人間の把握への意志は、ゲバウアの言う「歴史人間学」の意図と通底するところがある。さらに、人間学のもう一つの領域として、哲学にも接し、文学などの芸術において見出される人間智や人生観の言語的表現を取り上げる姿勢は、モンテーニュの『エセー』へのゲバウアの言及と共鳴するであろう。

ゲバウアの「歴史人間学」と三木の『哲学的人間学』の共鳴点は、人間存在の歴史性にも見出すことができるであろう。ニーチェに触れつつ三木は、絶対の真理が存在しないように永久の事実は存しないのであり、人間学は何よりも歴史的人間の研究でなければならぬ（一七二―一七三頁）、と言う。「人間学の性質が学問上如何に考へられるにしても、その意図が現実的人間の研究にあることは、今日殆ど一致して認められてゐると云つてよいであらう。意見の相違は現実的人間といふものを如何に見るかに関はつてゐる。我々に就いて云へば、現実的といふ語はこの場合一般にはただ歴史的といふ語をもつて置き換へることができ、人間の現実性とは歴史性にほかならないと考へる。現実的人間の研究を目標とする人間学は歴史に於ける人間の研究でなければならぬといふのが我々の見解である。人間学のかくの如き理念を歴史的人間学の理念と称することができるであらう」（一八七頁）という三木の記述は、おそらく、歴史性についてあまり触れられなかったゲバウアのこの論考を補充するものであるに違いない。

現実的人間へのまなざしは、両者のもう一つの共鳴点を生み出す。それは、人間存在の身体性への着目である。「全体的人間の研究を意図する人間学の特質は何よりもそれが人間を身体から抽象することを欲しないといふ点にある。これによつてそれは従来の形而上学的心理学或は先験的心理学などに対し批判的意義を含んでゐる」（一四九頁）。「人間は先づ身体を有するものとして人間である。我々の身体は我々の存在の基底としての自然の限定であり、私たちはこのものから身体的に限定されてくるのである。かかる自然はもちろん客体的自然でなくて主体的自然でなければならず、社会的身体とも呼ばるべきものである」（一五一頁）と述べて、身体の哲学の必要性を明確に主張していた日本の哲学者が、すでに一九三〇年代に存在していたことに私たちは改めて目を見張らなければならない(6)。このほかにも、人間存在を世界内存在と捉えるハイデガーの哲学を超えて、人間存在の表現性と社会性を指摘する点なども、ゲバウアの「歴史人間学」の視点と重なってくる。「社会は我々がそのうちにある世界として環境と見られることができ、またこの社会は単に与へられたものでなく、我々自身が作るものとして表現的なものである」（二四六頁）という三木の記述の要点は、ゲバウアの論考に含まれたポイントの一つでもある。

このようにゲバウアの論考と三木の論考との共鳴点を見出すことによって、私たちはゲバウアによって、むしろ三木清の哲学の現代的な面白さを改めて教えられたように思う。しかしそれはまた逆に、ゲバウアに対する問題提起の可能性を示唆してもいる。それは城塚登が、三木が「人間学」の構想を結局は放棄せざるを得なかったことについて考察することと関係する。城塚は、「主体的自然としての身体論をばねにしてハイデッガーを乗り越えた三木が、和辻の風土論と『人間の学』と対決することによって、主体的自然という把握のもつ危険を自覚し、ついに『人間学』の構想を放棄した」と言う。(7)「人間」を単なる人でもなく単なる社会でもない、両者が弁証法的に統一されたものとする和辻の「人間」の概念からすれば、和辻の言う「人間の学」は、Mensch と Gemeinschaft を何らか別個のものとして考える Anthropologie とは異なるものであると見なされる。(8)こうした和辻に見られる共同態への傾斜に三木は抵抗したのであった。要するに、個人と集団的社会との関係がやはり一つの大きな問題として残らざるを得なかったのである。このことは、基本的にゲバウアに対しても一つの問題として示すことができるだろう。人間、個人、人格といったヨーロッパ的概念をめぐって、その問題性についてはすでにゲバウアは気づいているかもしれない。「今日、人間学は可能なのだろうか、また将来においては可能なのだろうか」とやはり自問せざるを得ないのである。しかしながら、それについては、ゲバウアはおそらくポジティヴに答えようとするだろう。それを支えるのは、城塚が一九六〇年代の終わりに呈示したメルロ゠ポンティ的展望を超えた、フーコーの実存の美学、さらにはブルデュのハビトゥスをめぐる社会学的考察を踏まえた人間学の可能性である。

V

　さて、ゲバウアのこのレクチャーにおいては教育の問題は全く取り上げられていないのであるが、このレクチャーがなされた場のコンテクストに配慮して、ここで視線を「教育」をめぐることがらへと移してみよう。端的なことがらとして視野に入ってくるのは、やはり「教育人間学」という企てである。容易に思い至るのは、例えばボルノウであろう。シェーラー、プレスナー、ゲーレンらに哲学的人間学の基礎付けを見出そうとするボルノウに、ゲバウアは触れていない。生物学的諸概念との関わりの中で体系化が図られるゲーレンらの哲学的人間学を、ゲバウアはドイツの「独自性（Sonderweg）」と位置付ける。その位置付けは、人間と動物を比較する方法への否定的なコメントからしても、ネガティヴなニュアンスを持っている。(9) 教育学という枠組みが前提され、それに人間学的問題設定を「役立たせよう」とするボルノウの姿勢は、ゲバウアの構想とは基本的に相容れないものを含まざるを得ないであろう。

　ゲバウアの「歴史人間学」の問題構制と「教育人間学」の関連を見出す上で、ここで着目してみるべきは、むしろ、教育学の不毛さを引き起こした諸条件をめぐるランゲフェルドの議論である。ランゲフェルドは、一九世紀末から二〇世紀にかけての教育学の展開が陥った閉塞的な情況について、大学における教育学の位置付けが教師養成のための理論に狭小化し教育学という領域が「学校」の問題に限定されてしまっていること、生理学の影響のもとに教育を一種の技術と考えるナイーヴな心理学の台頭が教育学における人間・子どもの機械化を常識化してしまったこと、理論と実践の対象である「子ども」が適切に問題化されずに子ども不在の教育学となってしまったこと、そして教育学的思考の道徳臭などに向けられた強い偏見と敵意が教育学に対して形成されたこと、などを指摘する。そして、これらの教育学の不毛さを引き起こした諸条件を反省することによって、逆にそれらを教育学の未来を導くものと捉え、「人間の尊厳」につながるような「人間とは何であるか」の根本的解釈を教育学の前提に置くことができる。とすれば、教育学は不毛の地であるはずがなく、人間にとって実に重大な分野となる。そして、重要なことであるが、そのような重大な分野への貢献はすでになされているのであり、しかしながら、それらはほとんどがいわゆる教育学ではない領域によってなされているのだ(10)。

以上のようなランゲフェルドの教育学に対するまなざしを一瞥するとき、そこにゲバウアの論文における問題のポイントとの同質性や異質性をいくつか見出すことができるだろう。例えば、形式的な方法論に拘泥するのでなく、主題への論究を最優先する姿勢の同質性である。ランゲフェルドにとっては、その主題は端的に「子ども」であり、さまざまな学問分野によってなされたさまざまな主題の論究は、「子ども」という主題の探究すなわち「教育学」へ向けて統合されなければならない、という。この点については、ゲバウアは同意することはないだろう。むしろゲバウアは、私たちとともに、その「教育学」の後の情況に直面せざるを得ないのである。このことは「教育学」をめぐる知識社会学の問題に属すことがらとして改めて論じられなければならないが、今、それを問題の枠の外に置いてみれば、例えば哲学といった問題構制に囚われずに、広く人間をめぐる実にさまざまな主題を、社会学、歴史学、美学、言語学、文化人類学、生物学等々の多様な方法によって考察しようとする「歴史人間学」の基本的視座を、ランゲフェルドの立場の中に重ね合わすことができるのである。また、「人間学とは、どのような意味連関が人間の世界を構成しているか、この意味連関の条件となっているものは何であるか、また、どのように人間が、一方ではこの意味を創造し経験しつつ、他方では逆にそれから創造されながら、この意味を通じて再び自分を発見し直しているかを、『経験的』に確かめようとする学問である」[11]というランゲフェルドの人間学の理解、そしてそこに必然的に歴史性が絡んでくるという小林博英の指摘[12]を参照すれば、そこにゲバウアの立場との同質性を見ることができるだろう。

ところで、ランゲフェルドの日本への紹介に寄与し、わが国における教育人間学の代表的研究者である和田修二のもとで学んだ矢野智司が、改めて「意味生成の教育人間学」を標榜し、或る意味では全く違ったレベルの人間学を展開しようとしている。その試みの中で興味深いのは、「教育学において、個々の教育事象を捉えようとする理論の深化の過程が、教育学という枠組みの不確かさ、教育学が生成のなかでなにを異物に変えてしまい、なにを隠蔽しているかを目に見える形で明らかにしてくれる」[13]という認識である。おそらくゲバウアであれば、この矢野の視点の取り方に、「歴史人間学」の方法的実践の一つのあり方を見出すであろう。

Ⅵ

ゲバウアの「歴史人間学とは何か？」の内容を概説し、この論考の内容以外の情報、例えばベルリン自由大学歴史人間学学際センターのプロジェクトの構想なども参照しながら、ゲバウアの論考では直接的に語られなかった「教育」という文脈に引き寄せて、一つのダイアローグを試みた。その終わりに、このレクチャーのもともとの成立場所である、私たちの「学習開発」にまで、ゲバウアの論考を手繰り寄せてみよう。

ゲバウアの論考では、冒頭の部分で人間の身体の驚くべき学習能力への言及があるが、論考全体の中で「学習」について論じられているわけではない。ゲバウアの論考で試みられたことは、「歴史人間学」という学問名称のもとで展開されうる学問の方法論であり、それを踏まえた研究の一対象・主題として「学習」もまた位置付けられることがありえる。ランゲフェルドの教育人間学の構想との対比において明らかになったように、多様な主題へ向けての人間学の基本的視座は、「既設の教育諸科学の専攻の成果を統合し、学際的な新しい学習理論の開発を行う」という私たちの「学習開発専攻」の設立趣旨へと関係付けることができるであろう。その「新しい学習理論」が、すでに四〇年前にランゲフェルドによって批判された不毛な教育学ではなく、人間学の視座のもとで考えられるとすれば、まず、その際の「学習」は、学校という問題に限定されて呈示されるような教授行為における学習ではありえない。そこに生成する理論の姿は、無意味な思弁による教育学や制度化された学問として機能する教育学でも、さらには些末な教授理論に終始する恐れのある、あるいはそれを伝統的な教育学に対抗するカウンターポイントだなどと勘違いしている教科教育学でもないだろう。「学習」を学校教育と全く無関係なものとしてでなく、また生涯学習などという学校文化化を学校外にも押し進めようとする観念として矮小化させてしまうのでもなく、人間学の視点で位置付けようとすれば、人間が生きて成長していく中に必然的に伴わなければならない契機、日本語の「学び」が合意している契機として「学習」は捉えられなければならないことは明らかだろう。この「学習（学び）」によって改めて学校教育は定義し直されることになる。そして、ランゲフェルドは、多様な考察の展開を結局は（新たな意味での）教育学へ統合することを目指すのであるが、「学習」を論じつつも教育学という自明の領域を目指さない、言わばポスト教育学的な知の可能性が「歴史人間学」にはあるのだ。

ゲバウアー－ランゲフェルドの線で、もう一つ「学習開発」に関係付けて見ておくべきは、心理学への警告である。ランゲフェルドによって手厳しく非難されたナイーヴでプリミティヴな心理学の時代ではすでにないが、心理学主義的な教育研究がまだまだ見受けられるし、逆に心理学という学問制度のもとで心理学主義の再生産が強化されてもいる。ゲバウアの論文における「歴史人間学」の方法論は、まさしくそうした心理学主義批判として読まれなければならないのだ。「歴史人間学」同様、「学習開発」もまた従来の学問制度の枠を自由に飛び越える視点をその中核に据えるとすれば、これまでの心理学の枠組みの中では問題にされえなかった、心理学の学問論的な問題性が露呈せざるを得ないだろう。それは、まさに「学習開発」といったプロジェクトの大きな意義の一つである。
具体的な主題の探究において「歴史人間学」の実際の方法は展開されるわけであるが、言うまでもなくゲバウアはその展開を自ら実践しているのであり、さまざまなトピックの考察が彼の論文・著書には見られる。それらの中でもとりわけ「身体」は彼にとってのキーワードであり、それに併せて「ミーメーシス」概念が考察のための重要な装置となっている。この論考はそれらに関する考察を展開する場ではなかったが、「学習（学び）」の問題との重要な連携をそこに見出すことができることを指摘しておこう(14)。いわゆる教育学の研究者ではないゲバウアが広島大学大学院教育学研究科・学習開発専攻基幹講座の客員教授として研究活動や研究交流を進めることの意義は、このゲバウアの「歴史人間学」をめぐる論考と、それを教育人間学や学習論といったコンテクストで読んでみる試みの中で明らかになっただろう。ゲバウアは、この度の客員教授就任につながる研究交流として、すでに一九九六年、一九九八年の二度広島大学で講演をし、また客員教授就任後も、さまざまな方面から求められて講演やシンポジウムなどを数多く行っている。それらはゲバウアの「歴史人間学」のテーマの広がりを示している。参考までに以下に講演のタイトル邦訳名等を、時系列に沿って記載して示しておくことにしよう。いずれも樋口聡訳である。

「スポーツの音声文化性と文字文化性——身体言語と芸術」広島大学講演会、一九九六年一〇月二四日。（本書、第七章）

「身体・運動・世界制作」広島大学講演会、一九九八年一〇月一六日。(本書、第一章)
「歴史人間学とは何か?」広島大学講演会、一九九九年八月三日。(本書、第三章)
「教育におけるミーメーシス概念――基本的にミーメーシスとは何なのか」教育思想史学会第九回大会、中央大学駿河台記念館、一九九九年九月二六日。(本書、ダイアローグ4―1)
「ドイツにおけるスポーツ科学――歴史と展望」日本体育学会第五〇回記念大会、東京大学、一九九九年一〇月八日。(本書、第一〇章)
「日常生活における健康スポーツの今日的意味――社会学的・哲学的視点から」日本スポーツ教育学会第一九回大会、長崎大学、一九九九年一一月一三日。(本書、第八章)
「〈手〉についての美学的考察」広島芸術学会第五〇回例会、広島県立美術館講堂、一九九九年一二月一一日。(本書、第二章)

註

(1) カント(門脇卓爾訳)「論理学・緒論」「カント全集第十二巻」理想社、一九六六年、三七六―三七七頁。
(2) 中埜肇『哲学的人間学(放送大学教材)』放送大学教育振興会、一九八八年。坂本百大『哲学的人間学(放送大学教材)』放送大学教育振興会、一九九二年。金子晴勇編『人間学――その歴史と射程』創文社、一九九五年、など。
(3) 山内昶『「食」の歴史人類学――比較文化論の地平』人文書院、一九九四年。鈴木七美『出産の歴

史人類学――産婆世界の解体から自然出産運動へ』新曜社、一九九七年。また、ルゴフほか著『歴史・文化・表象――アナール派と歴史人類学』岩波書店、一九九二年、の書名の原題が、Histoire/cultures/representations:les Annales et l'antropologie historique である。
（4）ケーニヒ（山本徳郎訳）『身体－知－力――身体の歴史人類学的研究』不昧堂、一九九七年。
（5）三木清「哲学的人間学」『三木清全集第十八巻』岩波書店、一九六八年、一二五―四一九頁。以下、本書からの引用は頁数を（　）で示す。なお、引用に際し、仮名遣いはそのままとし、漢字の字体を一部改めている。
（6）木村素衞「身体と精神」（一九三八年）も注目すべきである。藤田正勝（編）『京都学派の哲学』昭和堂、二〇〇一年、一三二―一五一頁。小田部胤久『木村素衞――「表現愛」の美学』講談社、二〇一〇年。
（7）城塚登「人間学の可能性――三木清の「人間学」をめぐって」『岩波講座哲学XVIII』岩波書店、一九六九年、一八五頁。
（8）和辻哲郎『人間の学としての倫理学』岩波書店、一九三四年、一九七一年改版、二一頁。
（9）ボルノー（浜田正秀訳）『人間学的に見た教育学』玉川大学出版部、一九七三年第二版、四六―四九頁。
（10）ランゲフェルド（和田修二訳）『教育の人間学的考察』未來社、一九七三年改訳版、五―三四頁。
（11）同書、一四一―一四二頁。
（12）小林博英「教育学的人間学の視点の確立とM・J・ランゲフェルドの試み」『教育の人間学的研究』九州大学出版会、一九八四年、一〇三―一三一頁。
（13）矢野智司『ソクラテスのダブル・バインド――意味生成の教育人間学』世織書房、一九九六年、vi頁。

（14）　樋口聡「現代学習論における身体の地平――問題の素描」「広島大学教育学部紀要（第一部・教育学）』第四六号、一九九七年、二七七―二八五頁。樋口聡「美と生きる力――身体と教育を結ぶもの」『体育思想研究』第五号、一九九九年、五五―七五頁。樋口聡「身体論と教育――問題の枠組みの確認とひとつのプロレゴメナ」『近代教育フォーラム』第八号、一九九九年、七五―八六頁、を参照。初めの二つの論文はゲバウアの論文・著書への言及を含んでおり、また三つ目の論文は「身体」をキーワードに「教育」を論じる際にはまりやすい陥穽を指摘している。いずれの論文も多くの問題への示唆を含んだ概説的な論文であり、読者には注意深く読んでほしい。

第四章　ミーメーシスの視点からみた教育と暴力

樋口　聡

ミーメーシスという視点から教育の問題について考えたとき、学びの模倣的側面がまず取り上げられるだろう。ゲバウアとヴルフが指摘するように、特に幼児教育の大半は、模倣という意味でのミーメーシス的プロセスによって成し遂げられる。知覚や運動能力の形成のみならず言語の学習や適切な社会的行動の獲得もまたミーメーシス的モデルによっている。そのときミーメーシスは、人が事物に直接的、感覚的に向き合う、一つの「動き」である。(1)

日本においても、従来、「ミーメーシス」は美学の特殊な用語として理解されてきた。しかし、それが「模倣」「倣う」「写す」といった日本語の意味の広がりにおいて理解されるとき、ゲバウア、ヴルフらのミーメーシス論との接点が見えてくる。日本における美学のコンテクストにおいても、模倣の身体性が指摘され、それと芸術制作の創造性の問題が関係付けて論じられようとしているし、芸術の問題を超えて、そもそも日本の伝統的な学びのスタイルは、模倣と習熟であったことが学びの復権として改めて注目されてもいるのである(2)。

そうしたポジティヴな側面と同時に、ミーメーシスは暴力の生成の問題に結び付くことがゲバウアとヴルフによって指摘されている(3)。本章では、ミーメーシスについての議論を押さえながら、暴力と教育の問題について考察を展開してみよう。

I

社会学者、亀山佳明は、「学校と暴力」という論文(4)において、デュルケムとジラールの論を援用して学校における暴力現象を分析している。以下、亀山の論述を簡単にまとめてみよう。

デュルケムは、学校の本質の中に、野蛮な慣行すなわち教師が生徒に対して行使する体罰を生み出す要因を見ている。体罰の出現は文明の進展と関係がある。文明化は教育を「放任」から「機能的な強制」へと変えるからである。さらに、近代化の進行した組織的社会にあっては、個人主義的原理に基づく連帯が成立する。デュルケムによれば、個人主義とは社会を構成する最小単位の個人の主体性を最大限尊重する集合的な観念である。この個人主義は制度への反抗を許容する原理でもあり、反抗の許容は多かれ少なかれ社会にアノミーをもたらす。この視点を「小社会」である「学級」に向けてみれば、学級のアノミー化は、教師の「合理的な権威」の消失を意味しており、それが暴力を誘発す

る。(5)

　こうしたデュルケムの論に対し、亀山は、アノミーはどのようにして暴力を生起させるのかというメカニズムの説明はなされていない、と批判する。そこで亀山が引き合いに出すのがジラールの模倣的欲望あるいは三角形的欲望の理論である。このジラールの論は、ゲバウアとヴルフによっても取り上げられており、ミーメーシスと暴力の関係を論じるものである。(6) ジラールによれば、人間の欲望は他者の欲望の模倣であり、態度や行動のミーメーシス的専有が競争と対抗意識を生み出し、それが暴力を引き起こすことになる。この暴力が極限化するのを避け秩序を回復するために用いられるのが、「身代わりの山羊」である。それは「満場一致」による特定対象への暴力の集中であり、それがいわゆる「いじめ」である。

　ところで、ジラールの論に対してはすでにいろいろな批判がなされている。その批判のポイントは、三角形的欲望と供犠の理論を歴史や社会における個別的な事例を超えて普遍化しようとする点に集約されるであろう。あるいはまた、その一般化の議論の中で、「模倣」あるいは「ミーメーシス」という語の汎用についても、私たちは注意すべきであろう。例えば、社会学者、富永茂樹は、デュルケムが、同一の社会集団の内部での成員の意識の水平化や一致を「模倣」と考えるのは適切でないと述べていることを指摘している。(7)

　しかしながら、ゲバウアとヴルフも言うように、(8) 私たちは、ジラールの論からは、人間の暴力の本性についての一つの理解を得ることができると考えるべきだろう。聖なるものや宗教は暴力と不可分の関係にあるということもその理解の一つである。そして、富永も指摘するように、欲望にせよ暴力にせよ、人間関係の基本的構造は自己そのものではなく、自己とそのミーメーシスの対象との「個体間」の関係であるということが、ジラールの暴力論から得られる重要なポイントの一つである。[9]

Ⅱ

亀山は、教師と生徒によって構成される学級の内部に、暴力の三形態を見る。すなわち、教師↓生徒、生徒↓教師、生徒↓生徒、の三形態である。第一の形態が体罰であり、第二の形態が対教師暴力、そして第三の形態がけんかやいわゆる「いじめ」である。[10] これらを統一的な説明図式で解釈することを目指す亀山の議論とは視点を変えて、ここでは、第一の形態である体罰について、歴史的・文化的要因に関わることがらを探ってみることにしよう。

教育史の研究者である江森一郎は、『体罰の社会史』[11]という著作の中で、日本では欧米よりも早く学校での体罰が法律で禁止された理由を、社会史の視点から探ろうとしている。その課題のために、江森は、日本の古代、中世、近世という歴史の流れに沿って、体罰は肯定的に見られてきたのか、それとも否定的に見られてきたのかを史料の中から明らかにしようとする。そして、文化的に影響を受けた中国の情況も参照しつつ、特に、近世の武士の学校や生活、そして庶民の学校であった寺子屋での体罰の情況を詳細に調べている。江森は次のように言う。すなわち、特に江戸期の日本人は子どもを溺愛し、甘やかすことが一般的で、体罰はあったとしてもひどいものではなかった。日本の伝統思想の中に国民のエートスとして、体罰を残酷なものとみる見方が定着していた。

右の論述にはさまざまな疑問を呈示しなければならないだろう。というのは、日本人の心性の基本は暴力否定であったと述べてしまっているからである。それは、暴力は個体の特性によるものではなく個体間の関係によって生成するという、ジラールの論から私たちが学んだこととは対立的である。江森は、フーコーの権力論なども参照しており、体罰を単純に肯定－否定の図式で見ているわけではないとしても、やはり体罰には反対であるという現実的な立場が前提になっている。その立場を歴史的な視点から正当化しようとすると、体罰を否定的に見る見方を歴史の中に探ることになるが、江森にとってはそれが江戸期の日本だったというわけである。

体罰について是か非かの二分法で見るのは不適切である。体罰を与えれば子どもは萎縮してしまうというのはそのとおりであろうし、逆に、秩序を維持するために或る程度の体罰は必要だ、というのも言い分としてはありえるだろう。問題は、体罰をするにしてもしないにしても、それが成功する、あるいは一般に受け入れられるコンテクストの方である。「生類憐れみの令」につながるような動物愛護思想や人間平等観が、日本人が体罰を好まない理由だというのは素朴すぎるだろう。学校での体罰禁止がいち早く法令化されたという事態に対しても、論理的には、その必要があったからだと疑ってみることはできるだろう。日本人が体罰を好まず、ひどい体罰など考えられないのであれば、法律で禁止することなど不要だからである。

体罰という暴力の実際を考えてみたとき、デュルケムやジラールの論をもとに体罰をも図式的に説明しようとした亀山の議論には疑問が残る。教師による生徒に対する体罰という暴力は、ミーメーシス的欲望によるというのではなく、あくまでも規律を維持するための一つの、それも最終的な手段という意味合いが強いからである。ジラールの論を参照することによって、体罰の問題をめぐって以下のような仮説を考えてみることができるのではないだろうか。

教師は生徒を指導する。その指導が何らかの理由で実現できないとき、教師は一つの手段として体罰を行使する可能性がある。その体罰の内容が残酷かどうかは、エリアス(12)が文明化の過程について論じるように、相対的なものでしかない。小さな暴力としての体罰が成功するとすれば、その最大の効果は、おそらく規律の維持だろう。表面的にでも規律が維持されている限り、さらなる暴力の発生はとりあえず抑えることができる。規律による秩序を維持するための暴力として体罰が機能しているのだ。その証拠は、禁止規定にもかかわらずそれがなくならないことである。しかしながら、体罰によって秩序を維持できるレベルを超えて社会が複雑化していくのが近代という時代である。そして、それが暴力である限り、その秩序維持は危ういものであらざるを得ない。その危うさをもたらす大きな要因の一つが、あらゆる暴力を「野蛮」の名のもとに排除しようとする近代的精神である。体罰は姿を消したとしても、それとは種類を異にする暴力は、隠蔽され、不可視化される。その暴力がより深刻な事態を引き起こす。

精神的・心理的な暴力——それこそが実はより深刻な暴力であると思われる——に比べて、身体的な暴力に対しては、それを禁止する規定がいくらかでも作りやすいであろう。また、身体的な暴力の即物性、そしてそれがときには死に至らしめるほどの暴力となる危険性を孕んだものであることも、それを禁止させるに十分である。このように考えてみれば、体罰禁止の法令化は、暴力を忌避する日本人の心性というのではなくて、まさに上記の意味での近代的精神の表明に他ならなかったのではないか。

Ⅲ

教育学者の寺崎弘昭は、ロックの『教育論』における笞《むち》打ちの評価について、ロックにとって笞打ちは外面的（身体的）罰ではなく内面的罰であり、精神・意志の屈服を期待する恥の懲罰であることを指摘している(13)。考えてみれば、身体的な苦痛を与えることそのものが目的の体罰などはありえない。これはあらゆる体罰の本質であろう。とすれば、体罰と呼ばれる懲罰は、懲罰の中で「身体的」と認めることができる特徴を有したものだということになり、その意味では、体罰の是非の問題は、懲罰そのものの是非を問う問題に通じることになる。仮に体罰が一掃されたとして、それは懲罰の「身体的」という表層の特徴が排除されるだけであり、精神・意志の屈服を期待する恥の懲罰が姿を消すわけではない。

体罰の目指すところが「身体的」という表面にあるのではなく、精神や意志などの内面的なものにあり、体罰以外の方法で精神・意志の屈服や恥の懲罰が実現されるのであるとすれば、体罰は姿を消してもよいことになるだろう。江戸期の日本において、西洋におけるような体罰がほとんど見当たらないとすれば、それは体罰以外の方法で精神・意志の屈服が実現可能なシステムが作動していたとも考えられるのではないか。人と人との関係に重きを置く恥の文化を有すると言われる日本においてはその可能性が高い。逆に、体罰が一向になくならないどころか増える傾向にあるとすれば、それは内面的な恥の文化が空洞化していることの徴と考えてみることができるだろう。

また、心と身体を本来分けられないものであるとする東洋的な身心観も、体罰に対する見方に影響を与えるだろう。哲学者の湯浅泰雄が言うように、東洋の理論の哲学的基礎に「修行」の考え方があるとすれば(14)、その身心観のもとでは、精神や意志の懲罰として身体に笞打ちなどの単純な機械的な苦痛を与えるといった発想は生まれにくいのではないか。修行そのものが、多かれ少なかれ身体的苦痛を伴う精神・意志の修養だからである。しかしながら、それは、逆に、現代的な感覚で明らかに体罰だと思われることがらが修行であると言われるような事態を生み出してしまうことにもなる。

Ⅳ

東洋の理論の哲学的基礎を考えたとき、右に見てきた暴力論との関係で思い至るのが、「身代わりの山羊」につながる「犠牲」の問題である。それは美学に関係する。

美学者で形而上学者である今道友信は、「美」という漢字の含意する「犠牲」の構造を指摘する。「美」という漢字は、二つの部分から成っている。それは「羊」と「大」であり、「美」という漢字は羊が大きいという意味を持っている。「大きな羊は美しい」のである。しかし、今道は「羊」に着目し、それを含む他の漢字「義」や「善」に共通の意味を読み取ろうとする。今道によれば、この羊は『論語』の告朔の餼羊という句と関係させて理解しなければならない。すなわち、月初めの祭儀に、天に捧げる犠牲の獣としての羊から転じて、「犠牲」という内的意義が「羊」にはある。「善」も「羊」を含み、犠牲と結び付く。その犠牲が大きいとき、犠牲の羊が大きいという構造の「美」が生まれる。このようにして、今道は、善を超えた最高の価値としての美を考える。この今道の美の形而上学は、プラトン哲学とつながっている。非常に広い意味を持ったギリシア語の καλός（「美しい」）、その中性名調形の τό καλόν（「美」）、そしてそれに並ぶ τό άγατόν（「善」）、美と善を一つにした καλοκάγαθια(15)、こうした観念に今道美学は通じているのである。

こうした今道の形而上学的美学は、現在の日本の美学界において影響力を持つことはない。しかし、美学とは異なる位置にあると考えられている教育学において、その残影を見ることがある。教育活動が芸術になぞらえられ、教育学が美学に接近する。こうした事情が日本に特有のものかどうかはさらなる検討が必要であろう。しかし、特に「人間形成」といった抽象的な観念が教育の理念とされ、言語的理性や個人性を超えて、共同体への犠牲的な同調が「和」という調和の美的理念と重ね合わされることの中に、日本的なるものを見出すことができるだろう。

今道においては、美は最高の価値として宗教的なるもの、聖なるものとつながっていく。それは、犠牲の精神に依拠している。こうした美学は、そのままジラールの暴力論に接続されなければならないであろう。最高の価値としての美の背後には、暴力が隠蔽されているのである。個よりも全体を重んじ、その全体的秩序に美的な快を見出す日本的感性。それは「いじめ」という暴力の温床である。こうした情況が観念的な美学によって図らずも正当化されているとすれば、教育と暴力の問題を批判的に考える視点として、ミーメーシス論そして美学と結び付いた暴力論が新たな可能性を呈示するであろう。

V

最後に、教育と暴力の問題をめぐる衝撃的な一つの日本映画を取り上げよう。それは、深作欣二監督の映画『バトル・ロワイアル』(二〇〇〇年)である。この映画のあらすじは、次のようなものである。

いじめや対教師暴力などによって学校が荒れに荒れた果て、ついに「新世紀教育改革法」なるものが制定される。それが通称BR(バトル・ロワイアル)法と呼ばれるものである。その法律のもと、毎年、厳正な抽選によって、全国の中学校の中から中学三年生の一クラスが選ばれる。健全な大人を育成するための犠牲として、その選ばれた中学生たちは無人島に連れて行かれ、武器と食料を渡され、三日間、最後の一人になるまで互いに殺し合いをさせられる。首にはセンサーと爆薬の詰まった首輪がはめられ、コンピュータによる遠隔操作ですべての行動が監視されており、絶対に逃げ出すことはできない。クラスのすべての友人を殺して最後の一人として生き残るか、あるいは友人に殺されるか、道は二つに一つしかない。

何ともやりきれない、荒唐無稽な設定であるが、その時代背景は、完全失業率が一五％を突破し、失業者一千万人、全国の不登校児童・生徒八〇万人、といった必ずしもありえないとは言い切れない情況が下敷きとなっている。旧来の基本理念では到底解決しえない深刻な教育問題、それへの最後の対応策が、「強い大人」の復権であった。荒れ狂う子どもたちに対する、大人のリベンジである。防衛庁や国家公安委員会の運営・実行、ＢＲ法推進委員会の設置、文部省の管轄、また、ＢＲ法を陽気にコミカルに分かりやすく説明するマニュアルビデオ、そして、北野武扮する担任教師が「今日はみなさんに、ちょっと殺し合いをしてもらいます」と呼びかける授業開始の一こま、いずれも恐ろしいほどリアルである。

作家の福井春敏はこの映画を絶賛し、次のように述べている。「生きるためには戦わなければならないと自覚した上で、しかし自分たちは拳を振り上げることにためらい続けるだろうと呟く。それは暴力的な現実に抗し得る唯一最大の人間的応答だ。憂うべきは本作を単に不快だと退け……てしまう大人たちがいることだろう。これを教育上好ましくないと断じる大人たちの自信のなさこそ、少年犯罪の温床となる」(16)。物理的に言って、人は人を殺すことができる。ナイフを持って突き刺しさえすればいいことだ。しかし、社会学者の宮台真司が言うように、私たちは人を殺すことができない。他者との社会的交流の中で自己形成を遂げた私たちは、人を殺すことができないのだ[17]。互いに殺し合わなければならないという極限情況に置かれた、この映画の中の少年少女たちは、まさにそのことをはっきりと教えている。

確かに、この映画のような情況はありえるはずのないことがらなのかもしれない。しかし、この映画に描かれた暴力の極限情況の背後に潜む問題情況は、ありえないどころか、現に私たちの社会が直面しているものに他ならない。教育と暴力をめぐるこれまでの言説は、いかにそれを隠蔽しようとしてきたことか。ゲバウアとヴルフが、ジラールの暴力論に神話的物語の可能性を見るように[18]、私たちはこの深作の映画に、教育と暴力をめぐる、実に衝撃的な現代の神話を見出すことができるだろう。日常の絶望の中から、今、教育と暴力について何らかの希望的な物語を編み出すことができるとすれば、それは、もはやこのような神話の世界をおいて、他にありえないのかもしれない。

註

(1) Gebauer, G. & Wulf, C. *Mimesis: Kultur, Kunst, Gesellschaft*, Reinbek: Rowohlt Taschenbuch Verlag, 1992, S. 435. (English Translation, *Mimesis: Culture, Art, Society*, Berkeley: University of California Press, 1995, p. 319.)

(2) 美学の用語としての「ミーメーシス」に関しては、佐々木健一の『美学辞典』(東京大学出版会、一九九五年)を参照。佐々木は、「倣う(イミタチオ)」と「写す(ミーメーシス)」の両者を含んだ概念として「模倣（imitation）」を捉え、創造にまで通じる学習と模倣、さらには、その模倣の身体的契機について言及している。また、坂部恵は、「〈もどき〉——日本における模倣的再現の伝統について」（坂部恵『鏡のなかの日本語』筑摩書房、一九八九年、八三－一〇六頁）という論文で、アリストテレス流の人間中心的モデルを超えた、超越者ないし神に似たものになろうと務める、拡張されたミーメーシスのモデルを、日本の模倣的再現のミーメーシス的伝統として考察している。そして、坂部は、日本語の〈ふるまい〉という「行動」を表す語について、〈振り〉（模倣する）と〈舞い〉という二つの語源的契機を指摘しており、さらに、〈ふれる（触れる）〉という語と〈ふり（振り）〉（模倣する）という語の間に意味論的関係を見出す考えを示唆している（坂部恵『「ふれる」ことの哲学——人称的世界とその根底』岩波書店、一九八三年、『〈ふるまい〉の詩学』岩波書店、一九九七年）。「模倣」の問題を包括的に取り上げた研究書としては、村上隆夫の『模倣論序説』（未來社、一九九八年）を挙げることができる。この本の序論において、村上は、ベンヤミン、カネッティ、プラトン、アリストテレス、タルド、アウエルバッハ、ジラールらの著作とともに、ゲバウアとヴルフの『ミーメーシス』についても簡単に言及している。村上のこの著作は、「模倣」の哲学の体系的考察を目指すものであり、以下のような基本的見解が論述の基盤となっている。

——「人間はその根源的な模倣衝動のために、つねに互いに完全に類似したものであろうとして平等性を求めて止まない。これに対して文明化と啓蒙は、この模倣衝動を抑圧し制限して、人間の間に差異性と不平等性をもたらすことをその本質としている。この差異性と不平等性によって、一方で人間は個体化され、人格化されるのであり、他方で社会は組織化され、構造化されるのである。また、人間が互いに自分を他者から区別して差異化しようと努力することによって、人間は自由な個人として確立され、社会は近代的な社会として不断に自己変革を行なうことができるのである。ただし、模倣衝動は人間の魂の基層として全ての社会の永遠の基礎であるから、平等性要求は決して根絶されることはできず、それ故に、模倣衝動自身の一種の自己疎外体としての理性はつねにこの平等性要求と闘わねばならない。しかし、この要求が模倣衝動に基づくものであるかぎりは、理性はこの闘いで完全な勝利を収めることは決してできない。すなわち平等性要求は、もしそれが満足されないならば、必ず個人の魂のうちに、一方では憂鬱《メランコリイ》の感情を蓄積していき、他方では他者に対する嫉妬の感情をもたらしていく。そしてこれらの感情は、個人の理性を蝕み、社会秩序を脅かしていくのである。前近代的な共同体においては、共通の伝統・慣習・習慣が全ての人間によって等しく共有されることと、定期的に形成される混沌とした祝祭的空間によって、憂鬱と嫉妬の侵入を防ぐ文明の防壁が築かれる。これに対して近代的な社会においては、差異性と不平等性のための競争が、正義にしたがって形式的な平等性のもとで行なわれることによって、ひとつの防壁が築かれる。なぜなら、人権をはじめとする諸権利の平等な分配は、模倣衝動の平等性要求をある程度満足させるからである。」(村上『模倣論序説』一三一―一四頁。)――このような文脈のもとで、村上は自由主義と啓蒙主義的な人間観を批判している。

(3) Gebauer & Wulf, *op. cit.*, S. 434-435 (p. 318).

(4) 亀山佳明「学校と暴力」『子どもの嘘と秘密』筑摩書房、一九九〇年、六八―九七頁。

(5) 同様の問題意識から取り組まれた研究として、私のもとで学んだ松田太希の学位論文を挙げておこう。松田太希「学校教育の暴力性に関する社会哲学的研究――スポーツ集団への着目から」学位論文(博士(教育学)、広島大学)、二〇一七年。

(6) Gebauer & Wulf, *op. cit.*, S. 327-371 (pp. 233-266).

(7) 富永茂樹「催眠と模倣――群集論の地平で」『思想』第七五〇号、一九八六年、一一二―一一三頁。

(8) Gebauer & Wulf, *op. cit.*, S. 366 (p. 263).

(9) 富永、前掲論文、一四―一五頁。

（10）亀山、前掲論文、七三頁。
（11）江森一郎『体罰の社会史』新曜社、一九八九年。
（12）エリアス（赤井慧爾ほか訳）『文明化の過程（上）（下）』法政大学出版局、一九七七・一九七八年。
（13）寺崎弘昭「体罰の歴史と思想――J・ロックの教育思想を中心に」小林登ほか（編）『新しい子ども学2――育てる』海鳴社、一九八六年、三四六頁。
（14）湯浅泰雄『身体論――東洋的心身論と現代』講談社学術文庫、一九九〇年、二一頁。（Yuasa, Y. *The Body: Toward an Eastern Mind-Body Theory*, State University of New York Press, 1987, p. 25.）
（15）今道友信『美について』講談社新書、一九七三年、二一二―二一四頁。
（16）福井春敏「過酷な現実への人間的応答」（映画『バトル・ロワイアル』のパンフレット）。
（17）宮台真司「少年と性と殺人」『大航海』第三七号、二〇〇一年、七九頁。
（18）Gebauer & Wulf, *op. cit.*, S. 369 (p. 266).

ダイアローグ4－1
教育におけるミーメーシス概念——基本的にミーメーシスとは何なのか

G・ゲバウア

I

ミーメーシスは、大変古い古代ギリシア語である。それはすでにソクラテス、プラトン以前から使用されており、或る行為を行う人と、その行為のモデルとの実践的な関係を指示するものであった。この関係は「実践的」と呼ばれるものである。というのは、それは公共の場で生じる社会的行為において示されるものだからである。他の人々はこの行為を見て自分の感覚で感じることができるのであり、それを判定し、もし彼らがそれをやってみたいと望むのならば、最初の演技者としてその同じ行為を実践することができるのである。この見方からすれば、ミーメーシスは人と人との間の社会的関係を作り出すのであり、類似した人々のグループを形成し、その人々は同じ事を行っていると当事者たちに感じさせるものなのである。

拙論 Gebauer, G. & Wulf, C. *Mimesis: Kultur, Kunst, Gesellschaft*, Reinbek: Rowohlt Taschenbuch Verlag, 1992.（English Translation, *Mimesis: Culture, Art, Society*, Berkeley: University of California Press, 1995.）が示すように、ミーメーシスは、物事を他人のように行うこととか、共通のモデルに従い他者に倣うことといったように、かなり広い概念である。このように非常に広い意味を考えると、次のような問いが生じるかもしれない。すなわち、ミーメーシスの概念から排除される社会的行為にはどんなものがあるのか。すべての行為がミーメーシス的ではないのか。

まず、「ミーメーシス」とは社会的行為を記述する目的でここでは使用されていることを強調しておきたい。ミーメーシス的な記述では、行為は他者との関係において記述される。それは、ルールに従うことを意味するのではなく、また、内的な心的イメージや概念の現実化でもない。行為の本質は思想でも良心でも、また深層構造でもない。それは行為することなのであり、繰り返し、真似をしながら、新しく作りかえ、もう一度何かをすることである。それはまた、同じ様なことをすでに行った他者との関わりを絶えず持ちながら、行為することの新しい方法を作り上げることでもある。例を挙げてみよう。日本でスパゲッティを食べることは、パスタを食べるイタリア人の習慣を参照しつつなされる一つのミーメーシス的な行為である。日本のイタリアン・レストランがスパゲッティをイタリアから輸入するにしても、あるいは独自の方法でスパゲッティを作るにしても、そしてイタリアでなされているのと同じ仕方で調理しようとしても、そこに出来上がるスパゲッティは日本の風味を持ったものであり、その味は異なるものである。また、食事の流れの中でそのスパゲッティは違った役割を果たしており、前菜の後、魚料理か肉料理の前の、二番目の料理の意味はそこにはないのである。しかし、日本人は、日本におけるその料理に一つの風味と雰囲気を与えており、それはイタリア人の生活様式についての何らかの考え方によって生み出されたものなのである。

行為することによる他者への実践的な関与としてのミーメーシスは、美的・社会的な行動を説明するための強力な概念装置である。この概念の歴史が示しているように、それはまさに、美的かつ社会的な行為の説明のための最も強力な道具の一つであった。以下においてミーメーシスについてのプラトンとアリストテレスの考え方を簡単に振り返り、彼らが人間の行動の説明、特に教育と美学の二つの領域においてこのミーメーシスという語を用いたことを示すことにしよう。そして、クリストフ・ヴルフと私が提唱している「社会的ミーメーシス」が、今日、社会的な行動、行為、情況を感受し、理解し、表現し、再現する能力を特徴付けるキー・コンセプトとしていかなる有効性を有しているかを示すことにしたい。

プラトンとアリストテレスの著作の中で、ミーメーシスは美的な領域に限定されているのではない。そうではなく、ミーメーシスは社会的な生において機能する一つの能力と見なされている。ミーメーシスのこの人間学的次元は、アリストテレスによって次のように規定されている。すなわち、ミーメーシスとは子どもの時から立ち現れるものであり、人間は特に模倣の偉大な能力を持ち、模倣によって最初の知を獲得し、誰もが模倣において見出す喜びによって、人間は他の生物から区別されるのである。

『国家』の第三巻において、プラトンは人間の相互作用の最も重要な形態の一つである教育とミーメーシスを同等のものと見なしている。子どもから青年期にかけて人間はミーメーシスによって教育され社会化されるのである。子どもたちは特定の行為を、態度、価値、対人的能力などの範型、表現として模倣するのだ。この過程は、社会的行動の感覚的な受容によって生じる。それは、社会的行動が、視覚、聴覚、嗅覚、触覚、味覚のすべての感覚によって受容され模倣されるという点において、感覚的であり、そして多面的である。模倣的な受容は、異質で対立的で逆説的な情報をまとめ上げる諸感覚の総体を、ミーメーシスの過程へと差し向けていく。特定の行為や人間の多面性は、ミーメーシスにおいて受容され処理される。子どもは社会的な経験を寄せ集め、言語の獲得、運動技能、感情などを含んだ対人的能力を徐々に発達させていくのである。社会的ミーメーシスの過程を経て、若者は他人が生活を営む仕方に参加し、そこにある暗黙の規範や価値が身体と内的自我に刻まれることになるのだ。

これらのミーメーシスの過程において、一種の「感化」が子どもならびに大人の身体を通り抜ける（ジラール、デリダ）。幼児期に、子どもは、そこに含まれている行為や価値や規範に気づくことなしに、複雑な、象徴によってコード化された文化的行為を模倣する。感覚を通しての態度、価値、能力のミーメーシスによる内在化は、先在する異質な価値の枠組みと関係するがゆえに、社会的ミーメーシスの成り行きは個人によって異なっている。これらの過程は、一方で、行為や行動をそのまま正確に複写するという決定論的な傾向を示す。他方、この過程は、社会的ミーメーシスの成り行きを不安定にする個人的な創造性という契機も含んでいるのである。社会的ミーメーシスは単なる模倣ではなく、個人がその成り行きを形作る可能性でもあるという事実を、この予測不可能性は明確に示している。

子どもと若者は、明らかに、ミーメーシス的行動を楽しむ。この喜びを、私たちは言葉を話すことと運動の最初の形式、例えば身振りと音声行為の一定の繰り返しと上達に見出す。社会的ミーメーシスの過程にうまく参加することによる喜びは、社会的ミーメーシスの過程が大きな影響力を持っていることの理由の一つである。そのような成功とともに、子どもは能力の発達を感じるのであり、それは子どもを大人のようにさせ、大人の一員であることを認め、少しずつ安心感を与えていくのだ。また、ミーメーシス的行動の能力は、子どもや若者に模範となるものと競わせるのであり、模範となるもののようになるように奮起させ、その過程において喜びを経験させることになるのである。

社会的情況に向けてなされる受容のミーメーシス的行為において、その社会的情況が持っている倫理的規範や価値は、模倣する人によって受け入れられる。模倣の競い合いの過程の中に含まれている活力と激しさは、模範となるものに近づき、いくつかの点で同一化する欲望を引き起こす。家族とか教育といった制度の中では、これらのミーメーシスの過程はたいてい気づかれることなく、それゆえに大きな影響力を持っている。家族や教育の制度は確実なものであるがゆえに、公式的な価値や規範としばしば対立する、隠れた価値や規範もまた働きを持つ。このことは、例えばプラトンが必要な社会的技能や役割の発達を阻害するあらゆるものから若者を守ろうとするような、激しさを生み出す。それゆえ、若者はもっぱら模範的な人々とだけ接するべきなのであり、否定的なモデルは若者からは遠ざけられなければならないというわけだ。ミーメーシスは、若者を或る特定の方向へと導くほとんど決定論的な力と見なされている。社会的ミーメーシスの成り行きは、ミーメーシスが向けられる範型（あるいは表象）、そしてミーメーシスに関わる人の基本的な性質に依拠している。プラトンは範型や表象の重要性を認めてはいたが、社会的ミーメーシスの成り行きにとって個々人の基本的な性質がいかに重要であるかを見逃していた。その性質が、否定的なモデルと表象が特定の個人に与える衝撃の種類をおおかた決定する。否定的なモデルは必然的に否定的な衝撃を持つといった仮定は、ミーメーシスの過程の両義性を評価するものではない。否定的なモデルと関係付けられるとき、ミーメーシスの過程は否定的な衝撃を持つことがありえる。そして、それはまた、その相互作用が否定的な次元に対する免疫作用をもたらすことにもなるのである。

アリストテレスが指摘したように、否定的な影響を排除することは、直ちに、教育が積極的な結果をもたらすだろうということにはならない。ミーメーシスの力についての見解の中で、アリストテレスは、否定的な表象や影響と向き合い、それらに屈してしまうのではなく、それらに対する抵抗力を付けることが大切だと述べた。したがって、なすべきことは、否定的なものを括弧でくくって避けることではなく、それと向き合うことである。この考え方は、筋とそのカタルシス効果の形成をめぐるアリストテレスの悲劇理論においても見出すことができる。筋のミーメーシスを通して、それを観ている人々は、「怖れ」と「憐れみ」に対抗する気構えを持つことを学ぶ。その目指すべきところは、恐怖を避けることではなく、恐怖の持つ力に対する内的存在を強化することである。精神分析学もまた教えるように、悪影響を及ぼすものからの保護は、それと内的に向き合うことが重要であり、それを避けることによっては得るものは少ないのである。

Ⅱ

さて、受容のミーメーシス的行為によってもたらされる倫理的な無関心性、すなわちミーメーシス的行為の両義的性格についての議論から離れて、「社会的ミーメーシス」という概念についてより詳しく検討してみよう。プラトンのミーメーシス概念もまた社会的コンテクストへの広がりを持っていたのであるが、アリストテレス思想の影響のもとで、ミーメーシス概念は次第に美学に限定され、ついに美学はミーメーシス概念が用いられる唯一の領域となってしまった。プラトンのミーメーシス概念が持っていた多様性を呼び戻すような仕方でこの概念が使われる特定の事例を、つい最近まで私たちは見出していない。ベンヤミン、ジラール、ブルデュといった互いに異質な思想家の著作において、ミーメーシス概念は社会的な位置関係との関連で問題にされている。ただし、人間学的視点から、どのような過程が社会的ミーメーシスを構成するのかを指摘しているのはジラールだけである。

プラトンのミーメーシス概念は、プラトンがミーメーシスの社会的重要性を評価したことと、美的なものの自立的領域を生み出すためにプラトンはミーメーシスを使用したという、二つの特徴を持っている。したがって、プラトンのミーメーシス概念はかなり錯綜したものである。社会的ミーメーシスは、そこにあるモデルの模倣的な受容だけでは生じない。ミーメーシスの活動は、また、技芸、文学、学問などによって生み出される思想や表象とも関係があるのだ。言い換えれば、社会的ミーメーシスの焦点は、実在の社会的行為と同時に、想像的な行為、表象、イメージでもありうるのである。ミーメーシス的行動が社会的な情況、行為、行動と関係があるとき、私はそれを「社会的ミーメーシス」と呼ぶ。それらが実在の情況なのか想像的な情況なのかはほとんど問題にならない。いわゆる実在的な場面と想像的なシナリオの間の違いは相対的なものである。どちらも実在の要素と虚構の要素に絡んでおり、「実在の」情況は、いずれにしても、想像的な情況以上に力を持っているというわけではないのである。ミーメーシスの位置関係は一つの共通点を持っている。すなわち、象徴によってコード化された世界と、ミーメーシスに参加し同時に象徴的な世界自体を表現する人間との間に、一つの関係が作り出されるということである。

日常の社会的情況は、相互のミーメーシスの諸関係を含んでいることが多い。他者、或る行為や情況、さらには直接に二人称に関係を持つミーメーシス的行為は、彼あるいは彼女に向けられたミーメーシスの過程への応答として、ミーメーシス的に作用する。したがって、社会的ミーメーシスは、他者とミーメーシス的に関係を持つ人間に、個人的かつ社会的変化をもたらすのである。最初に社会的ミーメーシスのきっかけとなった人々から、次から次に互いに変化を引き起こす。こうして社会的な位置関係に特徴的な情況が生起するのであり、それが相互のミーメーシス的影響である。面と向かい合った情況は一種のミーメーシスの螺旋を生み出す。そこでは、最初の社会的コンテクストは、ミーメーシスの活動に参加する人の相互の運動によって変化するのである。

さて、ここで、多くの社会的な過程に見られるミーメーシスの諸要素を指摘したいと思う。それによってミーメーシスの多くの側面を明確にすることができるだろう。

一　社会的ミーメーシスは、実践知の獲得を手助けする。社会的ミーメーシスの過程は行動のパターンと結び付いており、論理的あるいは理論的用語では捉えにくい。実践知は、社会的情況の中で時間をかけて形成される習慣の知である。社会的実践を明瞭な言葉で捉えようとする試みは、どちらかというと他の可能性に開かれており曖昧であることが多い社会的行為に直面してぐらついてしまう。たとえ、それらの社会的行為が、自ら保持していない、あるいは必要としていない明晰さと論理で満たされていると解釈されるとしても、である。社会的行為は象徴によって構成される意味の世界の一部ではあるが、その意味の世界の産物であることもある身体の過程と社会的行為は関係している。社会的ミーメーシスは、曖昧であり、それゆえに日常生活の一部である社会的行動によって形成された、身体についての知の同化を促進する手助けをする。したがって、社会的ミーメーシスは多面的で、矛盾を孕み、理論に抵抗するものなのだ。

二　社会的ミーメーシスは、象徴によってコード化され、規範によって決定された身体運動、身振り、リズム、音に向けられている。感覚による受容と模倣によって、身体運動、身振り、リズム、音などは、ミーメーシス的行動に参加している人の実践知へと入り込む。社会的行為、行動、応答は、内的イメージ、音の連続、運動などとして感知され、また思い起こされうるのである。社会的行為、行動、応答は、イメージ、音、運動の内的世界の一部となり、想像力において形をなし、そして新しいコンテクストにおいて活性化されたり形を変えさせられたりしうるのである。社会的ミーメーシスの助けによって、新しい行動や行為の諸形態が獲得される。以前の生活実践は、その人がモデルと同じになろうとするときに、拡張されることになる。たとえ奇妙で理不尽な事柄であっても理解可能となりうる。特に社会的行動が外国の文化事情に由来するとき、ミーメーシス的行動は私たちがそれらに接近することを可能にするのである。

三　社会的応答、行動、行為は、多くの意味を持ち、一つの倫理的観点から理解することは困難である。社会的次元についてのこの曖昧さは、社会的ミーメーシスの過程の中に保たれている。一つの分析の中で明らかにされなければならないと思われるものは、ミーメーシスの過程の中で多様な意味を保持しうるのである。模倣の過程において、他者の、曖昧さと矛盾とを孕んだ社会的行動は、ミーメーシス的行動に参加している人と関わりを持ち、ともに、社会的情況の複雑さによって構成された関係へと入る。ミーメーシスの過程において経験される社会的情況の複雑さは、社会的ミーメーシスの拡散へと至る。結果として生じることは、偶然と必然の間で驚くべき出会いによって生み出される、予知や予定が不可能な行為や行動である。そこには、避けることのできない、また意図されない副次的作用が伴う。

四 社会的ミーメーシスの過程では、他者に似るようになりたいという欲望がよく見られる。同時にその欲望は、似ていたいと思う相手と違っていたい、すなわちユニークな存在でありたいという欲望でもある。隠された暴力がこのパラドックスには潜んでいる（ジラール）。ジラールが理解するところによれば、暴力が罪として責められ、その償いをしなければならない人々を生け贄として認めることによって、隠された暴力は克服されるべき危機を引き起こすことがあるのである。或る人々を生け贄にする過程は、私たちの意識に上らない。社会の暴力は隠蔽され、一般の人々を罪から解放する何人かの生け贄＝犠牲者に対してのみ社会の暴力は行使されるのだ。欲望、対抗意識、暴力、生け贄などは、社会的ミーメーシスの過程が最も内面的な人間の構造に到達し、人々を生かしも殺しもする力を持っていることを明らかにする。

五 ミーメーシスの過程は、家族、学校、職場などの社会的制度の中で生じることが多く、それらの社会的制度の構造はミーメーシスの過程の可能性と限界を決定する。それぞれの制度の構造は、社会的ミーメーシスに参加する人に付与された力の位置関係を示している。複雑な象徴体系に助けられて、制度の社会的機能は定められ、その制度においてミーメーシス的に行動する人々によってその社会的機能の意味は解読される。これらの象徴体系は、一方で、制度における人々の行為から生み出されるものであり、他方で、その人々の社会的行為を決定するものでもある。同時に、制度的な規範と価値は、社会的な制度の中にいる人々に向けられる社会的ミーメーシスの行為において、意識的にも無意識的にも影響を受けることになる。ここで明瞭なことは、社会的制度はミーメーシスの過程に連続性を与えるということである。

ここで、教育に対する適用を考えるために重要な「社会的ミーメーシス」の特徴をまとめたいと思う。これまで見てきたように、ミーメーシスの関係は、古代から、省察のレベルと社会的行動のレベルの両方において顕著な役割を果たしてきた。この情況は、「社会的ミーメーシス」の概念を理解するための三つの帰結を呈示する。

第一に、社会的ミーメーシスは、社会的現実が一つの構築物であり、自ら生産し組織化したものであることを意味している。私たちの前には社会的現実の諸条件があるのであり、自己生成が社会的なテーマに適用されたとき、それは個人の大げさな自己の過大評価のようなものでしかないと、私は考える。

第二に、社会的現実が構成される過程は、伝統と実際の生活様式に応じて、他者への関与、制度的、そして個人的要因を含んでいる。

第三に、社会的ミーメーシスという語は、単一の社会的現実があるのではないということを含意している。さまざまな社会的現実はミーメーシスによって相互に関係を持つのであり、それらは相互のミーメーシス的なやりとりによって形成されるのである。

本論考の目的は、社会的行動、態度、価値、すなわちピエール・ブルデュが「ハビトゥス」と呼ぶものが、行為や世界の構成の過程においていかに獲得されるのかを示す概念として、ミーメーシスを新たに理解することであった。そこで生起することはすべて、明確な教授行為を伴わない。社会的ミーメーシスは諸感覚の全体的効果によって生じるものであり、或る人が別の人に似てくるという過程を含んでいる。或るひとまとまりの条件から出発し、ミーメーシス的行動に参加する人の内面のミーメーシスの過程の助けによって、一つの社会的外観が形成される。そして、それはその個人が有する諸条件によって変更を加えられるものである。社会的ミーメーシスは、外と内の、個人間の、事柄とその内的イメージとの間の、媒介的な性格を持っている。それは、関係が成立しうるための橋や空間を生み出すことによって、世界と他者を自分のものとすることに貢献するのである。学びの過程、そして身体的、知的能力の獲得の過程にこの概念が適用されるとき、新しい視点を持った一つの領域が開けるのである。

ダイアローグ4−2　ミーメーシスと遊び

樋口　聡

I

ミーメーシスは西洋の思想的伝統における重要な概念の一つである。グンター・ゲバウアとクリストフ・ヴルフは、ミーメーシスの多様な側面に着目し、その歴史的再構成を試みた。それによれば、ミーメーシスは、人と人との一体化をもたらすのであり、活動と認知の両方の要素を持っている。そして、ミーメーシスは、ピエール・ブルデュが言う意味での実践感覚（*sens pratique*）と結び付くのであり、ミーメーシスの身体的側面は、ミーメーシスのパフォーマンス性と結び付いている（Gebauer & Wulf, S. 14, trans. by Reneau, p. 5)。そのようなミーメーシスという見方は、教育という広義のコミュニケーション的行為の思想的基盤の見直しを可能にするだろう。

ミーメーシスは通常、模倣（imitation）と考えられているが、単なる物まね（mimicry）ではない。ゲバウアは、ミーメーシスと教育の関係について考察した論文の中で、次のように述べている。「子どもから青年期にかけて人間はミーメーシスによって教育され社会化される」（Gebauer, p. 2）。子どもたちは、言語の獲得、運動技能、感情などを含んだ対人的能力を社会的ミーメーシスによって発達させるのであり、したがって、ミーメーシスは学びの重要なメカニズムと考えられる。

このようなミーメーシスの思想は、ミーメーシスを美学の特殊な用語と考える従来の見方を超えている。同じ様な視点を、日本の美学者の思想の中にも見出すことができる。佐々木健一は、彼の著書『美学辞典』の中で、「模倣」について論じている。その中で、「人間が身体をもつ存在であるかぎり、……あらゆる学習には模倣の契機がついてまわる」と言う。そして、「模倣は一種の自己変革であり、認識のうえに効果を及ぼすような、身体運動上の変革なのである」。そのような模倣による自己変革と、それによって形成された繊細な認識能力が、芸術の創造性へと通じていると、佐々木は述べる（佐々木、四五—五三頁）。

また、坂部恵は、日本の模倣的再現の伝統についての考察の中で、アリストテレス流の人間中心主義モデルを超えた、超越者ないし神に似たものになろうと努める、拡張されたミーメーシスのモデルを、日本のミーメーシスの伝統と見ている。そして、先の「教育と暴力」論でも見たように、坂部は、日本語の「ふるまい」という行動を表す語について、「振り」（模倣する）と「舞い」という二つの語源的要素を指摘し、さらに、「ふれる（触れる）」という語と「ふり（振り）」（模倣する）という語の間に意味論的関係を見出す考えを示唆している（坂部、二—四五頁）。日本のパフォーマンス的行為についての見方の中には、伝統的にミーメーシスの考え方が生きているのである。

芸術やパフォーマンス的行為の問題を超えて、そもそも日本の伝統的な学びのスタイルは、模倣と習熟であった。日本語でlearnに相当する言葉は、「学ぶ（まなぶ）」であるが、それは「まねぶ」と発音されることもあり、その「まねぶ」は「真似る（まねる）」という言葉と同源である。辻本雅史によれば、「教える者（教師）」と「教えられる者（生徒）」がはっきりと分かれ、両者を言語でつなごうとする欧米の教育観に対して、日本の教育観のベースにあるのは、子どもはまわりの大人たちを真似て環境から学ぶものだという学習観であり、言語によって教え込むことは適切ではないという見方である（辻本、八—一六頁）。明治時代の幕開けとともに、日本においても、近代教育制度が取り入れられ、西洋的な近代的学校が設立された。それ以降、日本の伝統的な学びのスタイルは表面的には姿を消したが、しかし、その原型は、ミーメーシスという考え方に通じる学びの方法であったのである。

学びについての伝統的な考え方は、現代日本における典型的な学習論にも引き継がれている。佐藤学は、拡張された意味で学びを理解し、学びを、認知的関係、対人的関係、自己内関係の三つの相において捉える。学びの認知的関係とは、学ぶ主体が向き合う世界を構成することによって世界を認識することであり、対人的関係とは、他者とのコミュニケーション的関係を構築することであり、そして、自己内関係とは、世界や他者との経験を通しての自己認識や自己発見の問題である（佐藤、九〇一九二頁)。こうした学びの理解は、ゲバウアとヴルフが述べるように、「子ども期の発達の多くの側面が模倣モデルを通して進展する」といったレベルを超えて、ミーメーシスと重なるであろう。「ミーメーシスは、模倣世界とそれ以前の世界との両者の構成にまさに関わっているという重要な性格によって、物まねとは区別される。……ミーメーシスにおいて使用される人間の象徴システムは、自然的な適応の結果ではなく……自由な人間的創造である」(Gebauer & Wulf, S. 435-436, p. 319)。人間の象徴システムを用いた創造的行為による世界構築としてのミーメーシスは、学びそのものである。

Ⅱ

ミーメーシスとしての学びの具体的な相として、本論考では、「遊び」を取り上げてみる。子どもの学びにおけるミーメーシスが、遊びの世界において凝縮された形で展開すると見ることができるというだけでなく、そもそも、ミーメーシスの本質的性格が遊びの世界の性格と重なることが考えられるからである。ゲバウアとヴルフは言う。「ミーメーシスの力は、本質的に、それが引き起こすイメージにある。ミーメーシスは、仮象、類似、美の世界を生み出す。……イメージは個人的で経験的な現実の間に関係を作り出すのであるが、しかし、また、そうした関係について、幻覚、仮想現実、虚構、幻想といった側面をも有している」(Gebauer & Wulf, S. 434, pp. 317-318)。幻覚、仮想現実、虚構、幻想といった側面は、遊びの性格でもある。

学びと遊びについて考えたとき、まず問題になるのは、子どもの遊びであろう。特に就学前の幼児にとっては、生活の大半が遊ぶことで満たされる。そうした子どもにとって遊びは、楽しい自発的活動であり、実にさまざまなことを学ぶ場である。しかし、子どもが小学校に通い始めると、勉強と呼ばれる活動が始まることで、遊びは多かれ少なかれ抑圧を受けることになる。子どもたちは、計算の仕方や文字の読み方・書き方を勉強しなければならないのであり、その合間に、例えば休憩時間などに、遊ぶ。あるいは、放課後や週末に、宿題をまず終えた後、遊ぶ。こうした勉強と対比される遊びは、ごっこ遊びやスポーツなどの戸外での比較的積極的な身体的活動にせよ、漫画を読むことやテレビゲームなどの室内での活動にせよ、たいていの場合、定型化された遊びである。あたかも、学校の時間割の中に、算数や国語といった教科と並んで、「遊び」という時間が設定されているかのように、子どもたちは、その時間に、遊びと見なされている活動を行う。ときには、「最近の子どもたちは遊びが不足している」などと心配する大人たちに促されて、子どもたちは遊びを消化していく。こうした事態は、学びとの関係のもとで豊かさを指摘される遊びの本来のあり様から、完全にずれてしまっている。

そもそも、ホイジンガやカイヨワらの論が引き合いに出されて展開されてきた遊び論は、人間存在の根源に遊びの本質を見出すものであった。それは惰性的に定型化された活動とは全く逆に、楽しさ、没頭、自由、喜び、感動などといった特性によって理解されるべきものである。そうだとすれば、遊びは、活動としての遊びの中だけに存在するものではなく、例えば勉強と称される活動の中にも、豊かに見出される可能性があるはずである。子どもたちは、計算や言葉のドリルに取り組むことにおいても、それ特有の楽しさや喜びを、当然味わうことができるのだ。勉強と呼ばれる活動にも、あたかも遊びのように軽快に楽しく向き合うことができることが望まれる。勉強－遊びという二項対立図式は、遊びを抑圧するだけでなく、勉強をも抽象化された単純図式の中に貶めているのである。一般に勉強がつまらないのは、そのせいである。

それゆえに、「勉強ばかりしていないで遊びも大切だ」とか「勉強ではなく遊びこそが学びにとって重要だ」などという、しばしば教育関係者から語られる言葉は、やはり上記の図式に依拠しているがゆえに、勉強のつまらなさを生み出しつづけている。今、試みてみるべきは、学びと遊びを重ねて考える見方の導入である。学びと遊びが重ね合わされれば、いわゆる勉強は学びであると同時に遊びであり、いわゆる遊びもまた学びであるはずなのである（樋口、『教育の思想と原理』、一六四―一九五頁）。

子どもたちは、さまざまな活動に従事しなければならない。計算の仕方を習得することや、日本の子どもたちであれば多くの漢字を覚えることもしなければならない。それは勉強だからやらなければならないのではなく、現実の社会の構成員として、そしてその社会の中で自分自身が豊かに生きていくために必要なことだからである。社会や理科も勉強しなければならないし、奉仕活動に参加することも、さらには地域のさまざまな施設を見学することなども大切なことだろう。また、サッカーや水泳などを学ぶこともある。こうした活動のどれが勉強で、どれが遊びか。それを画定することを、これまでの社会慣習や学校文化は執拗に行おうとしてきたように思われる。しかし、その境界線の画定はどうでもいいことであり、要するに、大切なことは、私たちのさまざまな活動の一つひとつが、世界を構成する認知的関係、他者とのコミュニケーション的関係を構築する対人的関係、そして自己認識や自己発見につながる自己内関係を生成する学びとなることである。

このように考えてくると、遊びを固有の活動や現象として取り上げることに、どういう意味があるのかが疑問になるだろう。遊びの重要性を主張する遊び論は、どう理解すればよいのか。それを考えるためには、遊びの現象学と存在論を参照する必要がある。

Ⅲ

遊びの現象学にせよ、遊びの存在論にせよ、これらは実に大きな問題であり、本論考では、そのごくエッセンスに触れることができるだけである。ここでは、「人は言葉の完全な意味で人間であるときにのみ遊ぶのであり、遊んでいるときにのみ完全に人間である」という言葉で知られる、フリードリッヒ・フォン・シラーの有名な遊び概念を、改めて検討する必要がある。私は、この試みをすでに一九九〇年代の初めに行っている。その論考は、『遊戯する身体』の七五―九〇頁に収録されている。その第三節を、以下簡潔にまとめてみよう。

シラーは「人間の美的教育について」と題する一連の書簡の中で、人間はそもそも自然的存在であるが、それだけでは人間とは言えず、人間が人間であるのは自然的存在を理性によって道徳的必然性に高めるところにある（Schiller, S. 142-144, trans.by Snell pp. 27-28、石原訳九〇頁）と考える。この二つの契機の対立と統一・調和、それがシラーの基本的な人間観である。両契機は互いに強制されない、したがってそこには自由がある。その状態が美であり、そして遊びである（Schiller, S. 177-186, pp. 73-75、一四八―一五〇頁）とシラーは言う。シラーは感性的衝動と形式衝動とを結び付ける衝動を遊戯衝動と名付けたのであるが、それはまさに特別の意味を持っていると見なさなければならない。例えば、「彼が私たちに好感を持たせると同時に私たちの尊敬を得るやいなや、感覚の強制も理性の強制も消え失せ、私たちは彼を愛し始める。つまり、私たちは、好感と尊敬とともに遊び始めるのである」（Schiller, S. 178-179, p. 75、一四六―一四七頁）という記述における「遊び」に、子どもの遊びを結び付けるわけにはいかない。さらに、シラーは次のようにも述べている。すなわち、「もちろんここで私たちは、現実の生活の中で行われ、通常はたいへん質料的な対象にのみ向けられている諸々の遊びのことを考えてはならない」（Schiller, S. 182, p. 79、一五二頁）。ここで指摘されている「現実の生活の中で行われ、通常はたいへん質料的な対象にのみ向けられている諸々の遊び」とは、私たちが通常考える、いわゆる遊びである。シラーは、そのような遊びのことを考えてはならない、そういったものを今、問題にしているのではないと述べているのである。

シラーの「遊び」がいわゆる遊びでないとすると、なぜそれをシラーは「遊び」と呼ぶのか。この点に関してシラーは次のように述べる。「主観的にも客観的にも偶然的でなく、しかし外的にも内的にも強制することのないすべてのものを一般に遊びという語で示す用語法は、この［遊戯衝動という］

名称を正当なものにする」（Schiller, S. 181, pp. 77–78、一五〇頁。［ ］内引用者）。つまり、シラーが指摘したいのは「主観的にも客観的にも偶然的でなく、外的にも内的にも強制しない」状態であり、それがSpielという語が持っている意味と合致すると言うのである。この遊びの意味が、カントの構想力（Einbildungskraft）と悟性（Verstand）の自由な遊動（fries Spiel）から由来することは間違いない。しかしながら、シラーが「人間の美的教育について」の論考の中で積極的に遊びという概念を導入していくことの理由は、必ずしも明瞭ではない。それについてシラーは十分に語っているとは言えない。

シラーの遊び概念の検討で見えてくることは、私たちが通常考える活動としての遊びと、それとは異なる意味を持ち、自由や美といった概念と関係がある、より抽象的な哲学的概念としての遊びという、二種類の遊びである。後者は、オイゲン・フィンクやジャック・アンリオらの遊び論ともつながりがあり、遊びの存在論的意味と見ることができる。遊びの存在論的意味の根本は、絶対的な何者かに固定されない、「ずれ」を生み出しつづける動きである。それが、自由や、中間的な美的状態となって現出する。遊びの存在論といった理論的方向性を意識的に回避して、遊びについての哲学的議論を展開すれば、例えば西村清和による『遊びの現象学』といった試みが可能である。今、私たちに求められるのは、遊びの現象学的視点を持ちつつも、ミーメーシス‐学び‐遊びをつなぐ方向性において、存在論的な視点で遊びを見直してみることである。

Ⅳ

私たちの経験の中で、ミーメーシス－学び－遊びといった情況が生起する濃密な場の一つとして、やはりアートを挙げなければならないだろう。プラトン以来、アートについて考えるための一つのキーワードとしてミーメーシスは位置付けられているし、上に見たシラーの議論は、アートと遊びを直接的に結び付けようとするものであった。そして、本論考の第Ⅰ節と第Ⅱ節で見たような、ミーメーシスと学び、学びと遊びの関係を考えると、ミーメーシス－学び－遊び－アートといった連関を想定してみることができる。

しかしながら、ここで、私たちは、アートの概念について注意しなければならない。というのは、私たちが通常考えるアートの概念は芸術であり、それは一八―一九世紀のヨーロッパでかなり特殊な条件のもとに成立したものであって、決して普遍的なものではない（樋口、「日本の近代化とスポーツ観客の誕生」、九七頁）からである。もちろんのことながら、それ以前にもアート的な人間の行為は豊かに見出せるのであり、また、ヨーロッパ以外、例えば日本においても、近代的な芸術とは違った意味のアートの歴史と伝統があるのである。

近代的な芸術の概念を相対化するために、私は、一つの思考実験として、アートの弛緩した日常的用語法に着目した。その日常的用語法においては、近代的な芸術の概念が核となりながらも、アートという言葉の意味の広がりが考えられた（樋口、「芸術と非芸術」、四一三―四一四頁、「スポーツの美学とアート教育」、一九六―一九八頁）。以下、しばらく、私の「スポーツの美学とアート教育」からの引用・要約である。

まず言及しなければならないのは、何と言っても、従来の芸術すなわち絵画・彫刻・建築・音楽・演劇・文芸……といった「制度化された芸術」の諸ジャンルである。それらの古典につながるような歴史性や社会性を、単純に無視してしまえる理由はない。しかし、それらの制度的枠組みを反省しようとしたとき、一つの手立てとして考えてみるべきは、アートという営みの原型である。

人間の根源的衝動として、喜びとともに足を踏み・歌い・踊り、願いを込めて手を使って描き・土をこねる、といったことがあることは想像に難くない。そのような行為は、私たちが現在有している制度化された芸術概念の延長上に理解されることがらではあるが、それらは仮に芸術的と言うことができるにしても、近代的な意味での芸術ではない。そうした原初的な人間の行為に見られる芸術的な営みについて、テクネー、ポイエーシス、そしてミーメーシスが、基本原理として指摘されている。さらに、近代的な芸術の概念が生成されてくるときに、芸術と美との結び付き、近代的な自我の表出と重なる表現という概念の前面化が芸術の重要な要素と考えられるようになる。そして、マルセル・デュシャンの「泉」などに見られるような、特に現代芸術における批判精神、こうした事柄を、アートという言葉の意味の広がりに認めることができるだろう。

ここで考えられているアートの概念は、多くの社会的現象と同様に、定義によって一義的に規定されるものではない。右に指摘された基本原理や特性を原型として、メタフォリカルな意味のずれの中に、アートという語の使用法は生きていると考えられる。私たちの日常的な用語法において、これらの基本原理や特性に由来する諸特徴がゆるい意味で理解され、それらのいずれか、あるいはいくつかの組み合わせが成立するようなことがらに対して、容易に芸術（アート）という言葉が使われることに注目しよう。そうした日常的な用語法においては、どのようなものであっても美しいものは芸術（アート）と見なされる可能性があるのであり、スポーツなどにおける、ため息をつかせる技術的な巧みさは、芸術（アート）となりうる。技術的な巧みさと美が結び付いた日本料理の盛り付けなどもまた、芸術（アート）と言われる所以である。こうした、従来の芸術とも接続しつつ、現代的な変容を被り、さらに日常性の中に拡散しているアートの意味の広がりを考えることができるのである。

こうした意味の「原型としてのアート」と「制度化された芸術」といった見方ができるとすれば、それは、先に見た、「根源的な存在論的原理としての遊び」とそれが「形式化し定型化したいわゆる遊び」という見方と、重なることが理解されるだろう。いずれも後者は近代の産物である。後者の意味での芸術と遊びは簡単には結び付かない。対立的に捉えられることもしばしばある。しかし、前者の意味でのアートと遊びを考えたとき、いずれも人間の根源的な欲求に基づいた人間の行為である点で結び付く。そうした結び付きは、具体的には、例えば日本の伝統的な「藝術」の概念において明瞭に観察される。日本語の伝統的な意味での「藝術」では、重要なことは、近代的な芸術に接するように作品を観照者として客観的に観察することではなく、何よりもその藝術を自ら実践すること、そしてそこに非常に広い意味での遊びの要素を身体的に発見することなのである。

V

存在論的な意味を持つ遊びとアートの概念を見た上で、最後に、遊びと道徳の問題を考察してみよう。道徳といった抽象的問題もまた、現象レベルの定型化された行動の仕方といった意味を超え、遊びやアートと同様に、人間存在の根源に向かうようなベクトルを有していると考えられるからである。日本の小学校と中学校で、国語や数学などの教科と並んで、特別の教科として道徳教育がなされている。文部科学省が発行した『心のノート』『私たちの道徳』などの教材を使いながら、社会的な行動のエチケット、自然や生命の大切さ、自己発見と自己を向上させることの習練、自国の伝統文化の理解、などが、さまざまなレベルで、教室で教えられている。この試みは無意味ではない。しかしながら、あたかも国語や数学の勉強と同じ様な情況設定の中で行われる道徳教育では、多くの生徒たちは、教室の中で、何らかの積極的で有意義な学習をなしえたとしても、その道徳心を教室の外まで持ち出すことはまれで、彼らの生活の中にそれが生きてくることはほとんどない。むしろ、道徳性を学ぶ機会は、子どもたちの生活の全体像の中に遍在しているのが、現実である。

道徳性とは何か。これは難問であり、すでに明らかな一定の答えが存在するような問いではない。本論考の考察から、道徳性の一つの側面を映し出すと思われる論点が、いくつか示唆される。

一つは、遊びが現象化する濃密な場としてのアートの考察の中に見出された、制度的な芸術を超えてアートの基本原理を見る視線と関係がある。近代的な芸術概念を相対化することは、制度的な安定の中に狡猾に留まらずに、改めて敢えて芸術とは何かと問うことである。芸術とは何かという問いは、これまでも、美学や芸術学といった学問において繰り返し問われてきた。そして、或る一定の芸術の観念が呈出されてきたわけであるが、芸術を何ものかとして規定することは、それが明瞭になされればなされるほど、同時に、芸術とは何でないかを規定することでもある。要するに、非芸術の規定である。芸術という領域の自立化と自明化には、多くのことがらを非芸術として片付ける一種の暴力が伴っている。普段、私たちはそうした事態に気づかないでいる。それに気づくことは、文化の政治学とでも言うべき、現象の背後にある権力関係を明らかにすることであり、そうした視点と感性を持つことができるかどうかは道徳性の問題と深く関わることだろう。「そんなものは芸術ではない」といった暗黙の高圧的な態度に自省的に気づくことなのだからである。そして、そのような芸術概念の見直しは、存在論的な意味を持った遊びと一体化するような、新たなアートのあり方を生み出す可能性があるだろう。道徳性を含んだアート／遊びの創生である。

もう一つのポイントは、やはりアートを考えることから出てくる。それは、アートの世界が具体化したときに現出する一種の仮想現実の問題と関係する。テクネーにせよ、ポイエーシスにせよ、ミーメーシスにせよ、それらのアートは一つの世界を構築する。その世界は、単なる対象的世界ではなく、作り手をも含んだ一つの世界である。世界の中にさらに世界を構築していく行為と働き、そこにまさに遊びの存在がある。その世界は、個人の単なる自己表現の産物ではなく、歴史性や社会性の上に成り立つ文化としての性格を持つ。したがって、その世界に踏み入る人は、その世界が固有に持つルールや技法やハビトゥスを習得しなければならない。それが、例えば日本の武術（martial arts）も含んだ伝統的な藝術に典型的に見られる「型」の問題である。

型はトレーニングのためのシークエンスを形成する。まさに型にはまるわけであるから、初心者にとっては窮屈な行動機制以外の何ものでもないように思われることも、しばしばある。しかし、この型は、或る一定の行動パターンに自己を入れることによって、身体と精神が一体になった形で自己を形成していく営みである。それを支えているのが、日本の文化的伝統の中に生きている自己修養の思想である。

遊びとして現出するアートの世界に向き合い、その世界に入ってみようと志した人は、まずその世界を受け入れるために自分自身を開かなければならない。そして、その世界を信じ、その世界に身心を投げ打って没入することが求められる。その世界で見事に生きることができたとき、人が感じることは、苦労を通り抜けた、楽しさであり喜びである。そうした幸福の経験を得ることが自己修養に他ならないのであり、そこに道徳性の広がりを見ることができるだろう。自分を開き世界を受け入れることには、とりもなおさず他者とのコミュニケーション的関係を構築することが求められるからであり、それは道徳性の基盤だからである。

参考文献

Gebauer, G. & Wulf, C., *Mimesis: Kultur, Kunst, Gesellschaft*, Reinbek: Rowohlt Taschenbuch Verlag, 1992., trans. by Reneau, D., *Mimesis: Culture, Art, Society*, Berkeley and Los Angeles: University of California Press, 1992.

Gebauer, G., "The Concept of Mimesis in Education: The Basic Ideas about Mimesis", Unpublished paper read at the History of Educational Thought Society 9th Annual Meeting in Tokyo, 1999.

樋口聡『遊戯する身体——スポーツ美・批評の諸問題』大学教育出版、一九九四年。

樋口聡「芸術と非芸術」『諸芸術の共生』溪水社、一九九五年、四〇三—四一五頁。

樋口聡「日本の近代化とスポーツ観客の誕生」金田晉（編）『芸術学の一〇〇年——日本と世界の間』勁草書房、二〇〇〇年、九七—一一七頁。

樋口聡「スポーツの美学とアート教育」佐藤学・今井康雄（編）『子どもたちの想像力を育む——アート教育の思想と実践』東京大学出版会、二〇〇三年、一九〇—二〇七頁。

樋口聡・山内規嗣『教育の思想と原理——良き教師を目指すために学ぶ重要なことがら』協同出版、二〇一二年。

Marra, M., *Modern Japanese Aesthetics: A Reader*, Honolulu: University of Hawai'i Press, 1999.

西村清和『遊びの現象学』勁草書房、一九八九年。

坂部恵『〈ふるまい〉の詩学』岩波書店、一九九七年。

佐々木健一『美学辞典』東京大学出版会、一九九五年。

佐藤学『学びの身体技法』太郎次郎社、一九九七年。

Schiller, F., *Über das Schöne und die Kunst: Schriften zur Ästhetik*, München: Deutscher Taschenbuch Verlag, 1984. trans. by Snell, R., *On the Aesthetic Education of Man in a Series of Letters*, Bristol:

Thoemmes Press, 1994. 石原達二訳『美学芸術論集』冨山房百科文庫、一九七七年。
辻本雅史『「学び」の復権——模倣と習熟』角川書店、一九九九年。

第五章　美学的問題としての「娯楽」

R・シュスターマン

I　序

最近の美学の議論の中で重要なものの一つは、ポピュラー芸術の、芸術としての地位と一般的な文化的価値に関するものである。ポピュラー芸術は、今日のさまざまな社会の多くの人々によって最も楽しまれている芸術であるがゆえに、その地位は、民主主義の文化にとってきわめて重要である。影響力のある左翼思想家（例えばバフチンやグラムシ）がポピュラー芸術を擁護してきたのだけれども、多くの進歩的知識人（例えばテオドア・アドルノ、ハンナ・アーレント、ピエール・ブルデュ）とともに、実に多くの文化的保守主義者たちは、ポピュラー芸術、ポピュラー・カルチャー、ポピュラーな美といった考え方そのものが、本質的に矛盾であり、あるいはカテゴリー・ミステイクであると考え、ポピュラー芸術を否定している。私は、それらの批判に反論するためにプラグマティズムの考え方を用い一つの立場からポピュラー芸術の擁護を明示した。その立場を私は改良主義（meliorism）と呼ぶが、それはポピュラー芸術の欠点と弊害を認めた上で、その利点と可能性も認めようとするものである。改良主義は次のように考える。すなわち、ポピュラー芸術は多くの欠点を持っているために改良が必要であるが、ポピュラー芸術は、生き生きした美的価値に達し、価値ある社会の目的に貢献する可能性があり、また実際にしばしばそうであるがゆえに、改良されうるのである。(1)

私の議論が引き起こした多くの批判を検討することで、ポピュラー芸術に対する抵抗が、より基本的・一般的概念に関する態度からしばしば生じていることが分かった。「ポピュラー芸術」という特定の用語は、比較的近代的で、いくらか曖昧である。その英語の用例は、せいぜい一九世紀以降のようであり、「民族芸術」と呼ばれるのが適当なものに対しても使われるようである。今日の中心的な意味である娯楽産業の近代的マス・メディア芸術だけを意味するのではない。(2)それはまた他の用語とも競合している。多くの理論と一般的な用例は「ポピュラー芸術」という用語を好むのだけれども、もっと軽蔑的な「大衆文化」「大衆芸術」「大衆娯楽」といった用語を使う研究者もたくさんいる。(3)

私が養護するポピュラーな音楽、フィクション、演劇、映画、テレビの物語のことを言うために簡単に「ポピュラー芸術」という用語を使うことは、すでに美学的問題を前提にしている、と述べる人がいるかもしれない。というのは、すべての芸術作品が美的価値を示すわけではないとしても、「芸術」という用語それ自体が、すでに美的価値を示唆しているからである。私が取り上げた一部のポピュラー音楽や映画に美的価値を喜んで認める批評家がいるが、しかし、それはポピュラー芸術の価値の証明なのではなく、ただ単に、問題の作品がポピュラー芸術の特徴である娯楽の領分を超えているということを示しているにすぎない。ポピュラー音楽や映画に美的価値や芸術的地位を認めることを頑なに拒否する批評家は、保守的な俗物性という非難をかわして、それらを好きだ、ただし、芸術としてではなく単に娯楽として、と言うだろう。高級芸術とポピュラー芸術の間の強固な階層的二分法の下に、もっとはるかに基本的な対立関係が存在していると私は考え始めている。すなわち、芸術対娯楽の対立関係である。しかし、これらの概念を用いる言語ゲームの複雑なネットワークは、娯楽は単純に芸術に対立するものではなく、同種の、あるいは包括的なカテゴリーとして娯楽は芸術と同じように見なされることもしばしばであることを明らかにする。新聞が「芸術と娯楽」といった欄を設けているのはよくあることであるし、芸術は一種の娯楽であると見なされることもある。娯楽という概念は、芸術という概念と深く、そして複雑に関係しているように思われるがゆえに、また、娯楽という概念は、ポピュラー芸術といった概念よりも広く、また古いものでもあるがゆえに、その分析は、ポピュラー芸術の問題だけでなく美学全体に対しても光を当てることになるだろう。そこで、本論考では、プラグマティズムの視点から、娯楽について分析を試みることにしよう。

プラグマティズムは、思想を、その起源によってではなく、それがもたらすものによって判断する前向きの哲学である。哲学の問題や概念は歴史的コンテクストによって生じるものであり、したがってそれらは歴史的認識を通してのみ適切に理解されうると、プラグマティズムは考える。それゆえに、娯楽についての私の分析は、この概念を指示する言葉の群についての語源論的研究から始めよう。その後で、哲学における娯楽の位置についての簡潔な系譜学的批判を行なう。そして、娯楽の重要なパラドックスに注目しよう。それは、本論考の分析によって明らかになるものであり、美学と現代芸術にとって重要なことを教えることになるだろうと私は思う。それを知ることは、娯楽についての哲学的評価を高めることになるだろう。しかし、そのことを確かなものとするために、本論考の最後で、娯楽の価値にとってまさに中心に位置する二つの重要な概念〔快楽と生〕を明らかにしなければならない。それらは、取るに足らないとか偏狭であるということで、娯楽を批判する武器として使われてきているものである。

分析を始める前に、娯楽の概念の私たちの理解を形成している文化の力について、二つの一般的見解を示さなければならない。第一に、その文化の力は、文化全体にわたってまさに階層的で対立的だということである。ポピュラー芸術と同様に、娯楽は、哲学それ自身との対立であれ、〔後の段階での〕高級芸術という形式との対立であれ、哲学が文化の高級形式と見なすものとの軽蔑的な対立によって、おおかた規定されてきた。結果として、娯楽とポピュラー芸術の理論は、二つの戦略において典型的に捉えられる。一つの戦略は、娯楽を、高級文化の領域に対して完全に依存的で、派生的で、従属的であると見なす。娯楽は高級文化からの借り物であり、高級文化の堕落したものだというわけだ。もう一つの戦略は、娯楽を、高級文化の世界とは別の、挑戦的に対立する、自律的な規則、価値、原理、美的規準を持った領域と見なす。

　哲学は一般に前者の戦略を好んで採ってきた。それは、プラトンが、芸術を、実在の模倣によって堕落した娯楽の快楽を与えるものとして非難して以来のことである。それは真理と知恵を装うが、真の知識の認識的妥当性を欠いている。そして、それと対照的に、魂の劣位の部分を刺戟して道徳的堕落を引き起こす。したがって、芸術の娯楽としての価値は、真理、道徳性、政治的価値といった哲学から引かれた思想と規準に完全に従属することになる。ポピュラー芸術や娯楽を、高級文化に挑戦的に対立するものとする見方ははるかに少ない。その場合、ポピュラー芸術や娯楽は高級文化とは異なるそれ自身の快楽と価値を呈示することになる。それらは、特に、自意識を持った世俗的、情欲的、非宗教的な生き方の快楽や価値であり、物質的自然の再生的価値を表現している。この戦略の最良の例は、おそらく、ミハイル・バフチンの祝祭性の理論によって与えられる。

　これらの方法は、それが極端な形を取るとき、どちらも十分に娯楽やポピュラー芸術の本質を把握することはできないように思われる。プラトン的な方法が、全ての価値を哲学的真理に包摂してしまうという間違いを犯し、形式や快楽の美的価値のいかなる相対的な自律性も認めることができないとき、そのポピュラー芸術や娯楽に対する極端な自律論的立場は、高級文化と低級な娯楽との間にある複雑で密接な関係、さらには高級文化が低級な娯楽をいまだに統制しているへゲモニーの痕跡について、妥当な評価を与えることはない。改良主義は、非難と賞賛の中間的立場を堅持するものであり、したがって、高級文化への単なる従属でも単なる挑戦でもない、娯楽の理論を求める必要があるのだ。

分析を始めるにあたっての第二の一般的見解は、娯楽の概念を形成している文化の力は歴史的に変化しているということである。つまり、その概念の外延と、娯楽と真面目な芸術との間の境界線が変化しているのである。一つの文化のポピュラーな娯楽（例えばギリシアやエリザベス朝の演劇）は、しばしば後の時代の高級芸術の古典となる。ブロンテ姉妹やチャールズ・ディケンズの小説は、もともと軽いポピュラーなフィクションと受けとめられていたのであり、今日のように偉大な文学の傑作と見なされていたわけではなかった。映画も、同じような地位の進歩を経験している。実際のところ、全く同じ文化の時代においてさえ、或る作品はポピュラーな娯楽としても高級芸術としても機能することが可能であり、それは、その作品の呈示や解釈の情況や人々による受け入れられ方に依存している。一九世紀のアメリカにおいては、シェークスピアの演劇は、高級演劇であると同時にヴォードヴィルでもあった。(4) つまり、娯楽のはっきりした意味はまさにコンテクストによっているのであり、それが対比させられるものとの関係で決まるのである。近代においてますます、その対立項は真面目な芸術となっていった。しかし、それ以前には、娯楽や気晴らしは哲学や真面目な仕事に対立するものと見なされていた。そのとき、芸術は総じて、娯楽の低い地位にあるものと見なされていた（その中で高級な娯楽と低級な娯楽を区別することができたとしても、である）。このかつての対立は、今日においてもいくらか見られる。仕事と娯楽、あるいは勉強のための読書と気晴らしのための読書を区別するといったように、である。

Ⅱ　用語の複雑さ

西洋哲学の長い歴史において、娯楽の概念は、若干の違いはあるものの、重なる意味を持ったさまざまな用語によって表現されてきた。簡潔に、ここでは、近代哲学の三つの主要なヨーロッパ言語、英語、フランス語、ドイツ語に限定しよう。entertainment という語のほかに、この概念を表現する英語には、amusement、pastime、distraction、divertissement、recreation がある。（また、play、game といった関連する語もときどき使われる。）フランス語では、amusement、divertissement、distraction といった用語が使われるが、また、rejouissance や passetemps といったものも使われる。ドイツ語では、Unterhaltung が娯楽に対する最も一般的な用語であるが、Zerstreuen、Zeitvertreib、Belustigung といった用語も使われる。英語の entertainment は、もともとラテン語の inter+tenere から来ており、「抱き寄せる」「維持する」「支える」といった意味を持っていた。一六世紀の初期英語の entertainment の用法は、まさに、この維持や支持といった意味に沿っている。特に、物を準備して（客人や兵士といった）人々を支えることと、行動における適切なマナーと処遇の維持を意味していた。entertainment の初期の用法のもう一つの例は（シェークスピアの『恋の骨折り損』に見られるのだけれども）、「暇つぶし」や「時間の浪費」である。こうした初期の意味から、entertainment の主要な美的意味、すなわち、「楽しく（人の）注意を引く行為」「興味や楽しみを与えるもの」「興味や楽しみを意図してなされる公のパフォーマンスや展示」といったものが引き出されたように思われる。ドイツ語のUnterhaltungは、明らかに英語と同じ情況にあり、支持や維持といった意味から、(Belustigungという語がそうであるように)楽しく時を過ごさせるという考えへと移っている。この語源論から哲学的に学ぶことができる簡単なことがらは、自己を維持するための、必要とまでは言わないが良い方法は、楽しく興味を持って時を過ごすということだ。同じ考えはrecreationという用語に表されている。recreationでは、楽しい活動を通して活力を回復・再生することによって自分自身を鼓舞するのである。快楽は生存と繁栄の助けとなるということは、進化論生物学によって補強される論点である。

しかし、哲学的に学ぶことは、amusement、divertissement、distractionといった英語とフランス語を考慮すると、もっと複雑になる。ここでは、自己(あるいは客人)の支持を強調するのではなく、焦点を、重要性ははるかに低いと思われるが、私たちの注意を引く別のことがらに移してみよう。英語のamusementは、動詞museから来ている。そのもともとの意味は、熟考すること、不思議に思うこと、驚くこと、困惑すること、である。しかし、amusementもmuseも、フランス語のmuserに由来する。その意味は、つまらないことにのらりくらりと関わり、時間を浪費しぶらぶら暮らすこと、である。(5) したがって、amusementは、私たち自身や他人を支えるという真面目な役割をやめさせるのであり、その代わり、全く違ったことに深く思いを寄せることへと誘う。distraction、diversion、divertissementといった語はすべて(「引離す」「わきへ逸らす」という基本の意味を通して)、私たちが習慣的なまなざしの対象から逸れて、別のものへと向かうことを示している。ドイツ語のZerstreuen（それはヴァルター・ベンヤミンが映画やその他のポピュラー娯楽のdistractionを記述するために使っている）は、同様に、娯楽では、主体の注意は散乱させられ、高級芸術が要求する、そしてベンヤミンがSammlungと呼ぶ（それは、自己を集中させること、自己を落ち着かせることといった考えを伝えている）自己の集中とは対立的であることを示している。さらに、distractionをめぐる語源論から学ばれるべき重要な哲学的ことがらがある。しかし、それはさらに逆説的で相補的である。つまり、自己を維持するためには、同時に、自己を忘れ、別のものを見なければならないということである。集中を維持し、活気づけ、さらに深めるために、人は集中から注意を逸らさなければならない。そうでなければ、集中自体が疲弊し、単調になって集中は鈍くなる。これらの学びは、私たちの視覚の構造に刻まれていると言えるかもしれない。つまり、私たちは、身体の維持や回復を確かなものとすることに、内面でなく外界を見ることによって、成功するのである。この娯楽の逆説的構造、それは、豊かな相補関係において、注意を向けることと逸らすこと、集中と散漫、真面目な支えとおどけた楽しみ、といった外見上の対立物を結び付けるのであるが、それはまた、概念の系譜学のさまざまな局面において重要な表現を見出すのである。

Ⅲ　系譜学的省察

娯楽の概念史は、短く簡潔な説明をするには複雑すぎる。そこで、いくつかのキーポイントに光を当てるために、最も影響力のあるテクストだけに焦点を合わせることにしよう。まずは、プラトンの『パイドロス』（276a-277a）〔藤沢令夫訳『パイドロス』岩波文庫、一九六七年〕である。そこでソクラテスは、哲学を書くという考えに反対して、哲学と娯楽の間に鋭い対立を見る。書かれた話し言葉は、哲学のそれであれ、「楽しみのため」だけに価値がある。それは、話し言葉による対話を通してのまさに「真剣な」哲学的「問答法」とは対立的である。問答法は積極的に心に染み込み、「問答法を持つ人を誰でも幸せにする」。哲学は、したがって、教育という点においてだけでなく、快楽という点においても、楽しみに勝っている。ここで「楽しみ」に対して使われているギリシア語はパイディアであり、それは教育を意味するパイデイアと極めて近しい。というのは、どちらも子どもに関係する共通の語根を持っているからであり、それはプラトンが『法律』〔森進一ほか訳『法律（上）（下）』岩波文庫、一九九三年〕の第二巻で展開する論点である。子どもじみた「悪ふざけ」や遊びというように平凡化され、娯楽は、真面目で統制のとれたものであるべき真の教育とは対立させられる。(6) 模倣芸術は、強い娯楽機能を持っており、プラトンにとっては、単に真理からの子どもじみた逸脱だというだけでなく、真理を欺いて歪めるものであり、魂の堕落である。それゆえに、プラトンの『国家』〔藤沢令夫訳『国家

（上）（下）』岩波文庫、一九七九年）は模倣芸術を激しく非難し、第一〇巻の模倣芸術の追放にまで至るのである。

アリストテレスの『詩学』は、悲劇の美的価値、すなわち形式主義的統一とカタルシスによる解放の快楽を評価する独自の規準を設けたが、彼の時代の芸術的娯楽に対するアリストテレスの擁護は、やはり、真理という哲学の高級な価値に依拠している。したがって、芸術の模倣による快楽（pleasure）は、哲学の高級な認識の悦び（joy）の低級版である。アリストテレスが詩を賞賛するのは、それが「歴史よりももっと哲学的で厳粛である」からである。というのは、詩は、過去の単なる偶発的な個別的事象を記述するのではなく、「生起の可能性のあるもの、すなわち蓋然的あるいは必然的に可能であるもの」を記述するからである。したがって、詩は、個別的事象の固有名を使うのだけれども、「その記述は、本性、さらには普遍性についてであり、一方、歴史が記述するのは個別的なことがらである」[7]。

近代思想の黎明期、ミシェル・ド・モンテーニュは、読書をめぐる議論において、娯楽と真面目な哲学的知恵の間にある、古代からの区別を見ている。しかし、彼は、真面目な思惟と戯れの楽しみ（playful amusement）という伝統的な階層構造を疑問視し、今は専ら楽しみのために読書をしていると満足げに述べている[8]。モンテーニュは、『エセー』の「書物について」（II: 10, p. 297）で次のように書いている。「私は、書物には、正しい楽しみ（amusement）による快楽を得ることしか求めない。仮に勉強するにしても、私自身についての知識を扱う、そして良く死に良く生きることを教える学びしか求めない」。モンテーニュはさらに後のエッセイで、この好みを確認している。若いころは見栄のために読書をしたが、それから後には知恵のために読書した。今は、「レクリエーションのため」だけに読んでいると述べる。楽しみを愛好することに対する批判を予想して、モンテーニュは反論する。「もし誰かが私に対して、ミューズの女神をただ慰みものや気晴らしとして使うのは、女神の品位を落とすことだと言うとしたら、その人は、私とは違って、快楽、遊び、気晴らしの価値を知らないのである。私は、その他の目的などは馬鹿げたものであるとさえ言おう」(Ⅲ: 3, p. 629)。

モンテーニュは、軽薄でつまらない精神の持ち主だと誤解されてはならない。彼の大部の『エセー』を生み出している緊張に満ちた自己探究の巨大な仕事が、そのことを明らかにしている。彼は、また、「自分自身の思考を楽しむ」という思索活動は、娯楽の一形態であると主張した。その娯楽は、強い精神の持ち主においては、知的要求と快楽の両方のあらゆる活動に見合うものである。しかし、長引く激しい自己省察は、危険なほど身心を疲弊させ心を動揺させるものであることを感じて、モンテーニュは、「落ち着き、安らぐ」ために、精神を別の快楽へと向けなければならないことを認めている。書物が、彼にとってのお気に入りの気晴らしであった。というのは、その「楽しみ」は、自己探究の過酷さからの休息を与えるだけでなく、精神につきまとって苦しめる「やっかいな観念から逃れること」を精神に可能にするからである。これに続く「気をまぎらすことについて」というエッセイは、私たちの最も厄介な一途な思い込みを克服するための、気を逸らすことの実践的、治療的価値を、より一般的な形で強調している(9)。

全く簡単で、ばらばらな形ではあるが、モンテーニュの娯楽についての説明は、三つの重要なポイントを含んでいる。第一に、娯楽は、過度の労力を要求するような形や、思索のような形を取ることがあるのであり、それは単に快楽だけでなく、精神のすぐれた修練をも含みうるということである。したがって、娯楽や快楽の追求と真面目な知的活動は、両立不可能なものではない。第二に、より一般的に言って、快楽は取るに足りない価値ではないのであり、娯楽と快楽の深い結び付きは、その価値を貶めるものではなく、むしろその価値を高めるものであるということである。第三に、娯楽が精神から逸れることは、注意を逸らすことで精神を弱めてしまうといった否定的な特徴を持つものではは必ずしもなく、むしろ、相補的なあり方で、精神の活動の焦点とスタイルを変える中で、精神に安楽と既存のものに代わる修練を与えることで、精神の力を強めるということである。

一八世紀に、娯楽の観念は、単に生と思惟の真面目な実践と対立させられるのではなく、より真面目な形式の芸術とも対立させられるようになった。例えば、一八世紀イギリスの新古典主義の中心人物であるサミュエル・ジョンソンは、「娯楽」の特性として「低級な喜劇」に当てはまる特定のことがらを見ており、娯楽という言葉が「さまざまな性格のパフォーマンスの寄せ集め、例えば、音楽が詩の朗読、熟練技などと結び付けられるような」、そうしたものを意味するようになっていったことを記している。(10) ディドロの『百科全書』では、Divertissement という項目が同じようなポイントを示唆している。当時の芸術における divertissement のより技術的な意味、すなわち、「演劇やコンサートで演奏される、音楽に付けられた小さな詩。二幕ものあるいは一幕ものの喜劇の最後に置かれる歌と一緒になった踊り」そして「特にオペラの幕間にエピソードとして差し挟まれた踊りと歌」といった意味が指摘された後、その項目は、より一般的にdivertissementを、「個々の楽しみ、レクリエーション、祭り（rejouissances）を包括する類概念」と規定している。いくらか違ったニュアンスがあるけれども、これらの四つの語は、「類義語であり、その基礎には、気を紛らすこと（dissipation）あるいは快楽がある」と述べられている。この項目の最後の記述、すなわち「その目的として有用物あるいは必要物を取らないすべてのdivertissementsは、怠惰と快楽への愛着の結果である」は、単なる娯楽と真の芸術との対立を示唆している。ディドロが別のところで書いているように、「真の芸術の最高の価値は、快楽と有用性を結び付けることにある」。もちろん、このことは、芸術それ自身は一種の娯楽だとは言えないとか、娯楽は無用な快楽の怠惰なことがらに限定されなければならない、といったことを意味しているのではない[11]。

イマヌエル・カントの有名な『判断力批判』において、娯楽（Unterhaltung）という観念は、「低級」「高級」の両方の含みを持って使われている。娯楽という観念は、美とは区別される快適の感覚的で関心付けられた快に適用されるものである（第一章〔美の分析論〕第七節）が、後には、美の経験を特徴付ける心的能力の無関心的で（すなわち特定の目的を持たない）自由な娯楽（「心的能力の自由で、不定の合目的性の娯楽〔楽しみ〕」）（'freie und unbestimmt-zweckmässige Unterhaltung der Gemütskräfte'）に対して使われる[12]。フリードリッヒ・シラーが美的なものと遊戯と仮象の世界を肯定的に結び付けることは、遊戯の概念を通して表現された娯楽という積極的な人間の欲求を認めているのである。「人は、言葉の完全な意味において人間であるときにのみ遊ぶのであり、遊ぶときにのみ全き人間なのだ」[13]。また、シラーは、遊戯の高貴な価値について、人間の自由の表現と、道徳的啓発の非強制的で効果的な形式、の二つを主張する。仮象（Schein）の概念は、明らかに遊戯（Spiel）の概念と、そして娯楽の見世物的意味と関係しており、シラーによって同じように、自由の場所と道具として価値を与えられている。カントの『判断力批判』が、娯楽の観念において、関心付けられていることと自由な探究の両者の危ういバランス（それは必然的に、快適の低級な世界と美の高級な認識の世界との間の用語の両義性をもたらす）を主張するように、シラーの遊戯の理想は、娯楽は（その高貴な形式において）それ自身、理想の形式と物質的な生の完璧な釣り合いを生み出し、象徴することを示しているのである。

しかし、このバランスのとれた娯楽についての見方は、影響力の大きなヘーゲル美学によって決定的に妨げられる。ヘーゲル美学は、理想に向けての精神性を決定的に重要なこととした。ヘーゲルにとっては、娯楽は、明らかに、芸術の名に値しないもののことを意味しているように思われる。芸術の価値について主張する彼の『美学講義』の冒頭の部分で、ヘーゲルは、真の芸術を、「媚びへつらう」芸術的気晴らしからはっきりと区別しなければならないと感じている。その芸術的気晴らしとは、「快楽や娯楽といった働きをするはかないゲーム（'ein flüchtiges Spiel ... dem Vergnügen und der Unterhaltung zu dienen'）」であり、「生に結び付いた愉快さ」（'dem Äusseren der Lebensverhältnisse Gefälligkeit'）」といった表面的な目的に奉仕するゲームでしかない。つまり、娯楽には、快楽や表面的な目的に隷属する下級の領域といったレッテルが与えられているのである。それに対して、美的芸術（die schöne

Kunste）のみが、そのような隷属性から自由になるとき、真の芸術（wahrhafte Kunst）となる。ここに、すでに私たちは、芸術と娯楽の間にある強い対立を見るのであり、それはポピュラー芸術をめぐる今日の議論に今でも影響力を持っている。

しかしながら、芸術という「自由な技術」と彼が呼ぶものについての明瞭な主張にもかかわらず、ヘーゲルは、それらの芸術を本当に自由にするわけではない。というのは、ヘーゲルは、暴君的に、芸術に「最高の課題」、すなわち、「簡単に言って、造物主、人間の最も深い関心事、そして精神の包括的な真理を、一つのあり方で意識にもたらし言葉にすること」を与えているからである[14]。つまり、ヘーゲルは、娯楽、すなわち仮象を通しての快楽という目的によって「卑屈である」とされるものと、真の芸術、すなわちその自由が、神、真理、理想に隷属することによって逆説的に規定されるものとの間の妥協のない対立を、明確にすると同時に曖昧にもしているのである。このヘーゲル的態度は、残念ながら、今もなお、現代美学を支配している。その観念論的転回は、芸術における美や快楽以上に真理に特権を与えたのであり、同時に、芸術作品を自然の見事さ以上に高く持ち上げたのであった。

ニーチェは、娯楽と芸術や思想との関係について、もっと複雑で有益な見方を示している。彼はこの語を大変軽蔑的に、浅薄な快楽や退屈を紛らすために時間をつぶすといったつまらないことがらを意味する語として使う。実際、ニーチェは、「娯楽」という語を、芸術的表現の領域におけるくだらなさを非難するだけでなく、知識や哲学の領域におけるくだらなさを非難するためにも使っている。「教育者としてのショーペンハウアー」（第六節）において、彼は、いかに学問の書物とそのつまらない真理が、単に「娯楽の手段あるいは退屈に対する蝿たたき（'Mitteln der Unterhaltung und an Fliegenklappen gegen die Langeweile'）」になっているか、あるいは「遊戯（play）（'Spieltrieb'）」や「楽しみ（amusement）（'Ergötzlichkeit'）」となっているかと、不平を言う。同様に、「バイロイトのリヒャルト・ワーグナー」という文章で、ニーチェは、その目指すところが天才でなければならぬ真の芸術と文化を、彼の時代の「有害な（'verderbliche'）」「芸術娯楽（'Kunst-Unterhaltungen'）」と彼が呼ぶものと対立させている。しかし、この「惨めに隠された、何としても楽しみや娯楽を求める中毒症（'schlecht verhehlte Sicht nach Ergötzlichkeit, nach Unterhaltung um jeden Preis'）」は、普通の人々のポピュラー芸術と同じなのではなく、むしろ、「知識階級（"Gebildete"）」や「学者（"Gelehrte"）」の公式的な高級芸術と同じものなのであり、まさに、普通の人々を「詩作する人々（"das dichtende Volk"）」とするワーグナーの見方とは対立するのである。(15)

他方、『この人を見よ』（「なぜ私はこんなに利口なのか」第三節）において、ニーチェは、「レクリエーション（'Erholung'）〔回復、休養〕」という考え方を通して娯楽の積極的な力を表現している。ニーチェは、レクリエーションを、風土と食物の選択とともに、自己への配慮にとって本質的なものであり、自分自身から離れ、「真面目さ（"Ernste"）」の自己要求を回避することを可能にするものと見ている。ニーチェは、実際、「いかなる種類の読書も、私にとってはレクリエーションである」(16)と主張している。モンテーニュのような自己瞑想の激しい実践家であるニーチェは、先に語源論とモンテーニュから探り出した、娯楽の気を逸らすことの豊かなパラドックスを主張しているように思われる。

つまり、自己は、自身への注意から自由になることによって支えられ強められるのであり、真剣な自己への配慮は、自己自身からの逸れを楽しむことも含んでいるのである。そして、このパラドックスは、思うに、もう一つの相補的な学びを意味している。すなわち、自己は、自己自身を忘れることと、自己の関心をより広い世界に突き放つことによって、拡大され、そして改善されるということである。真の成長は、何かより大きなものを獲得するために、現在の状態から離れることを意味している。この学びは、また、現代芸術にも広げてみることができるだろう。現代芸術の強烈でしばしば狭隘な自己への集中（それ自身の内的な歴史、理論、代表作、そして当然のように考えられる本質への集中であり、現代芸術が位置している自然や人間生活といったより広い世界に目を向けるのではない）は、すでに力と魅力を失ってしまっている。

モンテーニュとニーチェが娯楽の価値を、気を紛らす遊びと回復のためのレクリエーションによって精神的な力を相補的に強めることにはっきりと認めているように、私は、娯楽の認識への寄与に関するもう一つの仮説を敢えて呈示してみたい。それは、娯楽の緊張緩和の機能は、集中力を回復することを可能にする息抜きや気晴らしを与えるだけでなく、過剰な努力や重圧から来る筋収縮の不必要な緊張によって引き起こされる感覚障害を抑えることによって、知覚の感受性を鋭くすることができるということである。この仮説は、少なくとも部分的に、有名なウェーバー＝フェヒナーの法則に見られるような精神物理学の古典的発見によって支持される。この法則は、私たちが通常の経験からも知っている真理を定式化している。つまり、刺戟を受ける器官によって経験される、すでに前からある刺戟が小さければ小さいほど、より明瞭かつ容易に刺戟は感受されうるが、その刺戟が感受されるためには、前からある刺戟の大きさに応じて刺戟は大きくなければならない(17)。煙草の火は、輝く日の光の中では近距離からほとんど見ることができないだろう。しかし、夜の闇の中では遠くから見えるだろう。真夜中の森の静けさの中で聞く風が揺らす木の葉の音は、日中の都市の喧騒の中では聞こえない。同様に、拳を硬く握り締めた、あるいはぴんと指を伸ばした手は、筋肉の緊張のない柔らかな手のように手触りや触感の微妙な違いに鋭敏ではないだろう。娯楽のリラックス機能は、単に回復のための気晴らしだけでなく、新たな洞察のためのより繊細な感受性をも与えるのである。

不幸にも、ニーチェの後、芸術の娯楽機能を低く評価するドイツ哲学の主潮が再び現われる。マルティン・ハイデガーは、芸術作品は、「単なる芸術的享受のためだけに示される」のならば、真に呈示され保存されるものではないと主張する。というのは、芸術の明らかな本質は、快楽や娯楽ではなく、「真理の生成」だからである。ハンス－ゲオルク・ガダマーの美学は遊戯の観念を強調するのだけれども、芸術の存在論的・解釈学的啓示を強調し、他方、芸術の娯楽としての機能を否定し、「美的直接性」や体験の誘惑的な危険に注意を促している(18)。快楽やさらには美以上に真理を特権化するドイツ哲学におけるヘーゲル主義の傾向は、アドルノにおいてさらに際立ってくる。アドルノはマックス・ホルクハイマーとともに、「文化産業」という軽蔑を含んだ見方を用い、ポプュラー芸術という娯楽を侮蔑した。そのいわゆる従順で精神性を欠いた快楽は、「空虚な時間をさらなる空虚さで埋める」というのである。アドルノにとっては、芸術の娯楽的な快楽は、認識と全く対立するもののようである。彼は言う。「芸術作品を楽しむことが少ないほど、人々は芸術についてより多くのことを知る。その逆も言える」。芸術的価値についての議論の中で、アドルノは、明らかに、快楽は真理のために犠牲にならなければならないと考えている。「偽りの世界では、あらゆる快楽は偽りである。このことは、芸術的快楽にも当てはまる。……つまり、芸術の本質は楽しむことであるという、まさにその考え方が捨て去られねばならないのである。……芸術作品が真に私たちに要求するのは知識であり、さらに、適切な判断のための認識能力である(19)」。

しかし、なぜ、真理と娯楽、知識と快楽の間には本質的な対立があると見なければならないのだろうか。或る一人の重要なアングロ－アメリカの詩人・批評・理論家が、賢明に、これらのことがらの豊かな相互連係を主張し、それゆえに、知的意味内容を否定しない芸術の娯楽性を認めることができるかに留意すべきである。T・S・エリオットは、レミ・ド・グールモンの考えに触発されて、詩は「すぐれた楽しみである」という有名な定義を残した。エリオットはすぐに注意を促し、それは「すぐれた人々のための楽しみを意味するのではない」と述べている。エリオットは言う。芸術はすぐれた楽しみを生み出す。なぜなら、芸術の快楽は、単に感覚に訴えるものではなく、知性にも訴えかけるものだからである。「或る詩を理解することは、正当な理由でそれを楽しむことと同じことである。それは、その詩が与えることができる楽しみを詩から獲得することを意味する、と人は言うかもしれない。それが何であるかということについて誤解のもとで詩を楽しむことは、私たち自身の精神の単なる投影であるものを楽しむことである。……詩を理解することなしに詩を十分に楽しむことはないことは確かである。それに対して、詩を楽しむことなしに詩を十分に理解することはないことも、同じように正しい。そして、そのことは、詩を、節度を持って、他の詩にも目を向けて、適切な仕方で楽しむことを意味している」[20]。

美的快楽と認識の間の対立を脱構築することによって、エリオットは、さらに、高級芸術、すなわち（ヘーゲル流の）崇高な真理への献身と思われるものと、他方、単なる快楽におもねると思われる低俗なポピュラー娯楽との間の二分法にも異議を申し立てようとした。二分法の代わりに、高級芸術と娯楽との連続性を見て取り、エリオットは述べる。良き詩人は「ポピュラーな芸人のようなものであることを望むのであり、詩の楽しみを伝えたいと考えるのだ」。詩人を預言者的天才や深遠な真理の感知者とするようなロマン主義的な見方を痛烈な形で非神話化し、エリオットは詩人のために「ミュージック・ホールのコメディアンの役割と同じように重要な社会の中で果たされるべき役割」を喜んで確保したいと言う。そして、彼は、敢えて、自身の詩作を、より大きな観客を獲得するために、演劇にしていくのである。熱烈なミュージック・ホールのファンであるエリオットは、高級芸術やポピュラー芸術の観客が交わりのない人々であるかのように語ることは素朴であることに気づいていた。それは、高級芸術の作品が広く人気を獲得することはありえないとか、日常的なポピュラー文化から生まれた作品が高い美的価値を獲得することはありえないなどと考えることが、誤りであるのと同じことである[21]。

それにしても、たいていの文化批評家たちは、芸術と娯楽を鋭く対立させる。娯楽は、くだらない快楽追求、下層階級の低俗さと見なされている。文化と概念の経済性の多くの要素が、この見方を大変魅惑的なものとしてきた。快楽の観念は、その中心に肉欲を含んでいるために、観念論哲学と超俗的キリスト教は、彼らの価値の領域を、そのような低級な肉体的堕落から遠ざけようと企てたのであった。労働と倹約のプロテスタントの倫理は、長く北アメリカとヨーロッパで、地位を保ってきたが、それもまた快楽には悪しき名前を与えてきた。さらに、理論家たちの典型的なハビトゥスを作り出す知的禁欲主義は、理論家に快楽の豊かな価値を十分に認めさせないようにしている。近代の自然界の世俗化と伝統的な宗教的信仰の欠如によって、芸術はますます、私たちの神聖化の傾向の拠点として機能するようになった。たとえ芸術の神聖なオーラが（ヴァルター・ベンヤミンが指摘するように）、芸術作品の機械的再生産によって正当性が奪われているとしても、芸術を超越的・超俗的価値として保持しようとする欲求は依然として存在している。世俗的な社会では、文学の古典が私たちの神聖なるテクストとなった。また、美術館が、超俗的啓発のために週末に訪れる場所として教会に取って代わったのである。

しかし、もし芸術が神聖化されるべきだとすれば、それは娯楽からはっきりと区別されなければならない。というのは、娯楽は世俗的な快楽と結び付いており、それは現実的な人間生活の活力を回復させるためにあるのであり、芸術のロマン主義的「神学」によって賛美される超俗的な永遠の生命の超越的世界に深く献身することではないからである。快楽と生、この二つは、プラグラマティズムの美学が芸術に見出す重要な価値である。この二つは、逆説的にも、娯楽が糾弾されるときの主たる罪である。そこで、本論考の最後の節においては、これらを守る議論を展開してみよう。しかしながら、常識で考えてみるならば、そんなことは何も必要のないことではあるのだが。

Ⅳ　快楽と生

まず快楽から始めよう。というのは、私の美学は、しばしば快楽主義と批判されてきたからである。しかし、私は快楽が芸術と生の唯一の、あるいは最高の価値であるなどと主張したことは一度もない。(22)ただ、カント以降の美学は快楽の重要性を退けるという間違った傾向にあり、快楽の論理の複雑さと、快楽の形式と快楽の使用のあり方の多様性を取り逃がしていると、私は考えている。この多様性は、快楽に関する膨大なボキャブラリィにおいても示唆される。それは単なる一語をはるかに超えている。感覚的な悦楽（voluptas）と宗教的な悦び（gaudium）の聖なる高みの間の伝統的な対立に加えて、delight（歓喜）、pleasantness（愉快）、gratification（満足）、gladness（嬉しさ）、elation（上機嫌）、titillation（快感）、fun（楽しみ）、exhilaration（陽気）、enjoyment（享楽）、exultation（狂喜）、bliss（至福）、rapture（夢中）、ecstasy（恍惚）などがある。fun と pleasantness は軽さの意味を持ち、取るに足らないことを示唆しうる一方、rapture、bliss、ecstasy といった概念は、明らかに、どれだけ深く強い意味を持った快楽が可能であるかを示している。そのような快楽は、真理と同じように、聖なるものについての私たちの観念を構成するのを助け、私たちの最大の深みを持った価値を生み出し、

強化することを可能にする。(23)

近代の経験主義は、快楽（そしてより一般的には経験）を、主体を経験するという個人の心的世界にのみ存在する消極的な感覚と関連付けて理解する。そのように考えられれば、快楽は取るに足りないものでしかないだろう。しかし、快楽はそのような孤立した消極的感覚ではない。むしろ、アリストテレスが認めるように、それはあらゆる活動の一種の質であり、その活動をより魅力的でやりがいのあるものとし、その活動に対する私たちの関心を強めることによってその活動を活性化することで、その活動を「完成」させ、高めるものである。したがって、快楽は、快楽が経験される活動から切り離されえない。テニスを楽しむことは、汗ばむラケットを持つ手や走る足に強烈な快感情を経験することではない。（そのような感情はゲームから私たちを引離してしまうだろう。）そうではなくて、テニスを楽しむことは、楽しんで、夢中になってゲームをプレイすることである。同様に、芸術を楽しむことは、何か別のもの、例えば、良質のエスプレッソやスチーム・バスのようなものから得られる或る種の快感を持つことではない。芸術作品を享受することは、特定の作品の質と意味を知覚し理解することで快楽を得ることである。その快楽は、作品への私たちの注意を強めるものであり、私たちが作品を知覚し理解することを助けることになる。このアリストテレス的な見方は、詩を楽しむことと理解することの本質的な結び付きについてのエリオットの見解の背後にあるものである。

私たちの活動を強化することによって、快楽は、生の完成に寄与する。徹底的な放蕩者とは対照的に、スピノザは、実際に、快楽を「人が完成の低い段階から高い段階へと移行すること」と捉え、

「快楽によって影響を受ければ受けるほど、私たちはより大きな完成へと至る」と述べる。そして冷静なアリストテレスもまた次のように述べる。「快楽のために生を選ぶか、それとも生のために快楽を選ぶか、両者は互いに密接に結び付いており、分断することはできないだろう。というのは、活動がなければ快楽は生じないのであり、すべての活動は、それに伴う快楽によって完全なものとなるからである(24)」。

現代の進化論は、生と快楽のこの結び付きを裏付けている。生の最も強力な快楽のいくつかは、種の保存のために（少なくとも最近の遺伝子工学以前は）必然的である滋養と生殖の活動と密接に結び付いている。欲望の快楽の論理は、熟考の理性とは違って、より速く、より強力に、私たちが必要とするものに私たちを導く。生を甘美なものにする以上に、快楽は、生が生きるに値する保証を与えることで、持続する生により大きな可能性を与えもする。美的娯楽は、まさに、こうした生を充実させる快楽に寄与するのである。

強い影響力を持ったカント的伝統は、非常に特異なタイプの美的快楽を強調する。それは、狭く捉えられ、私たちの認識能力の調和的遊戯から生じる純粋形式の知的快楽である。一方、プラグマティズムの伝統は、美的快楽をもっと広く捉える。まず、もっとも単純に、色、形、音、動きなど、豊かな質の感覚の多彩な快楽がある。芸術作品の魅力的な感覚的質によってかき立てられる、高められた知覚の快楽は、芸術の名に値する特別な美的経験として、知覚の通常の流れから芸術作品を際立たせるものである。それは、私たちを夢中にさせ、また、退屈な日常生活の雑事からの娯楽の楽しみを生み出す経験でもある。

確かに、美的快楽は、しばしば、強烈な喜びを与えるものであり、それゆえに、美的快楽は、より高い実在の領域への形而上学的あるいは宗教的超越を示唆する。インド哲学は、ラサ（芸術において、最も典型的なかたちでは演劇において、表現される特別な感情）という美的快楽は、その力と「至福」という質において「超越的」あるいは「超俗的」であると主張する。天上の快楽という意味は、また、日本語の娯楽という語のもともとの意味においても明らかである。その意味は、天女からもてなしを受けることを示している。(25) 美的快楽は、激しいがしかし十分に制御された感情の経験を含み、それだけでなく、意味深さとコミュニケーションに対する私たちの要求を満たす、意味と表現の満足をも含む。そのような快楽は、創造的な芸術家やエンターテイナーだけでなく、批評家や一般の人々をも刺戟する。彼らは、経験する快楽を説明し、さらに、豊かさをもたらす分析を通して快楽を深めるために、解釈に関わるのである。

意味と表現の快楽は、しばしば曖昧にされている美的快楽のもう一つの側面、その社会的次元を指示している。非常にしばしば、芸術や娯楽の楽しみは主観的なものにすぎないものであり、基本的に私的で狭く個人的なものであると考えられている。しかし、快楽には放射状に広がる特徴があり、それが快楽を単なる個人的満足を超えたものにする。快楽は伝染するのである。或る子どもが歌を楽しんでいるのを見るとき、私たちは、その子の喜びに喜びを感じる気持ちになるだろう。たとえ、私たちがその子を知らなくとも、また、その歌が取り立てて美しいと思わないとしても、である。私たちは、喜びを経験するとき、間違いなくそれを他人と分かち合いたいと考える。そして、私たちは、美的経験を共有するのと同じように、美的快楽を共有することが可能なのだ。芸術の催し物、映画、ロック・コンサートを観賞している私たちの誰もが、それぞれの心の中で美的快楽を感じるのであるが、それは、楽しみの共有される性格を否定するものではないし、私たちの楽しみが共有されるという感覚によって高められる事実を否定するものでもない。美的経験は、何か有意義で価値のあるものを共有し合っているという感覚から強度を獲得するのであり、それは共有された快楽の感情を含んでいるのである。コミュニケーションの魅惑的な快楽によって社会を統一するという芸術の力は、シラーからデューイまで繰り返されるテーマであるが、マス・メディア娯楽の統一力は、けなされはするのだけれども、ポピュラー芸術の批評家によって、同様に認められている(26)。

私たちは芸術と娯楽の美的快楽を取るに足らないものだと考えるべきではないということを議論してきた。というのは、その美的快楽は、実に多くの有意義なあり方で、生の維持、意味、豊かさに貢献するからである。しかし、その生への奉仕が、まさに、哲学者たちが娯楽を取るに足らない、文化的価値を欠いたものと軽視する理由である。美的なものを無関心的で目的を欠いたものと見なすカントの思想と、芸術の自由と精神的超越といったヘーゲルの観念論を結び付けると、その議論の行方は、芸術と娯楽を鋭く対立させることとなる。そこでの主張は、娯楽は生に奉仕する実際的機能を持っているが、真の芸術作品は、手段や機能といった価値の低い役割を避け、まさに人間的生の範囲を超越する、ということである。ハンナ・アーレントは、この見方の強力な一例を示している。

アーレントは言う。娯楽は、「社会の生のプロセス」に対する実際的な有用性を有している。というのは、娯楽は、「労働という生物学的に条件付けられたサイクル」の中の「空いた時間」を、リラックスした形で、経験の消費のための楽しい商品で満たすからである。しかし、アーレントは、それでもなお、「大衆娯楽の騒々しいくだらなさ」を、芸術の永続的な事物の創造と対比して、非難する。その永続的な事物を、アーレントは文化の特別な永遠世界に属するものと見る。その世界は、完全に、「生物学的生」の領域と必然性の外にあり、その世界の美と価値は、あらゆる欲求と機能を超え、自由の永遠の世界に存在しているのである。(27)「文化は対象に関わり、世界の一現象である。娯楽は人々と関係し、生の一現象である」(p. 208)。「私たちは皆、生の大きなサイクルに従わざるを得ないがゆえに、何らかの形で娯楽と楽しみの欲求の中にいる」のだけれども、そのことを美的あるいは文化的探求と混同させてはならない。「娯楽は、労働と睡眠と同様に、生物学的生の過程の消去不可能な部分である」。それは、消費の「新陳代謝」である。それゆえに、娯楽は、経験の消費のための「商品」、すなわち、使われる、そして「使い切られる」機能的な「消費財」を与えるだけである(pp. 205, 206, 208)。「その消費財は、……余暇に、……労働と睡眠がなしえたものの後に残った、本質的に生物学的なものに奉仕する」(p. 205)。それに対し、芸術作品は、使用されるのではなく、純粋に「無関心的な」静観によって観照される。その「永続性はまさに機能性の対極にある」あるいは生の過程における使用とは対極にある(というのは、アーレントにとって、その使用は「使い切る」ことを意味しているからである)。「芸術作品は、社会の生の過程において何らの機能も持たない唯一のことがらである。

厳密に言えば、芸術作品は人間のためにではなく、世界のために作られる。それは死すべき人間の生の長さをより長くすることを意味する」(pp. 208, 209, 210)。要するに、娯楽は、人間の生を維持し、より良いものにするために奉仕する「手段」であるが、芸術作品は純粋な目的物であり、「内在的、自立的な価値」のことがらであり、「あらゆる有用性や機能性には依存しない存在であり、その質はいつも同じままであり続けるもの」(pp. 215-216) である。アーレントにとっては、芸術の「美はまさに永遠性の発露」であり、一方、「娯楽産業」は、芸術の不朽の永遠的な美を略奪し堕落させようとする危険なものであり、芸術の美を人間的な消費の使い捨ての商品に変えてしまうのだ (pp. 207, 218)。

アーレントの立場は、高貴な壮大さと無関心性の無私無欲の純粋さという意味を持っており、それはまず魅力的なものとして私たちの気持ちを打つだろう。確かに、芸術は、生の生物学的な消費過程のよどみのない機能の遂行のための単なる手段以上のものである。しかし、なぜ私たちは、生と機能性を、そのような狭い生理学的な見方と同一視すべきなのだろうか。人間の生は、絶えず生物学的なものを超えている。人間の生は、本質的に、意味、生成、そして行為を含んでいるのである。そして、人間の生と、それを活性化するための人間の経験を欠いた文化の世界とは、いかなるものなのだろう。それは、永遠なるものというよりも、生命のない事物の集合だろう。機能や手段は低級で卑しいものである必然性はない。哲学や芸術の研究は、それが知恵や美といった目的に奉仕するからといって、卑しい行いだということになるのだろうか。アーレントの理論の根底にあるのは、哲学がアテネの階級制から引き継いだ貴族主義的態度である。それは、制作のあらゆる手段と行為を召使の下層階級と結び付け、この「実用の」仕事を、「最も高貴な自由人の階級」の純粋な静観と対立させる態度である。アーレントにとっては、「あらゆる形式の構成物〔「それは芸術制作も含む」〕」の危険は、「まさにその本性によって功利的であることである」。それゆえに、絶えず手段を含み「実利的な心性」を助長する(pp. 215, 216, 219)。もっと民主的な見方を有する哲学であるプラグマティズムは、違ったように議論する。つまり、目的が重要であるならば、その目的を達成するのに必要な手段もまた重要でなければならないのである。さらに、プラグマティズムは、手段の概念を再構築し、手段が、それが奉仕する目的に実際いかに組み込まれているかを示す。例えば、絵を描くための手段、筆使いや彩色は、最終的な絵画作品の一部を構成するのである。

人間の生の欲求と目的を超えたところに存在する文化、芸術、美の世界をアーレントが擁護することは、事物に対する人間的視点についての近代美学の先入観に不満を持っている理論家の気を引くかもしれない。しかし、芸術、美、娯楽の生の価値についてのプラグマティズムの主張は、専ら人間の領域に限定されていると考える必要はない。色、形、動き、歌の美は、より広い自然界の生の舞踊である。人間はその自然界に属しており、その自然界を通して形作られている。人間主体に対して美的経験を構成する力と素材は、より広い環境世界に属しているのである。美的経験は、正しく言うならば、人間主体の頭の中にただ存在するものではなくて、より広いコンテクストの中にある。そのコンテクストは、主体と芸術あるいは自然美といった客体との相互作用に枠組みを与える。そして、プラグマティズムにとっては、人間主体それ自体が、まさに、自然と歴史というより大きな世界の素材と力からの、変化する暫定的な構成物である。皮肉にも、芸術を（娯楽に対して）人間の生への奉仕を超える一つのあり方として擁護する中で、アーレントは、明らかに「ヒューマニズム」と見なしている観点から議論を展開している。それは、人間が作った持続する文化の世界とその「精神の教養」（p. 225）の礼賛である。さらにもっと逆説的なのは、アーレントは芸術と美を、生との機能的関係を持たない歓喜に満ちた現象という純粋目的と見なすことを主張するのであるが、しかし、アーレントは、結局は、芸術と美は生に対する最大の奉仕、すなわち永遠化による生の弁明をなすものだと述べてしまうのである。「言葉と行為のつかのまの偉大さは、（芸術作品によって）それに美が与えられるとき、世界の中に生き続けることができる。……美、すなわち潜在的な永遠性が人間世界に現出する燦然たる輝きがなければ、すべての人間の生はむなしいものとなり、偉大なるものは生き続けることはありえないだろう」（p. 218）。逆に、美は、アーレントの議論では、持続性を獲得し永遠性に到達するための媒体として、人間の文化的創造の公共的な対象性を必要とするだろう。もし、芸術が永遠化によって生に奉仕するのであれば、娯楽は、その意味と快楽がよりはかないものであると言われるがゆえに非難されることになるのである。

プラグマティズムは、アーレントによって主張された美の永遠性と対比してはかないからといって、芸術と娯楽の快楽を侮蔑することはしない。私たちの全世界が変化の世界であり、絶対的な永遠性など存在せず、相対的な安定性しかないことを考えれば、プラグマティズムは、美と快楽がはかなく変化しやすい性格を有するがゆえに、それを賞賛する。実在を永遠性と見なすことを止めることによって、プラグマティズムは、つかの間の美しさやわずかにこみ上げてくる喜びといったものが、はかないものであるがゆえに、実在的でないとか、心を動かさないとか、慈しまれないとか、そういうことはないことを認める。まさに、美、芸術、娯楽の快楽には、永続的でないけれども価値があるだけでなく、永続的でないがゆえにさらに価値があるものもあるのだ。おそらくあなたがたは、哲学を娯楽的な芸術とは見なさないだろう。たとえ私が、哲学は私の目覚めている時間の多くを楽しませるがゆえに、哲学を娯楽的な芸術と見なすと述べたとしても。しかし、哲学の快楽は（多くの快楽と同様に）はかないものであり、またそれがゆえに一層偉大なものでありえる。一つのそのような哲学的快楽が、この講演に出席することであった、そう私は期待する。その壊れやすく疑問を含む楽しみを、私は引き延ばそうとすることで破壊したいとは思わない。

註

（1） Shusterman, R., *Pragmatist Aesthetics: Living Beauty, Rethinking Art*, Oxford: Blackwell, 1992.〔シュスターマン（秋庭史典訳）『ポピュラー芸術の美学――プラグマティズムの立場から』勁草書房、一九九七年〕ならびに *Performing Live: Aesthetic Alternatives for the Ends of Art*, Ithaca: Cornell University Press, 2000 を参照。

（2） *The Oxford English Dictionary*, 2nd edition の見出し語「popular」（vol. 10, p. 125）を参照。

（3） 私は「ポピュラー」という語を好む。というのは、「大衆的（mass）」という語は、差異のない、非人間的な特徴の集合体を示唆するからである。それに対し、ポピュラー芸術の観衆は、或る程度重なることはあっても、実際のところ極めて特徴的な差異を有している。或る芸術がポピュラーであるために、最も一般的な趣味の大衆的あるいは主流派の観衆を必要としない。私が「大勢の（multitudinous）」観衆と呼ぶものがあればそれでよい。したがって、パンク・ロックやラップ・ミュージックといったジャンルは、主流派の社会の趣味や価値に反しているとしても、ポピュラー芸術たりえるのである。

（4）Levine, L., *Highbrow/Lowbrow: the Emergence of Cultural Hierarchy in America*, Cambridge: Harvard University Press, 1988 を参照。

（5）この語は、ぼんやりと眺める、無為に時間を過ごす、ぶらぶらすることを意味する musare というイタリア語と関係があるとする見方もある。

（6）娯楽に対応するラテン語 oblectatio は、魅惑的な気晴らしをその主要な意味とするが、それもまた子どもじみたというコノテーションを持っている。というのは、その語は、魅惑することと、母乳を飲むということの二つの意味を持つ lacto という動詞から派生したものだからである。母親の胸は、支えるという意味と、不快な感情や不安から離れて快い元気を与えるという意味の、二つの entertainment を与える。母親の胸は、この二つの生命に関する意味での、人間にとっての最初の entertainment であるだろう。哲学が不遜にも entertainment の価値を低く評価することは、或る意味では、人間が母親に、より一般的には女性に、「子どものように」依存していることを無意識のうちにも拒絶しようとすることなのだろうか。

（7）Aristotle's *Poetics*, 1451b trans. Ingram Bywater, Oxford: Clarendon Press, 1909, p. 27.〔今道友信訳「詩学」『アリストテレス全集17』岩波書店、一九七二年〕

（8）Montaigne, M., *Essais (édition conforme au texte de l'emplaire de Bordeaux avec les additions de l'édition poshum)*, ed. Rat. M., Paris: Garnier, 1962, vol. 1, 447–462; vol. 12, pp. 237–261.（　）内の頁

の指示は、Donald Frame の優れた翻訳による。私は通常この翻訳を採用している。Frame, D., *The Complete Works of Montaigne*, Stanford: Stanford University Press, 1957 を参照。〔原二郎訳『エセー（一）〜（六）』岩波文庫、一九六五・六七年〕

（9）モンテーニュは、古代ローマの思想家、特にキケロとルクレティウスによってすでに表明されたこの考えを引用している。

（10）*The Oxford English Dictionary*（Oxford: Clarendon Press, 1933）の Entertainment（vol. 13, p. 214）を参照。

（11）*Encyclopédie ou dictionnaire raisonné des arts et des métiers, mis en ordre et publié par Diderot & quant à la partie mathématique par d'Alembert*. Nouvelle impression en facsimile de la premiére edition de 1751-1780, Stuttgart: Friedrich Frommann Verlag, 1966 における Divertissement（vol. 14, p. 1069）を参照。この項目は、M. le Chevalier de Jaucourt によって書かれている。〔桑原武夫訳編『百科全書』岩波文庫、一九七一年〕また Diderot, D., "D' Alembert's Dream: Conclusion of the Conversation," in *Diderot: Selected Writings*, ed. Kemp, J., New York: International Publishers, 1943, p. 119 を参照。〔新村猛訳『ダランベールの夢』岩波文庫、一九五八年〕

（12）Kant, I., *Kritik der Urteilskraft*, Hamburg: Felix Meiner, 1974, p. 50, p. 84.（"Allgemeine Anmerkung zum ersten Abschnitte der Analytik"）英訳では、*The Critique of Judgement*, trans. Meredith, J., Oxford: Oxford University Press, 1952, 53, 88。Meredith は、いくらか手におえない様子で、そのドイツ語のフレーズに free and indeterminately final entertainment of the mental powers といった訳を与えている。〔篠田英雄訳『判断力批判（上）（下）』岩波文庫、一九六四年〕

（13）Schiller, F., *On the Aesthetic Education of Man*, bilingual edition, Oxford: Clarendon Press, 1982, Letter 15, 107: "der Mensch spielt nur, wo er in voller Bedeutung des Worts Mensch ist, und er ist nur da ganz Mensch, wo er spielt."〔石原達二訳「人間の美的教育について」『美学芸術論集』冨山房、一九七七年〕

(14) Hegel, G., *Ästhetik*, Berlin: Aufbau Verlag, 1984, vol. 1, pp. 18–19.（「美的芸術は、その自由において初めて真の芸術となるのであり、宗教や哲学と共通の領域に位置付き、神的なもの、人間の最も深い関心事、精神の包括的な真実を意識にもたらし、表現する一つのあり方であるときに、芸術はその最高の課題を解決するのである。」英訳は、*Introductory Lectures on Aesthetics*, trans. Bosanquet, B., London: Penguin, 1933, p. 9。〔竹内敏雄訳『美学』岩波書店、一九五六―八一年、長谷川宏訳『ヘーゲル美学講義』作品社、一九九五年〕

(15) Nietzsche, F., "Schopenhauer als Erzieher" (section 6) and "Richard Wagner in Bayreuth" (sections, 4, 5, 8) in *Unzeitgemasse Betrachtungen*, in *Sammtliche Werke*, Stuttgart: Alfred Korner, 1976, pp. 266・267, 322・324, 335. これらの文献は、R. J. Hollindgale によって英訳されている。*Untimely Meditations* (Cambridge: Cambridge University Press, 1988), pp. 172・173, 210・211, 218, 229. 私はしばしば自分自身による翻訳を使う。〔小倉志祥訳『ニーチェ全集四　反時代的考察』理想社、一九八〇年〕

(16) Nietzsche, F., *Ecce Homo* ("Warum ich so klug bin", se c. 3), in *Sammtliche Werke* (Stuttgart: Alfred Körner, 1978), pp. 320–321. その後、第八節で、レクリエーションは「自己保存本能」と関係しているとニーチェは述べている。Walter Kaufmann による英訳 (New York: Vintage, 1969), p. 242, 252。〔川原栄峰訳「なぜ私はこんなに利口なのか」『ニーチェ全集一四　この人を見よ・自伝集』理想社、一九八〇年〕

(17) ウェーバー＝フェヒナーの法則の早い段階での、しかし大変明快な批判的分析については、James, W., *The Principles of Psychology*, 〔1890〕, Cambridge: Harvard University Press, 1983, pp.

503-518 を参照。

(18) Heidegger, M., "The Origin of the Works of Art" in *Poetry, Language, Thought*, New York: Harper, 1975, p. 68, 71〔菊地栄一訳『芸術作品のはじまり（ハイデッガー選集一二）』理想社、一九六一年〕; Gadamer, H., *Truth and Method*, New York: Crossroads, 1982, pp. 58-90〔轡田収ほか訳『真理と方法Ⅰ』法政大学出版局、一九八六年〕; ポピュラー芸術に対して、ガダマーはアドルノよりもはるかに寛容であることを注記しておきたい。ガダマーはポピュラー芸術を「正当なもの」と見なしている。しかし、ガダマーは、この正当性を快楽の中に見出しているのではなく、ポピュラー芸術が「[広い] コミュニケーションを成立させる可能性」そして私たちの「知識欲」における批判のための素材を与える可能性の中に見出している。またガダマーは、どちらかというと超越論的でしばしば明らかに「神学的な」意味で理解している祝祭の観念と、芸術を結び付けている。Gadamer, H., *The Relevance of the Beautiful and Other Essays*, Cambridge: Cambridge University Press, 1986, p. 39, 51 を参照。

(19) Adorno, T. and Horkheimer, M., *Dialectic of Enlightenment*, New York: Continuum, 1986, p. 121〔徳永恂訳『啓蒙の弁証法』岩波書店、一九九〇年〕; Adorno, T., Aesthetic Theory London: Routledge, 1984, pp. 18-21.〔大久保健治訳『美の理論』河出書房新社、一九八五年〕

(20) Eliot, T., "Preface" to *The Sacred Wood*, London: Metheun, 1968, pp. viii-ix; および *Of Poetry and Poets*, London: Faber, 1957, p. 115 を参照。このことは、「その詩の悪さが、私たちのユーモアの感覚に訴えるようなものでない限り」、私たちは、理解する悪い詩を楽しんではならないことを意味している。それに続くエリオットからの引用は、*The Use of Poetry and the Use of Criticism*, London: Faber, 1964, p. 154 からのものである。

(21) いわゆるポピュラーな観客の複雑さは、ポピュラー芸術の二〇世紀最強の二人の理論的擁護者、アントニオ・グラムシとミハイル・バフチンによって同様に示されたポイントである。彼らもまた、娯楽の機能は、ポピュラーな文化的表現から、重要な美的、認識的、政治的機能を奪い取ってしまうわけではないことを認める。二人とも、ポピュラーなるものを、本質的に、公式的な文化に対立するものとの関係で捉えるのであって、「民衆」という或る特定の階級に見出される起源との関係で理解するのではない。グラムシが指摘するように、「民衆自身は、同質的な文化的集合体ではない」からである。Gramsci, A., *Selections from Cultural Writings*, Cambridge: Harvard University Press, 1991, p. 195を参照。カーニヴァルの祝祭性のポピュラーな美はあらゆる社会階層を包み込み、公的な階級制を一瞬消し去ることで人々のコミュニケーションを高めるように作用することを強調することによって、バフチンは、遊びと娯楽の役割を強調する。気晴らしの生産的力についての一種の弁証法の議論において、バフチンは、カーニヴァルの娯楽は、公的な役割と確立された真理の制限を私たちに束の間忘れさせ、ユートピア的理想と新しい可能性に私たちの心を開くことを手助けすることで、回復させる力を持っていることを示唆している。この回復のユートピア的機能は人々のすべての階層に働くものでありうるがゆえに、ポピュラー娯楽が訴えかけるのは、或る特定の社会階層に狭く限定されるものではない。

(22)　例えば、次のような批判を参照されたい。Rochlitz, R., "Esthétiques Hédonistes," *Critique*, p. 540, 1992, pp. 353-373; Nehamas, A., "Richard Shusterman on Pleasure and Aesthetic Experience," *Journal of Aesthetics and Art Criticism*, 56, 1998, pp. 49-51; Welsch, W., "Rettung Durch Halbierung: Zu Richard Shustermans Rehabilitierung ästhetischer Erfahrung," *Deutsche Zeitschrift für Philosophie*, 47, 1999, pp. 111-126.

(23)　これらの高められた快楽の力と意義を強調する中で、より軽い快楽の価値を退けてしまうのは間違いである。浮かれ騒ぎは、恍惚の精神的緊張からの喜ばしい解放を与えることができるのであり、また、恍惚の崇高さを際立たせる有益な対比を与えるものでもある。こうした気晴らしの有益さのほかに、より軽い快楽は固有の魅力を持っている。快楽の多様性を学ぶことの目的は、最高の快楽だけを選んでその他を拒否することではなく、それらすべて、少なくとも私たちがうまく扱うことができるものすべてを楽しむことで最大の利益を得ることである。

(24) Spinoza, B., *The Ethics in Works of Spinoza*, New York: Dover, 1955.〔畠中尚志訳『エチカ――倫理学（上）（下）』岩波文庫、一九五一年、一九七五年改版〕Aristotle, Nicomachen Ethics, 1175a in The Basic Works of Aristotle, New York: Random House, 1968, p. 1100.〔高田三郎訳『ニコマコス倫理学（上）（下）』岩波文庫、一九七一、七三年〕

(25) Chaudhury, P., "The Theory of Rasa," *Journal of Aesthetics and Art Criticism*, 24, 1965, pp. 145-146. 偉大なインドの美学者 Abinovagupta は、一〇世紀に書かれた文献の中で、ラサを「究極的実体の享受のようなもの」と描写している（同論文、p. 148を参照）。この日本語の娯楽の古い意味は、今昔物語（一二世紀）や太平記（一四世紀）といった日本の古典に見出される。娯楽という語の娯という漢字は、人が頭を後ろに反らせて口を大きく開けて大笑いをしている様（そしておそらく何らかの快楽）を表している。娯楽の語源について教示してくれた樋口聡氏に感謝したい（『日本語大辞典』小学館、第八巻、四三三頁）。

(26) デューイは、「芸術は存在するコミュニケーションの最も効果的な方式である」と述べている。Dewey, J., *Art as Experience*, Carbondale: Southern Illinois University Press, 1987, p. 291.〔鈴木康司訳『経験としての芸術』春秋社、一九五二年。河村望訳、人間の科学新社、二〇〇三年。栗田修訳、晃洋書房、二〇一〇年。〕

(27) Arendt, H., "The Crisis of Culture," in *Between Past and Future*, New York: Viking, 1961, pp. 197-226. この文中の引用は205-206頁より。この論文のその他の頁数の指摘は、本文中に（ ）で

表示している。〔引田隆也・齋藤純一訳『過去と未来の間』みすず書房、一九九四年。〕

ダイアローグ5　美学から身体感性論へ

樋口　聡

リチャード・シュスターマンは、今、世界的な注目を集め、最も精力的に活躍する哲学者の一人である。彼の国際的な活躍は、彼の著作のさまざまな言語への翻訳によるだけでない。彼自身、フランス語とドイツ語にも堪能であり、複数の言語を横断できるコミュニケーションの幅の広さが、彼の国際的な活躍を支えている。

本論考で、シュスターマンは、ポピュラー芸術の文化的価値を考察する問題の延長上に、「高級芸術」対「ポピュラー芸術」の対立の基底に「芸術」対「娯楽」の対立関係があることを指摘し、ポピュラー芸術を超えて「娯楽」についてのプラグマティズム的分析を試みている。シュスターマンは、西洋の哲学史においてさまざまな言葉で表現される「娯楽」の概念の複雑な情況を、近代哲学の代表的なヨーロッパ語である英語、フランス語、ドイツ語に探る。「維持する」「物を準備して客人を支える」「時間の浪費」「楽しみを与える」「楽しい活動による活力の回復」「真面目からの逸れ」といった娯楽の意味をめぐる語源論的考察が展開され、それに引き続き娯楽の概念史が系譜学的考察として辿られる。そこで取り上げられた哲学者たちは、プラトン、アリストテレス、モンテーニュ、ディドロ、カント、シラー、ヘーゲル、ニーチェ、ハイデガー、ガダマー、アドルノ、ホルクハイマーであり、さらに詩人のエリオットも取り上げられている。そして、プラグマティズムが芸術に見出す重要な二つの価値「快楽」と「生」の視点から、娯楽の持つ文化的価値の可能性が示唆されている。そこにおいてシュスターマンはアーレントを批判しつつ、娯楽の快楽は実に多くの有意義なあり方で生の豊かさに貢献するものであり、取るに足りないものだと考えるべきではないことを主張するのである。二〇二〇年に東京で開催されるオリンピック・パラリンピック。来日する外国からの訪問者に対する「おもてなし」が話題になっている。それは、シュスターマンの視点からすれば、entertainment の問題なのだ。スポーツ競技というゲームとないまぜになった「娯楽」の問題なのである。

シュスターマンの立場については、ヘドニズムであるといった批判がしばしばなされているが、シュスターマンは、それを否定する。快楽の追求を第一義的に考える立場をヘドニズムと言うとすれば、シュスターマンの立場は、本人が主張するように、ヘドニズムでは決してない。とすれば、なにゆえに、シュスターマンは、かくも熱心に娯楽の快楽の重要性を言おうとするのか。それは、一つには、それの価値を十分に捉えることができないできた西洋哲学ならびに近代美学のあり方に対する批判であることは確かであろう。しかし、私は、シュスターマンの論の背景にあるものが、もっと具体的な彼自身の経験に根ざしているのではないかと感じている。それは、この論文では表面化していないことであるが、実は、彼は、この講演（第五三回美学会全国大会、二〇〇二年一〇月一四日、広島大学）の冒頭、本論考を読み上げる前に、そのことを示唆する発言をしているのである。それは以下のようなものであった。

この講演のテーマが斬新なものではなくオリジナルなものでもないとしましたら、お詫びしなければなりません。私にとりましても、このテーマはすでに論じたことのあるものであり、目新しいものではありません。私の現在の研究の中心は、私がsomaestheticsと呼んでいるフィールドにあります。それは日本語に翻訳するのが大変難しいものです。と言いますのは、それは「身体美学」とも「身体感性学（論）」とも捉えることができるからです。somaestheticsは、私が最近の著作において呈示した新しい概念であるということもあって、しばしばそれを批判する人々によって誤解されています。おそらく、外国語による口頭発表で理解していただくのは容易なことではないでしょう。そうした理由から、この学会の大会事務局の方々から、ポピュラー芸術に関するテーマを取り上げた方がいいのではというアドバイスを受けました。と言いますのは、私の著作の日本語訳をすでにお読みになった皆様には、そのテーマが馴染みやすいだろうと考えられるからです。私はそのアドバイスを受け入れました。美学史での馴染みの話題を論じるこの講演を、皆様にはご理解いただけるものと思います。しかし、また同時に、私の日本での滞在期間中に、別の機会に

somaestheticsについて話すことができればとも思います。

要するに、シュスターマンのこのときの関心はsomaestheticsにあり、芸術や美について論じる、いわゆる「美学」にはないのであった。それではsomaestheticsとは何か。確かに「身体感性論」とでも訳すことができるのであるが、それは、従来の「学」や「論」のカテゴリーで理解することを超えたものを含んでいる。シュスターマンは、somaestheticsに「分析的」「プラグマティック」「実践的」という三つの次元を考える。第一の「分析的」次元は、身体に関する哲学的・歴史的・社会学的考察などの理論的研究を意味しており、これはいわゆる「身体論」として理解可能である。さまざまな文化的事象について、「身体」をキーワードとして美学的考察を展開するというのであれば、それはこの次元に留まっている。これに、シュスターマンは、「プラグマティック」次元と「実践的」次元を付け加える。これは、私たち自身の身体の情況を改良する身体訓練法に関わるものである。この身体の改良主義（meliorism）の基盤にあるのは、彼自身のフェルデンクライス・メソッドの実践経験である。この場で、彼のmeliorismやフェルデンクライス・メソッドについて論じるわけにはいかないが、彼は実に真摯に、かつ冷静沈着に、このメソッドに向き合っており、その経験が、「快楽」と「生」という、本論考の背後にある価値の問題に結び付いているのである。なお、シュスターマンは、『広島大学大学院教育学研究科紀要（第一部）』の第五一号に、"Somaesthetics and Education"という論文を寄せており、その論文に対して私は、『同紀要』に「学習論として見た「身体感性論」の意義と可能性」というコメント論文を書いているので、参照していただければと思う。このやりとりが、次の第六章とダイアローグ6である。

ついでながら、シュスターマンとのダイアローグの中でこぼれ出た話題を一つ打ち明けておく。二〇〇一年の八月に、日本の幕張で第一五回国際美学会議が開催された。シュスターマンの名前は、『ポピュラー芸術の美学』（秋庭史典訳、勁草書房、一九九九年）ですでに知られており、この会議への参加が期待された。しかし、シュスターマンは来なかった。国際美学会議のような大きなコンファレンスは好きじゃない、といったことを言っていたが、いろいろと話しているうちに、実は、幕張での会議とちょうど同じときに、フェルデンクライス・メソッドのプラクティショナーの資格のための重要な講習会があり、それゆえに来日できなかったということを彼は打ち明けたのであった。図らずも、国際美学会議とsomaestheticsのどちらかを選択するという情況にシュスターマンは置かれてしまったのであるが、彼が選択したのは後者であった。美学会全国大会でのシュスターマンの講演を準備するに当たって、またその後の彼とのダイアローグにおいて、私は、シュスターマンのsomaestheticsへの思いの強さをよく感じることができたのであった。

第六章　身体感性論と教育

R・シュスターマン

I

ウィリアム・ジェイムズとジョン・デューイのプラグマティズムの伝統の中では、経験が哲学の中心概念であり、経験を形作る核として身体が位置付けられる。プラグマティズム美学や生の技法としての哲学理論を展開する中で、私は理論と実践の訓練として、身体に対する体系的な哲学的アプローチである「身体感性論（somaesthetics）」を提唱した。身体感性論は、重要な教育のねらいと深く関わっており、学びに関して、興味深い新しい視点と技術を提供するだろう。また、それは大学のカリキュラムについても問題提起している。本論考では、身体感性論の目指すところとその構造を簡単に検討し、歴史的視点と現代的視点の両方から、その教育的可能性を明らかにしよう。

簡単に定義すると、身体感性論とは、感性的受容（アイステーシス）と創造的自己形成の場としての身体の経験と使用についての、批判的・改良主義的な研究である。したがって、身体感性論は、身体への配慮を構造化する知識、言説、実践、そして身体訓練に関わっている。バウムガルテンも感性的認識の完成を目指して美学（感性学）を提唱したのであるが、彼の試みからは、身体に関する研究や訓練が排除された。それは、おそらく宗教的・合理主義的理由からであろう。古代のプラトン哲学や現代の西洋哲学は身体に対しておおかた批判的であり続けてきた。しかし、哲学の中心課題が知、自己理解、正しい行為、正義、良き生き方の追求といったことであるとすれば、身体感性論の重要性は明らかであろう。

知は感覚的知覚に依拠しており、感覚的知覚は信頼性に問題があるがゆえに、哲学は感覚に対する批判をずっと企ててきた。しかし、それは基本的に言説の分析であり、それが通常の認識論を構成している。それに対し、身体感性論は、身体を改善することで感覚の機能を高める。というのは、感覚は身体に属し、また身体によって条件付けられるからである。ソクラテスは、かつて、知覚の正確さと広さを高めるために、身体を健全に保たなければならないと述べた。「身体はあらゆる人間の活動にとって重要であり、可能な限り健全に保たれなければならない。身体の影響などほとんどないと考えられている思惟においてさえ、身体の不健康が重大な過ちをもたらすことを誰もが知っている」（クセノフォーン『ソークラテースの思い出』岩波文庫）。肩がこっていたり、胸郭がこわばっていたりすれば、後方を振り向くこともままならず、自分が置かれている世界について良く知ることもできないだろう。

自己を知ることが哲学の主要な課題であるとすれば、身体的次元の知が考慮に入れられるべきである。身体感性論は、単に身体の外見的なことがらに関わるのではなく、感情の気づきの改善に関わっている。したがって、身体的な不調を明らかにし、それを改善することを可能にする。

二つの例。私たちは呼吸を意識することはほとんどない。しかし、呼吸のリズムや深さは、私たちの情緒の状態をすばやく正しく示すものである。したがって、呼吸を意識することで私たちの感情をコントロールすることができる。もう一つ。或る筋肉の長期間にわたる習慣的緊張。気づかれないままにさまざまな障害を引き起こしている。それが気づかれることによって、障害が解消されることがある。

哲学の重要な課題の一つは、知と意志の両者を求める正しい行為である。私たちの行為は身体によってなされるのであり、意志の力は、身体の働きに依存している。身体的経験を洗練させることによって、私たちの意志がいかに働くのかをより良く知ることができる。私たちの身体が正しい行為を行なうのを意志することができないのならば、正しい行為を知ることも、それを望むこともできないだろう。極めて簡単な身体的課題をなすことができないことに驚くことがあるが、そのことは、それができないということに驚くほど無知であることと全く合致している。それらは、身体感性的な気づきの不適切さから生じている。

適切な動きができていないにもかかわらず、ちゃんとした動きをしていると思い込んでいる下手なゴルファーの例。それは深く染み付いた身体の習慣が適切な知覚を妨げているからである。ディオゲネス・ラエルティウスは言う。激しい身体訓練を定期的に行なうことで、知覚は、有徳の行いのための動きの安定した自由さとして形成される。

哲学が幸福とより良い生き方の追求に関わるのであるとするならば、身体感性論が、快の場所と媒体として身体を捉えることは、哲学的注目にもっと値するだろう。私たち人間にとっては純粋思惟の快といったものでさえ具現（身体）化するのであり、より良いものとされた身体的な気づきと訓練を通して、強められ、より正確に言えば楽しみを与えられるのだ。ものを考えることもまた、身体的な健康によってより良いものとなるのである。身体感性論は、正義への政治哲学的関心にも寄与しうる。法律に明記されなくとも、権力の複合的な階層がいかに維持されうるのかについての一つの理解を、それは与える。支配のイデオロギーは、身体的な規範すなわち身体的な習慣に記号化されることによって、暗黙のうちに保存される。例えば、或る文化における女性の行動様式。しかし、抑圧的な権力関係は身体に記号化されているがゆえに、それらは別の身体的実践によって変化させられる可能性を持つ。この点において、フーコー、ライヒ、さらに他の身体療法家は、身体的方法の実際は随分違っているとしても、共通点を有している。身体的実践への体系的なまなざしと、その実践を変化させていくことは、より大きな自己制御への方法となりうるのである。

身体についてはもっと現代的な議論があるのだけれども、身体感性論は、実にさまざまな議論をより生産的な体系的領域へとまとめる構造化する知識体系と、個人が直接に身体的実践の改善の訓練へと入っていくことができる明瞭なプラグマティックな方向性の、両者を呈示する。

II

身体感性論は三つの基本的次元を持っている。第一に、分析的身体感性論。私たちの知識と実在構成における身体的な知覚と実践の基本特性を明らかにする。身体についての存在論的・認識論的問題を含む。また、フーコーに見られるような社会政治学的研究も含む。身体が、いかに権力によって形成され、権力を維持するための道具として使用されるのか。健康や美といった身体的規範さらには性やジェンダーといった最も基本的なカテゴリーが、いかに、社会的な力によって維持され、社会的な力に奉仕する構築物であるのか。フーコーのこうした系譜学的研究。また、分析的身体感性論は、二つ以上の共時的文化の身体をめぐる観念と実践の比較も行なう。

第二は、プラグマティック身体感性論。身体的改良の方法とそれらの比較研究の次元である。人類の歴史の中で、身体の経験と使用を改良しようとする多くの方法がある。それらは、「表象的なもの」と「経験的なもの」に分けられる。前者は外見的な見栄えを強調し、後者は経験の質を強調する。整形美容は前者の、禅の瞑想やフェルデンクライス身体訓練法は後者の典型的な例である。

表象的・経験的といった区別は、身体感性論が表面的にすぎないものではないことを示す。外見的な見えと内面的な感情の両者は、互いに関係しあっている。さらに、表象的・経験的に加えて、行為的というカテゴリーを考えることができる。それはスポーツ競技や武術などである。しかし、それは、表象的か経験的かのどちらかに近いものとして考えることもできる。

第三は、実践的身体感性論、実際の実践のレベルである。身体感性論は理論であると同時に実践でもあり、その考え方にとって、実際の身体的パフォーマンスは重要である。

Ⅲ

分析的身体感性論とプラグマティック身体感性論は、身体の形態、規範、実践、技術について広い知識を与えてくれ、そうした知識は何らかの教育的価値を持っているのであるが、ここでは、時間の都合から、実践的身体感性論の教育的価値に限定しよう。クセノフォーンのソクラテスに従う限り、強健な身体を育成することは、感覚と精神の機能を高め、教育にとって有用であるように思われる。たとえ身体は精神の道具、精神に奉仕するものでしかないとしても、身体がよりよく機能するときに精神はより良い奉仕を受けることができる。観念論哲学者は身体を価値のないものとし、感覚を精神に制約を加える危険なものと見なす。しかし、例えばプラトンは、魂の調和のために身体訓練の重要性を説いている（『パイドン』『ティマイオス』『国家』『法律』）。

ルソーの『エミール』。身体の強さと巧みさが精神に良い作用を与える。「考えることを学ぶために、手足を鍛え、感覚や器官を磨かなければならない。それらは知性のための道具だから」。実践的身体感性論は、機械的な運動の反復で身体を鍛えようとする従来の体育のやり方とは区別されなければならない。身体感性論は、アイステーシスという語と関係するように、身体の感覚を高めることに関わる。それは、私たちの感覚的受容の自己反省的な気づきを含んでいる。

そのような訓練の教育的価値は、正しく認められていない。それどころか、哲学者の間では、経験的な身体感性論は有用性がないとさえ主張されている。例えば、カント。カントは、粗暴さを制御するという消極的な意味で、規律・訓練のための体育の役割を認めているが、実践的身体感性論を構成する身体的経験の反省的検討には強く反対している。感覚に耳を傾けることは、他者を考慮することから精神の活動を引き離し、頭脳にとって有害だ、とカントは言う。また、自分を振り返るという内観は、身体を弱体化し、動物的機能からそらしてしまう、とも言う（*Reflexionen Kants zur kritischen Philosophie* Erdmann, B. 編）。要するに、経験的な身体的反省は、精神にも身体にも有害であり、身体に対する最適な処遇の仕方は、感覚を可能な限り考慮に入れないことである。

カントの議論は間違っていると思うけれども、それには一抹の真理がある。通常、私たちの注意は、私たちを取り巻く世界にある外的な対象物に向けられるのであって、内的な感覚にではない。自然は眼を外に向けさせるという、モンテーニュから借りたイメージ。カントの間違いは、例外的なものを第一義的なものと見なしていることだ。私たちの注意がまずは外界に向けられなければならないとしても、それは、自己の感覚に注意することが全く無意味だということを意味するのではない。生きることはそんなに単純なものではない。要求や関心が変化することで、注意の焦点も変わる。身体感覚に執着することは危険だというカントは正しい。問題は身体感覚的なまなざしそのものではなく、その一面性である。何にしても、一つのことにこだわるというのは危険なことなのだ。

経験的な身体感性論が身体の気づきを鋭くすることは、いかに私たちの感覚の用い方を再教育し、私たちがさらに学びよりよく行動することを可能にするのだろうか。

1．経験的な身体感性論は、私たちの感情や情緒を第一に私たちに知らせてくれるのであり、私たちがそれらの感情や情緒をより良く扱うことができるようにする。身体感性論のトレーニングによって、私たちは自分の呼吸の変化に気づき、自分の感情を知ることができるのであり、それに対して何らかの対処をすることができるようになる。例えば、読書においても、身体のこわばりは、読書の理解を妨げる。身体感性論の訓練は、それを未然に防ぐことができる。

2．経験的な身体感性論による気づきは、私たちに私たちの感情を知らせ、それを統御する方法を教えてくれるだけでなく、私たちの運動、そしてさらには行為をもより良いものとする。ゴルフの例。野球、フットボール、バスケットボール、さらにはピアノ演奏においても同様のことが言える。不必要な筋緊張への気づきが動きを変える。

3．教育は、或る特定の情緒や運動に関するものというよりも、感情と運動の習慣、ならびにその感情と運動が関係する行為の習慣を認識し、再訓練することに関わるものである。このことは、経験的な身体感性論についても同じである。例えば、外国人を拒否しようとする感情。合理的な意志を単純に強化することで、そのような感情を改善することができるわけではない。というのは、習慣的な悪の感情や行為は、合理的な制御を超えた習慣的な身体的反応に依拠しているからである。そのような身体的な感覚を、身体感性的な気づきによって明らかにすることによってのみ、制御することができるのである。それによって、悪い身体的感情を、より積極的な感情に変化させることができる。同様に、自分に自信の持てない人は、いつも頭をうなだれている姿勢をしている。この姿勢によって単に呼吸が困難になるだけでなく、頭部の運動の柔軟性が失われ、それが不安を生む。

いかに学びが制度化されてしまったとはいえ、私たちは具体的な全人的存在として教育される。私たちの感情、思考、行動のすべてに身体的次元があるのであり、その身体的側面から、情緒、態度、行為の教育をより良く扱うことができる。この考え方は、ヨーガ、アレグザンダー・テクニック、フェルデンクライス・メソッドといった多くの身体教育やセラピーの中心に位置している。

Ⅳ

議論は十分ではないが、身体感性論の教育的価値について、特に実践的・経験的次元から例を示すことができたと思う。ここで、議論を補うために、この文章を読んでいる読者に、感情を探る身体感性的な練習をしてみたいと思う。それは、かなりの熟練を要するもので、初心者には難しい。また、ウィリアム・ジェイムズが言うように、それは私たちの意識の流れの「名づけえぬ感情」であり、その感情を言葉で表現するのは困難である。このことが、そうした感情が、これまで哲学理論によって無視されてきた一つの理由である。いくつかの質問をしてみよう。

この文章を読んでいるとき、あなたは身体レベルで何に気づいているか。快適か、それともどこかの身体部位に緊張を感じているか。呼吸は浅く速くなってはいないか。両足の状態はどうか。……

本論考での最後の質問。実践的身体感性論は、小学校から大学までの教育カリキュラムに、どのようにして効果的に取り入れられうるだろうか。私はよく分からない。身体感性論が哲学の基本意図と合致するとしても、それが通常の哲学のカリキュラムに入ってくるとは思われない。

自分の哲学のクラスで、身体感性論を理論としてのみ教えたことがある。しかし、身体感性論の性格を考えるとき、それは十分であるとは思えない。

それでは、身体感性論は、ダンスや体育の授業で扱われるべきなのだろうか。もしそうだとすると、その理論的側面が十分でなくなるし、また身体感性論の心的、自己反省的次元がうまくいかないだろう。これまでのダンスや体育の教授法では、運動の指導において主体の関与を減じる方向にある。

この問題は、今日の教育システムの中での哲学の学習の一般的な限界を示している。古代においては、哲学は単なる学問としてではなく、生き方の問題として実践されていた。今日でも、キリスト教の修道院の伝統や、仏教などにおいて、哲学の全体論的研究は生きている。そこでは、宗教哲学が生き方の問題として学ばれ、実践されている。そのようなホリスティックな方法は、現代の哲学教育におおいて可能なのだろうか。どのようなカリキュラム改革が必要なのだろうか。単なる言語的な方法によってはうまく学ばれえない身体感性論の経験的実践を通して、何か重要なことが学ばれるとすれば、上記の質問に良い回答を与えることは価値のあることであろう。

ダイアローグ6　現代日本における身体感性論

樋口　聡

はじめに

私はリチャード・シュスターマンのsomaestheticsを日本に紹介してきた。私は、シュスターマンの論文"Somaesthteics and Education"（*Bull. Grad. School Educ. Hiroshima Univ., Part I*, No. 51, 2002, pp. 17-24）にコメントを付して、教育におけるsomaestheticsの意義と可能性を考察した論文（「学習論として見た「身体感性論」の意義と可能性――R. Shustermanの所論をめぐって」『広島大学大学院教育学研究科紀要（第一部）』第五一号、二〇〇三年、九――一五頁）を書いた。また『身体教育の思想』（勁草書房、二〇〇五年）という著書でも、一つの章を設けてsomaestheticsについて論じた。そうした私の研究を通して、多くの人々が somaesthetics に関心を示している。

本論考では、somaesthetics という思想と実践を日本に持ち込む際に生じているいくつかの問題を指摘し、現代日本の文化の中で somaesthetics はどのように受け入れられ発展する可能性があるかを考察する。日本語を通しての文化の翻訳の問題と、日常的な社会生活における実践を取り上げよう。

I somaesthetics は日本語にいかに訳されるか

シュスターマンの somaesthetics は、身体を表すギリシア語 soma と英語の aesthetics を合成して作られた言葉であり、身体の経験と使用についての批判的、改良主義的研究を行う一つの学問である。aesthetics に対しては通常「美学」という訳語が当てられるから、somaesthetics は「身体美学」と訳されることも可能性としてはある。しかし、私は、シュスターマンの言う somaesthetics の内容を考慮して「身体感性論」と訳す。シュスターマンは somaesthetics が成立する前提として、身体を感性的受容（アイステーシス）と創造的自己形成の場と捉えており、aesthetics はそのもともとの意味であるアイステーシスの論すなわち「感性論」と捉えられるべきである。

日本の学界における「美学」から「感性論」への流れの一端は、岩城見一編の『感性論――認識機械論としての〈美学〉の今日的課題』（晃洋書房、一九九七年）に見ることができる。岩城が、その本の「まえがき」で、「"Ästhetik"は、十九世紀後半以来の西洋におけるこの学問への理解に基づき、わが国では明治期に「美学」と訳され、この訳語の定着によって、一般に〈美〉や〈芸術〉を主題とする学問とみなされ……専門分野としての独立を制度的にも保証されてきた」(i頁)と書いているように、aestheticsを「美意識」や「芸術」について研究する学問と見なすことがこれまでの学界の主流である。しかし、その限定された範囲を超えて、「美」や「芸術」の問題を政治、教育、環境、異文化理解などの諸問題と結び付けて多彩に論じることが、これからのaestheticsの流れであると岩城は見なし、「美学」から「感性論」への移行の可能性を探るのである。こうした流れは、ウォルフガング・ヴェルシュの*Ästhetisches Denken*(1990)(小林信之訳『感性の思考——美的リアリティの変容』勁草書房、一九九八年)といった著作や"Aesthetics beyond Aesthetics: For a New Form to the Discipline"(*Undoing Aesthetics*, trans. by Inkpin, A. London: Sage Publications, 1997, pp. 78-102)といった論文などの影響を受けている。

岩城は二〇〇一年に美学概論の教科書を出版するが、そのタイトルは『感性論-エステティックス——開かれた経験の理論のために』(昭和堂)である。その本の中では、近代以後に伝統的になったartやKunstが語られるときにのみ「芸術」という語が用いられ、「芸術」以外でイメージに関わるさまざまな表現行為が問題にされるとき、「アート」というカタカナ表記が使われている。この「芸術」と「アート」を区別する用語法は、漢字やカタカナやひらながといった多重の表記法を有する日本語の特性から可能になるものである。英語ではどちらもartと表記するしかない。近代以降の「高級芸術」に代表される「芸術」を超えて、生きる技芸につながるような広義の表現行為を「アート」

として捉えることが、「美学」の内外でもポピュラーになっている。そうした学問的営みは、「美学」という従来の学問においても可能であるが、岩城が指摘するように、aesthetics＝美学という訳語によって定着したイメージが強く作用して、それが研究者の思考の枠組みを限定していることも確かであろう。やはり、「感性論」という新しいタイトルを掲げることの意味は大きい。シュスターマンのsomaestheticsは、身体への配慮を構造化し、身体への配慮を改良することを可能にする知識、言説、実践、身体訓練に関わるものである。そこでは、通常「美意識」と呼ばれるものが特別に取り上げられたり、いわゆる「芸術」が問題にされるわけではない。そのことを考えると、somaestheticsは「身体美学」ではなく「身体感性論」と訳すのが妥当である（これは一般論である。取り上げるトピックによっては、「身体美学」がむしろ妥当である可能性を私は否定しない）。

somaestheticsを「身体感性論」とした場合、somaestheticを「身体感性」と見なす可能性が生じる。それは「身体美」ではない。「身体美」と言った場合、外部から観察される表象的な美が一般にイメージされるだろう。シュスターマンが言うsomaestheticは、身体意識という形で捉えられる「経験的な」美を意味している。その意味でもsomaestheticは、「身体美」ではなく「身体感性」が妥当である。しかしながら、「身体」と「感性」が結合された「身体感性」は、問題含みの用語であるとも見ることができる。「身体」は、現象学的身体論が教えるように、単に「からだ」のことではなく、また「感性」は単純な日常語ではなく、「理性」「悟性」「感性」といった人間理解の枠組みから来る哲学用語である。「身体」とは何か。「感性」とは何か。簡単な理解を拒む抽象性が、両者を結合させた「身体感性」にはあるのである。シュスターマンは感性が働く場として身体を捉えるとしても、その感性は「感覚」とは同義ではないはずである。理性－感性といった二元論図式を打破する人間観の構築への展望も、「身体感性論」という訳語には含意されていると見るべきであろう。そうした展望も考慮に入れて、somaestheticsは「身体感性論」と訳されるのである。

Ⅱ　日本語のコンテクストにおける実践的身体感性論の位置

シュスターマンの身体感性論は、三つの次元を持つ。すなわち、分析的身体感性論、プラグマティック身体感性論、そして実践的身体感性論である（樋口聡『身体教育の思想』勁草書房、二〇〇五年、一四九―一五四頁）。

分析的身体感性論は、私たちの知識と実在構成における身体的な知覚と実践の基本特性を明らかにする、身体についての存在論的・認識論的問題の探究である。フーコーに見られるような社会政治的研究も含むものであり、いわゆる「身体論」と重なる。

プラグマティック身体感性論は、広く身体訓練法と呼ばれるものについての包括的研究であり、身体を改良する方法とそれらの比較研究である。人間の歴史の中で身体の経験と使用を改良しようとする多くの方法があるが、それらは、「表象的なもの」と「経験的なもの」に分けられる。前者は外見的な見栄えを強調し、後者は経験の質を強調する。整形美容は前者の、禅の瞑想やフェルデンクライス身体訓練法は後者の典型的な例である。この後者が、somaestheticsを感性論と理解することの妥当性を示唆するのであった。

これら二つの身体感性論は、「理論」として理解可能である。しかし、第三の実践的身体感性論は、「実践についての言説」としての理論ではなく、まさに「実践そのもの」を意味しており、シュスターマンの改良主義ならびに哲学のプラグマティックな具体化（embodiment）と結び付いている。この意味で、実践的身体感性論は前二者と比べて異質である。

英和辞典でaestheticを引いてみると、「美的」と「美学的」の二つの意味がこの語には含まれていることが分かる。日本語では「美的」と「美学的」は、表示上、明確に区別される。前者は対象の特性を表示する意味であり、後者は理論の相を表示する意味である。両者の意味は、もちろん英語においても区別されるのであるが、英語ではaestheticという一つの表記で両者を表すのであり、そこには曖昧さがあると言うことができるだろう。シュスターマンの身体感性論の第一と第二の次元と第三の次元がともに身体感性論（somaesthetics）という語のもとに考えられていることは、「美的」と「美学的」が区別されずに重ねあわされている事態の一例と見ることができるだろう。日本語のコンテクストでは、第一と第二の次元は「理論（美学的・感性論的）」であり、第三の次元は「実践（美的・感性的）」である。こうした「理論」と「実践」の区別は、日本における学界においては、一般的である。例えば、教育学は学問であるが、教育そのものは学問ではなく実践である、といったように。しかし、シュスターマンは第三の次元を実践的身体感性論（practical somaesthetics）と呼び、身体感性論の実践（practice of somaesthetics）とは呼ばない。somaesthetics は「身体感性論」と訳されると述べた。その日本語の「論」の通常の用語法からすれば、第一と第二の次元はそれに当てはまるが、第三の次元については適切ではなく、practical somaesthetics はむしろ「身体感性の実践知」とでも呼ばれるべきものである。日本語のコンテクストからすれば、分析的身体感性論とプラグマティック身体感性論が、身体感性についての理論であり、フェルデンクライス・メソッドなどの身体訓練法は身体感性論の実践である、と捉えることが一般的である。しかしながら、シュスターマンの身体感性論がいわゆる理論も実践も一つの名称のもとに含んでいることは、逆にポジティヴな意味を持っていると解釈することができると思われる。理論と実践の関係を見直し、両者の関係の新たな形、特に実践と結び付いた理論の新しい姿を生み出すための問題提起がそこにある、と受けとめることができるのである。

Ⅲ　現代日本における身体訓練法の数々

実践的身体感性論と見なすことができるだろう身体訓練法として、日本ではどのようなものがあるのだろうか。まず、シュスターマンが自らプラクティショナーとして取り組んでいるフェルデンクライス・メソッドについては、二〇〇一年に日本フェルデンクライス協会が結成され、ワークショップなどの活動が活発になされている。二〇一一年の時点で、協会に登録されているプラクティショナーは八〇名ほどである。一九八二年にFeldenkrais, M. *Awareness Through Movement*, 1972が安井武によって日本語に翻訳された（『フェルデンクライス身体訓練法』大和書房）。安井は、京都大学文学部を卒業し、劇団俳優座で文芸演出に携わった人である。安井はその「訳者あとがき」で、「欧米で注目を集めているフェルデンクライス・メソッドは、からだとこころをひとつのものとしてとらえ、ひとの内部に眠っている能力を目覚めさせるユニークな方法である。……動きによってからだの感覚を呼び起こし、それを深めることによって意識を拡大し、からだの機能を有機的に再統合し、身体的にも精神的にも人間活動を活性化する」（二四一―二五一頁）と書いている。それは、習慣的な緊張と多年の習性から解放された自分固有のからだの行動を発見するところに本質的な特徴があり、ヨーガ、禅、太極拳、自律訓練法、野口体操、バイオフィードバックその他の心身訓練法とも原理的に通じるものがある、という。もともと舞踊家で自らプラクティショナーであるかさみ康子は、フェルデンクライス・ジャパンという株式会社を二〇〇三年に設立し、経営している。かさみは、フェルデンクライス・メソッドを、「感覚の体系化」に基づく、スケールの大きな能力開発の方法論、と捉えている。

フェルデンクライス・メソッドと並んで取り上げられるのが、アレグザンダー・テクニックである。American Society for Alexander Technique およびThe American Center for the Alexander Technique の公認教師である芳野香によって書かれた『アレクサンダー・テクニックの使い方』（誠信書房、二〇〇三年）によれば、アレグザンダー・テクニックとは、「こころ」と「からだ」、「認識」と「行動」の相関性に着目する「学び方」である。具体的には、自分自身の一人称の「からだ」が、意識の対象とされる。それは、何か特定の運動を習うことではなく、行動の中で「自分でどうしているのかが定かでない」ことに認識の目を向け、運動を「する」ことを学ぶのではなく運動の「しかた」を学ぶものである、という。したがって、その応用範囲は大きく、スポーツ、ダンス、音楽、演劇など、さらにはリハビリテーション、カウンセリングなどでも使えるし、レッスンの対象は幼児から高齢者、身体障害者にまで及ぶものである。

安井がフェルデンクライス・メソッドと原理的に通じる心身訓練法として挙げたものから、いくつか見てよう。ヨーガは、健康法として人気を持っている。著名なインド哲学者、中村元は、ヨーガについての関心は洋の東西を通じて高まっているが、ヨーガの基本的原理を適切に説いた書は少ないと述べ、クヴァラヤーナンダ（Kuvalayananda）とヴィネーカル（Vinekar）による *Yogic Therapy* の日本語訳（山田久仁子訳『ヨーガ・セラピー』春秋社、二〇〇二年）を推奨している。それによれば、ヨーガとは、一人の人間を、肉体ばかりでなく、精神、魂をもあわせて全人格的にとらえ、それらすべてを向上させ調和させていく、包括的な修行体系である。セラピーとしてのヨーガは、身体にもともとそなわった種々の心身の適応力や調整力を発達させることを原理とする。一般に知られているヨーガは、アーサナ（姿勢、体位）と呼ばれるエクササイズである。コブラのポーズやバッタのポーズなどがある。訳者の山田久仁子は、東洋医学に関心を持ち薬科大学で学んで薬剤師となった。更年期障害に悩まされていた母がヨーガの実践に取り組むことで驚くほど元気になっていくのを見て、ヨーガに惹かれ、インドのヨーガ大学に留学してヨーガ教師となったという。その後、ヨーガ道場を運営して、ヨーガの指導・普及にあたっている。こうしたヨーガは正統なものであるが、一方、ヨーガには新興宗教的なイメージが付随しており、またインドではなくアメリカから輸入された健康ブームとして消費されているものもあることは現実のようである。

太極拳もまた、健康法として広く一般に認知されている。日本武術太極拳連盟が公的な法人として結成されている。そのホームページによれば、武術太極拳は、多世代交流型スポーツ、地域普及型スポーツ、高齢者の介護予防体操といった生涯スポーツとしてのものと、世界選手権大会や日本選手権大会で競われる競技スポーツとしてのものとがあり、広く「スポーツ」としての普及がすでになされていることが分かる。連盟は技能検定を実施しており、それは日本的なスポーツのあり方である。太極拳5級から始まって太極拳3段までである。楊進らの『太極拳と呼吸の科学』（ベースボールマガジン社、二〇〇三年）は、太極拳の運動の科学的根拠を強調している。単に型をまねるだけであれば意味のない形式化に陥ってしまうのであり、それを回避するための方法として科学的根拠が呈示されているのである。「身体の隅々まで意識して動く」、「足の動きは骨盤の動き」、「胴体を左右に分けて使う」、「耳と目が姿勢を決める」、「できるだけゆっくり動く」、「常に不必要な力を探す」、といった原理は、他の身体訓練法と通じるものと理解することができるだろう。

この他に、精神生理学の科学的研究から生まれた療法としてのバイオフィードバックや、大脳生理学の臨床的催眠研究に由来する自律訓練法などについても、多くの著作が刊行され日本語訳も多く出版されている。これらとは対照的な起源を有するのが、臨済宗や曹洞宗といった仏教の修行としての禅である。禅そのものは、現代日本の社会では特殊な世界となっていて、誰もが親しむものではない。しかしながら、禅の「瞑想」の精神と雰囲気は、多くの日本人が惹かれるものでもある。また、中国の古代医学や古代思想に由来すると言われる気功も、日本では一部の人々の間で人気を持っている。さらに、仏教的な名称を持ちながらも宗教とは関係ない健康体操として考案された真向法などにも、愛好者がいる。

日本におけるポピュラーな身体訓練法として、野口体操と西野流呼吸法を取り上げたい。これらは、野口三千三、西野皓三が、自らの人生経験の中から独自に作り上げた身体訓練法である。

野口体操は、体操の教師で、東京藝術大学の教授を務めた野口三千三（一九一四―一九九八）によって考案された。それは、からだの動きを通して人間を見直す身体哲学であるとも言われる。野口は、次のように述べる。「人間が生きていくためには身体の動きが必要である。生きているということは動いていることであり、変化しつつあるということである。われわれ現代人のありあわせのままの動きは、歪められ、きわめてぎごちないものになってしまっている。これをこのまま一生使っていくのと、効率の高い合理的自然の動きにするのとでは、人生の可能性に大きな差が生まれる。そこで、自分の動きを望ましいものとするために、効率の高い合理的自然の動きに内在する原理を発見し、ぎごちない動きの特徴と、そうなった原因をつきとめ、それらの原理や特徴を、典型的な形でふくむような運動を工夫し発見する。その運動を、うごくことを手がかりとして、望ましい効率の高い合理的自然の動きのもつ原理を、内的実感として把握し、それを生活におけるあらゆる動きに適用することによって、人生の可能性をどこまでも拡大しようとする、こんないとなみを私は体操とよびたい」(『原初生命体としての人間』三笠書房、一九七二年、一三頁)。この考え方は、まさにシュスターマンの身体感性論の基本的な考え方と合致するだろう。実際には、重力を感じ、それに適応しつつ柔軟性を求める、そうした体の使い方をする体操である。野口の死後も、野口の哲学と実践に魅了された人々が、「野口体操の会」を結成し普及活動を行っている。

西野皓三は、一九二六年に大阪に生まれた。大学の医学部で医学を学び始めるが、途中で宝塚歌劇団に入り、宝塚音楽学校の教師となる。歌劇団の振付を担当する。ニューヨークのメトロポリタン・オペラ・バレエスクールに留学し、帰国後、西野バレエ団を設立する。合気道や中国拳法も学び、医学、バレエ、武道の知見を集めて、独自の西野流呼吸法を作り上げた。西野塾を経営し、多くの愛好者に支持されている。西野流呼吸法では、「促芯呼吸」が基本となる。それは、足の裏から息を吸い、全身にめぐらせた後、再び足の裏から息を吐くという呼吸法である。実際は鼻から吸うのであるが、足の裏を意識して呼吸し、足の裏から、膝、ももを通って、丹田と呼ばれる下腹部へ、エネルギーが昇っていくのを感じるのである。それはまるで、大きな樹木が大地から水分を吸い上げていくのに似ている。その後、丹田まで来たエネルギーを、背骨に沿って上へと上げていく。エネルギーは頭頂に達し、そこで軽く息を止め、そのままの状態で、今度はそのエネルギーを鼻筋、口、のど、胸というように、身体の前面を通して、丹田まで下ろす。最後に口から息を吐きながら、エネルギーを促芯から大地に向けて吐き下ろす(『生きるパワー西野流呼吸法——七つの法則』ちくま文庫、二〇〇三年、八二—八四頁)。こうした呼吸をしながら、身体を左右にゆったりとねじる運動などを行うのである。

本節の最後に、甲野善紀という古武術家の実践に言及したい。私は、甲野の生き方、哲学、実践を紹介する論文を或る研究会で発表した(“Archeology of the Art of Body Movement: Learning from Japanese *Kobujutsu*” *Journal of Aesthetic Education*, 53(1), 2019, pp. 97-105.)。甲野善紀は一九四九年に東京に生まれた。人工的な現代農業や現代医学への疑問から、生きた人間の問題の追究として武術に取り組んだ。合気道や剣術を学んだ上で、自らの武術の実践を創作し、それを古武術と呼んだ。その実践を通して、近代以降の文化の中で失われた身体運動技法を再発見することを試みている。例えば、歩くといった単純な日常運動においても、普通に私たちが考えるのとは違った技法がありえることを、古武術は教える。甲野が提唱する身体運動技法は、捻らない、踏ん張らない、といった特徴を持つ。それらは、武術という特殊な領域を超えて、人間にとっての自然の意味を再考するという意義を有している。格闘術としての武術としてではなく、身体運動技法の再考という点で、身体感性論とのつながりを見ることができると思われる。甲野は松聲館という塾を運営し、医学、哲学、教育、芸術など武術以外の幅広い領域から関心を集めている(樋口聡「身体運動技法の考古学——身体知研究の一様態」『教育における身体知研究序説』創文企画、二〇一七年、九五—一一一頁)。

Ⅳ　現代日本における身体感性論の可能性

シュスターマンの身体感性論は、身体の経験と使用についての批判的、改良主義的研究を行う一つの学問であった。それは、身体を感性的受容（アイステーシス）と創造的自己形成の場と捉え、身体への配慮を構造化し、身体への配慮を改良することを可能にする知識、言説、実践、身体訓練に関わるものであった。身体感性論の実践としての身体訓練として、フェルデンクライス・メソッドが挙げられた。身体への配慮が重視され、身体の経験と使用の改良が試みられる実践ということで考えれば、前節で挙げた多様な身体訓練法は、身体感性論の側面を持っていると見なすことができるだろう。フェルデンクライス・メソッドを日本に紹介した安井が言うように、その基本原理という観点からすれば、それらの身体訓練法には、通じるものがあるのである。その共通点は、自己の身体への意識を高める身体訓練によって、新たな自己が発見され、身体技法が改善され、生きる喜びにつながるような快の体験を持つ、ということである。そうだとすれば、現代日本においては、すでに身体感性論は盛んであるということができるのかもしれない。

この種の身体訓練も含んだ健康法は、日本においてはかなり古くから存在しており、それに対する批判的研究もなされている。例えば、田中聡の『健康法と癒しの社会史』（青弓社、一九九六年）がある。田中は、身体の機能が改善され幸福な生き方を実現することが、ここで広く「健康」と呼ばれている。宗教、呪術、医学、栄養学、生命科学、物理学、心理学、倫理学、哲学、武道、生活習慣の伝承など、あらゆる分野の知識や技術が断片的に、健康法の世界には流れ込んでいる、と言う（九頁）。それは多くの人々を惹き付ける。そこには、健康法に真剣に向き合い、それに熱心に取り組む人々の情熱がある。人々の機械化された生活とそれを改良主義的に乗り越えようとする身体訓練法の背後には、〈文明－自然〉の対立に基づいた、いわばロマン主義的病理学の思想があり、人々が自らの身体に鋭敏になるのもそうした意識の先鋭化の現れだと、田中は言う（一二頁）。それは、「健康」フェティシズムでもある。こうした背景を持つ身体訓練法には、熱狂的な愛好者がいる半面、いくらかの「うさんくささ」が付いて回っていることも確かである。

身体感性論も、その実践としてフェルデンクライス・メソッドが特権化され、フェルデンクライス・メソッドの普及をもって身体感性論の隆盛などと考えることになれば、前述のうさんくささから免れることはないだろう。私も、広島大学の私のクラスで、身体感性論の実践と称して、プラクティショナーのかさみ康子を講師として招いて、フェルデンクライス・メソッドのワークショップを実験的に取り入れたことがあった。学生たちには大きな刺戟となり、多くの学生が関心を示した。しかし、一方で、ＡＴＭ（Awareness Through Movement）の考え方やポイントが丁寧に説明されてエクサイズが進められているにもかかわらず、このワークショップが一体何を目的になされているのか理解できず、とまどう学生もいた。特に、ワークショップの後半、ＦＩ（Functional Integration）の実演に入ったとき、耐え切れずに立ち去る学生もいた。見方によっては、科学的な言説を伴う新興宗教の集いと見られてしまうのである。

私は、身体感性論をそのようなものとは考えていない。身体感性論が現代社会で何らかの可能性を持つとすれば、先に取り上げた田中が指摘するように、何か特定の健康法や身体訓練法に狂信的に囚われるのではなく、自分がたまたま出会った健康法によって得られる快さの実感を厳しく吟味し、その内容を構成する諸条件を明らかにし、それに喜びを見出している自分自身の生の営みを批判的に反省することによってだろう。シュスターマンが行っている身体感性論の研究と実践も、その営みであるに違いない。

このようなことを考えて私自身のことを振り返ってみると、私は、これまでシュスターマンが言う分析的身体感性論に従事してきたように思われる。スポーツの美学的研究から始まって、身体論と遊戯論へと問題を拡張し、そしてそれらを教育の原理論的研究につなげてきた。「学び」についての研究も、それに含まれる。私は、現在、自分の専門的な研究領域を「身心文化論（philosophy and aesthetics of body, mind and culture)」と呼び——シュスターマンが長を務めるフロリダ・アトランティック大学の Center for Body, Mind and Cultre の名称は、私が命名したこの領域名から取られたものである——私自身は広義の「教育」の「哲学者」だと称している。私はそうした理論家であるが、私の研究者としてのキャリアの出発点にはスポーツの実践者としての体験があった。なぜスポーツの美学といったことを試みたのか。それは、陸上競技の競技者として、あるいはダウンヒル・スキーの愛好者としての私自身のスポーツ体験を、学問の言葉で語ってみたいという欲求からである。そこで選ばれた学問が美学であった。そして、私は「スポーツの美の哲学的考察」という論文を書き、それが私の学位論文となった。そうした私の分析的身体感性論の背後には、言ってみれば、実践的身体感性論があったのである。

私のような経験を持っている研究者は、特に「美学」には多いのではないかと思われる。音楽に魅了され自らの音楽体験から「音楽の美学」が生まれ、演劇への憧れから「演ずることの美学」が生まれるといったように、である。しかしながら、これまでの美学では、そうした自らの根源的な体験は、いかに重要な意味を持っているとしても学問的な営みとは親和性を持たないと考えられ、ほとんど問題にされずにきた。シュスターマンの身体感性論は、そうした学問の情況に新たな一石を投じているのであり、美学や哲学といった学問の変容をもたらすことが、現代日本における身体感性論の最大の可能性ではないかと、私は考えている。そして、学問の変容は、その学問が対象とする実践のあり様をも変えることになる。現在の私の研究テーマからすれば、学校教育の変革をもたらす思想の生成が、「感性教育論」として身体感性論の視野に入っているのである。日本においては、大学教育のレベルで実践的身体感性論を取り入れた教育、そして学問のあり様が模索され始めている。ここでは、慶應義塾大学や上智大学といった大学で、それへの試みが始められていることだけを記しておこう（『教育における身体知研究序説』参照）。

おわりに

本論考で議論されたことは、（1）somaesthetics は日本語として身体感性論 と訳されるべきであること、（2）身体感性論が実践的身体感性論をも同じ名称のもとに含んでいることは理論と実践の新たな関係を構築する意味を持っていること、（3）日本には古くから多くの身体訓練法が存在し人々に受け入れられているが、それらを直ちに現代日本における実践的身体感性論と見なすことは適切ではなく、そうした身体訓練法の自らの体験の省察が重要であること、そして、（4）理論－実践、理性－感性といった二項対立図式に基づく学問の情況に変容をもたらすことが、現代日本における身体感性論の最大の可能性と考えられること、であった。学問の変容は、日本のみならず全世界的傾向と見ることができるかもしれない。しかしながら、日本の文化の根幹を形成する日本語の特性や、実践を藝の根幹にすえる文化の伝統を継承している現代日本において、理論と実践が融合した学問の姿の例示を発信することが十分に可能ではないかと考えるのである。

こうした学会に集う人々は、いわゆる研究者であり、自らの分析的身体感性論の積み上げを持っているであろう。そうした研究者が、身体感性論のダイナミックな今後の展開のためにまずなすべきことは、自らの実践的身体感性論は何であるのかを反省することではないか。例えば、音楽演奏の愛好者である研究者が、自らの演奏体験の中に身体感性論の諸次元（分析的、プラグマティック、実践的）を見出し、研究を展開する、といったようにである。そうしたことがうまくなされるとき、これまでとは一味違う「音楽体験の美学」が生まれるに違いない。

第七章　スポーツの音声文化性と文字文化性

――身体言語と芸術

G・ゲバウア

I

本日の講演の聴衆の中には、おそらく、スポーツと芸術の関係についての講演から、なぜスポーツは芸術と見なされるべきかという問題についての肯定的な答えを、期待している人々がいるかと思う。ここには一つの願望が働いており、その願望とは、スポーツが価値の高いものとなるだろうというものである。私たちの文化では、或るものが美的であると呼ばれることによって、それが価値を持ってくる。そうすると、競技場に出かけることが、或る午後のひとときを美術館や劇場で過ごすことと同じ文化なのだと見なすことができれば、私たちはスポーツの価値を認めているのだと言えるのかもしれない。しかし、スポーツをますます芸術のように見なしてしまうことが、本当にスポーツにとって有益なことなのだろうか。スポーツを愛好することと芸術を愛好することとの基本的な違いを、私たちは見逃してはいないだろうか。スポーツの愛好者であるために、スポーツに対して高級な領域といったアウラを付与する必要はないのだ。私がこの講演の原稿を書くにあたって保持した考えは、私たちが事象に即してものを考え、芸術とは違った視点でスポーツを見ること、そしてまさにそれゆえにスポーツの価値を考えることができるのだと気づくとき、スポーツはそれ自体の独自性を獲得することになるのだということである。

確かに、スポーツに芸術の性格を認めようとする一連の研究がある。しかしながら、そこでは、スポーツを芸術と同様の文化領域と見なすために、「スポーツ競技という作品」などという言い方を生み出したり、芸術という概念を改竄したり歪曲したりすることがなされている。スポーツは、それ自身の形式言語へと至る道を見出したことはないし、スポーツを芸術になぞらえることを可能にするような内容を、スポーツ自身が形成しえたこともない。形式をまとい、趣味に影響を与え、様式を生み出すような可能性という点で、スポーツは、実践から離れた、自立的で独創的な経験の定式化をもたらすことはできないのである。直接的な身体運動から離れた固有の言語を持つ文学や、あるいは有意味な身振りの固有のシステムを持つダンスと違って、スポーツは言語を創造することができない。私は最初にスポーツの否定的な限界を指摘したが、スポーツが一つの世界を形成することができないということを言おうとするのではない。スポーツは確かにミーメーシス的な世界を生成する。しかし、それはスポーツ独自の世界なのであり、芸術の世界とは異なるものなのだ。

II

芸術の観点からスポーツを見ることをやめるとき、芸術の尺度からすれば欠点だと思われたこと、例えば、スポーツは行為と実践に縛り付けられているとか、スポーツは実践の焼き直しにすぎないといったことが、積極的なものとして理解可能になる。スポーツは私たちの生の時間の内部で、私たちの行為の範囲の内部で、完結する。スポーツは何かを表出するのではなく、表面を生きるのである。スポーツは最高度に具体的であり、実践的な行為と関わっており、それにもかかわらずスポーツは人工的な形成物である。人為的（artificial）なものであって、芸術的（artistic）なものではない。ドイツ語で言えば、künstlich であって künstlerisch な形成物ではないということになる。この特性のゆえに、スポーツは、あらゆる具体性にもかかわらず、環境や情況の支配下にあるという事実にもかかわらず、自由という特徴を有するのである。スポーツは実践を形成すると同時にそれから距離を取るのであり、歴史的にも社会的にも可変性を持っているのである。目的的な行為からスポーツを区別するものは、スポーツは実際的な有効性を持つと同時に、それは表現（representation）でもあるということである。スポーツは人間存在の表現・描写であり、このことが、スポーツが芸術といくつかの共通する特徴を有する理由なのである。しかしながら、スポーツは単純に何らかの人間の表現であるというのではなく、まさに身体的行為の表現であり、実際に生起する、あるいは生起するであろう行為の表現なのである。

スポーツは、社会的行為の再構成、再形成を行うにもかかわらず、自立的である。スポーツ競技は、一定のルール、運動の規範、行動のモデル、あらかじめ規定された演技などに支えられて象徴的に体系化されたものである。それらは、社会的実践に、それ自身は保持していない一つの秩序を与える。社会的実践においては、身体の使用が、物質的・社会的世界についての確実さ、すなわち知と基本的な方向付けの最初の形態を与える。獲得された確実さは、スポーツの体系化された行為の中で消されてしまうのではなく、むしろ形を与えられて鮮明になる。このようなモデル化は、それについて思考することなしに生じるものであり、ピエール・ブルデュが「実践感覚」と呼ぶ感覚がその発現を促すのである。例えば、「ゲームに没頭している」テニス・プレイヤーは、テニスに対する無言の、自明の経験を可能にする。そのテニス・プレイヤーが何をなすべきかを不確かなものとしてしまうのは、言語的な分節化である。ネットに出るべきかどうかなどと考え出したとたん、彼女は失敗してしまうわけだ。この知は、言語的な媒体やその他の何らかの媒体においてそれ自身客観化されるのではなく、まさに行為それ自身においてしか明らかにはならない。身体によって学ばれることは、私たちが保持したり、私たちの目の前にちらつかせることができそうな、そういった単純な種類の知ではない。それは身体自身の内部に存在しているものであり、身体の一部であるものなのである。それは身体がなすこと、すなわち身体的なパフォーマンス自体から切り離すことはできないものなのだ。

社会的実践とのミーメーシス的関係、すなわち形式的なもの、そして様式的なものを強調した象徴的なモデル化が、スポーツを芸術と見なさなくとも、スポーツを美的な実践へと導く。スポーツは表現的な機能を持っているが、しかし、その身振りはそれ自身の言語を生み出すことはない。それは「実践感覚」の行為に留まるのである。私は、スポーツの表現を芸術の表現と比較するような方法を取ろうとは思わない。つまり、芸術と比較してみてスポーツには何かが欠けているといった言い方にくみしようとは思わない。スポーツは違った発展の経路を辿っていると言いたいのである。スポーツと芸術の発生の違いは、両者を区別するものとそれぞれの領域に特殊なものとを、私たちに気づかせる。スポーツと芸術を体系的に比較するかわりに、両者の系譜学の背後にある原理、言い換えればその根拠と起源を考察してみたいと思う。芸術と対照的なスポーツの特徴とは何だろうか。どういった点で、スポーツは芸術と違った発展の仕方をしているのだろうか。スポーツと美が根源的な統一性からそれぞれ固有の領域として生じてくる歴史的な時代を振り返ってみることにしよう。

Ⅲ

古代ギリシアにおいて、技芸（arts）という分離された特別の領域として美がかたちをなしてくるまさにそのときに、スポーツはそのもともとの名声と卓越的な地位を失う。スポーツにとってのこの意味の喪失は、人格というカテゴリーの発展と密接に関係している。紀元前五世紀から前四世紀にかけて、人格という概念は基本的な再構成をこうむる。それ以前においては、人格について内面性、個人的責任、意識といったことがらが語られることはないのであるが、この時代に、新しい宗教運動、神秘崇拝、そして特に人格の内面へと向かう経験方式を持った宗派の勃興が見られた。そのような流れの中で、人間は精神生活を持っているのだという考え方が形をなしてきた。魂といった考え方は、それ以前にもあったのであるが、その魂は自立的な存在とは見なされてはこなかったのだ。ここで、プシケーが、「内面的世界を客体化し形式化する最初の枠組み」を構成することになる。プシケーは人格の自立的な一部分となり、次第に、自我の構造を形成することになるのである。

魂がこのときに形成されてくる経過を見てみよう。それは、二元論的な構造へ向けての人格の心身分離の一形態である。身体について言えば、それは自立的になるのであるが、同時に、人格という概念にとっては重要性を失う。身体の自立化ということが必ずしも不都合な動きだというわけではない。身体は人格の劣った部分であると単純に否定されたわけではなく、このときから身体は人間の表面であると見なされることになるのである。この表面の下に、それとは異なる何か、個人にとって根源的である何かが存在しているのであり、そこにおいて思惟、感情、宗教的信仰といったあらゆる精神的・心的な経過が生じるのである。心身二元論のこの最初の定式化は、それ自体、人間の身体的な形がもともと像・イメージとして、最初は神々の像として、後には人間の像として考えられた長い経過の最終地点である。その展開を振り返ってみよう。

プシケーが成立する以前の古い考え方によれば、神的なものは、身体的な用語で、完全な人間の姿として思い描かれていた。逆に言えば、人間的人格の身体的な完全さは、神的なものの特徴と見なされていたのである。神々の像が人間の現象的な像に沿って形成されたことを思えば、オリンピアの宗教の感性的な洗練が、特に高い価値を享受したオリンピックの競技者の身体的特性から示唆を受けたとしても不思議ではない。神々の像は、競技の卓越性をモデルにしたのである。したがって、宗教は競技的なものの特徴を身にまとい、競技者は神的なものの特徴を獲得したのである。若さ、力、スピード、敏捷さ、美しさといった競技者の美的な魅力は、宗教の輪郭を描くと同時に、それ自身が宗教的な特性を帯びた。競技のできばえと勝利は、オリンピアの英雄と神々によって遂行された偉業の延長、反映と見なされるようになったのであった。並外れた競技者は、神的なものに携わっていると考えられたのである。

この初期の時代、オリンピック・スポーツの美的性格は、スポーツではなく競技者が美しいと見なされたということである。競技者は神的な性格を反映していると見なされたのであった。勝利者の身体は、像として理解されていたのであるが、神的なものを表現するがゆえに価値を認められていたのであった。競技者は、彼の成し遂げたことそのものによってではなく、宗教的なものの写像としての彼の特質において、この世ならぬ不死の世界の像として美的なものへと至るのであった。時の流れとともに、そのような像は、ますますまなざしの対象となった。芸術家、彫刻家たちは、表現においても知覚的受容においても人間の身体の形式を「獲得すること」に専念したのである。彫刻の技術的な発展は、表現された身体自体により大きな価値を与え、人間の身体的自然の特徴をより明確に引き出すことができるであろう新たな芸術的言語の発見へとますます進んだのである。このようにして、芸術家は、もはや人間の身体という媒体を介して可視化される不可視の神々ではなく、人間の身体それ自身である原型へと接近したのである。身体は、神々とのつながりを持たずに、芸術的な営みの範型と対象となった。それによって、身体は宗教的な価値を失ったが、それは身体だけのことではなく、その舞台であるスポーツ競技、アゴンもまた、この現実的な世界へと限定され、身体の表現、身体の自己表現へと連れ戻されたのであった。

宗教的なものと分離されて、スポーツは確かに象徴を保持しえたのであるが、もはや以前のように特別な意味や形式言語を持つことはなかった。身体のイメージ喚起力を用いてその独特の表現システムを発展させる可能性は、スポーツではなく、彫刻が担うことになった。紀元前五世紀から前四世紀にかけてのプシケーと心身二元論の成立——それが私たちの考察の出発点であったが——とともに、オリンピック・スポーツはその威信を失い始める。宗教的信仰と人間的価値の内面化に直面し、スポーツの身振りや自己表現性はしだいに意味を失う。神話や叙事詩といった文化、競技の勝利者と英雄や神々とを同じと見なすこと、身体的な美しさや競技の優秀さ——これらすべてがそのもともとの意味を失うのである。この文化の変容についての最初の重要な指摘がプラトン哲学である。スポーツのイメージは、魂の本質的な部分となったものとは関係を持たず、競技者の偉大な行為とその美しさといった物語は、新しい内面性と文字を使用する文化においてはもはや中心的地位を占めることはない。スポーツはもはや表現的契機を持たず、重要な文化現象ではない。スポーツはプロ化し、哲学者、医学者、政治家たちの信頼を失う。以前にスポーツは神々の宗教と結び付いていたがゆえに、それが失われるやいなや、ギリシアのスポーツの地位は問題をはらむことになるわけだ。以前にスポーツが表現していたものは、もはや文化の有効な力ではなく、またスポーツは別の表現の対象を獲得することはできなかった。スポーツの領域における日常的な実践のモデル化は、奴隷の労働に依存していたギリシア社会においては考えることはできない。哲学者たちは、スポーツを体操という極端に制限された形式において奨励する。したがって、スポーツが身体的自立性を獲得することは、宗教的表現という根源的次元を失うことになるのだということができるのである。それに対して芸術にとっては、その同じことがらが、身体の特別な美学の展開を可能にするのである。

V

これまで私は、スポーツが自立的な領域となっていく経緯を、宗教的なものからの離脱という視点のもとで、喪失の歴史として描いてきた。しかし、スポーツの自立性は、何と言っても一つの収穫である。このことは、宗教的な意味から離れた自己表現的な象徴を伴ったスポーツ競技の行為システムを考えたときに明らかになる。スポーツの行為は身体的な身振りであり、一つの型を持った身体技法である。その身振りが、チームメイト、対戦相手、観戦者として反応を示す他者に対して向けられている限り、その身振りは、スポーツに参加している人々の間に双方向的、コミュニケーション的関係を構成する。プレイヤー間の対話は言葉によるメッセージによってなされるのではなく、身体が直接にコミュニケーションを図る。身振りによるコミュニケーションの特徴として、特に身体リズムが考えられる。リズムは、具体的に言って、身体運動による行為の時空間の構造化と理解される。身体全体が、振動し共鳴をもたらす音楽の楽器のように、一つの道具となるのである。

ここで起こっていることは、スポーツを無文字文化の口承詩になぞらえることによって説明することができる。この種の詩は、語り手や歌い手の語り・演奏あるいは記憶の中にしか存在しない。それぞれの語り・演奏は、他の語り・演奏とたいていの場合似ているが、しかし同一ではない一つのオリジナルを、そのつど新たに生み出す。それは、それ以前に起こった出来事の、それぞれ独自の性格を持った再創造、新たな実現なのである。この詩は、たいていとてつもない膨大さと詳細さを持っていて、身体的な関わりを通して機能する集団意識に支えられて保持され伝達される。実践感覚のように、口承詩は、まさに文字通り、身体化されているのである。口承詩を学び、守り、再生していく本質的な要素は、身体リズムである。詩を朗唱する人の身体全体がリズム的な運動の中にある。その運動が、話される言葉の流れを導くのである。語りのリズムは、或る身体部位の運動と呼応しつつ構造化されることが間々ある。口の動きとともに、とりわけ腕の振りと、足踏み、踏み出し、跳躍、回旋といった足の連続的、リズム的運動が目に付く。コミュニケーションのこうした演技的側面は、言葉を伴わない純粋な身振りの体系として、スポーツの中に残されているのである。

スポーツにおける身振りは、激しい身体的活動であり、身体の重要な非言語的可能性を示す。身振りは、スポーツによって図られる体系化に属しており、社会的実践の中で身体がいかに用いられるのかを示す。すべての体系化されたスポーツ運動が目的の規定された実践に由来すると主張することにはおそらく無理があり、そのことは、身体のもともとの社会的使用を明るみに出す、スポーツ運動の最も重要で最も古いと思われるものについては当てはまる。体系化の過程において、一つの行為の方式は目的的な実践から切り離され、身振りとなることによって、その身振りのもともとのコンテクストからは距離をとったイメージをその身振りは持つことになるのである。書くことは、文字において、声の音声化を体系化し維持するが、スポーツは、身振りにおいて、リズムを伴った身体運動を体系化し維持するのである。スポーツは、口承詩と同様に、一つの「保存されたコミュニケーション」なのである。スポーツは、詩とは異なる仕方で文化的な諸要素を保存しているのであり、記憶のもう一つの方法なのである。

スポーツの身振りとリズムを口承詩となぞらえるこれまでの考察とともに、私はもう一つ違ったことに注目してみたいと思う。すなわち、スポーツは、言葉を伴わない言語の一種の基層として、前言語的な段階に留まっているということである。身体のリズムは記号によって規定され、捉えられるのではなく、運動の実際の行為と結び付いている。身振りの編制は全く社会的であり、社会によって、社会的な階層によって、あるいは性によって異なる。それは歴史とともに変容する。何世紀もかかって形成された身振りのタイプもある。持続する身振りもあれば、時代遅れになって新しい身振りに取って代わられるものもあるのだ。

スポーツはもはやそのもともとの表現機能を持つことはない。しかし、スポーツは現代の中心的な社会的価値を表現する力を保持することは可能なのだろうか。私は、この問題に、スポーツは芸術であるというのではなく、スポーツが純粋な身振りの体系であることを示す上述の系譜学を参照しつつ、答えようと思う。古代ギリシアについての議論においてなされたように、芸術との関係を見ながら、近代スポーツの発展についての簡潔な考察から始めることにしよう。

VI

二〇世紀の初め、スポーツは特殊な情況に遭遇する。文学、少なくとも高級文学は、それが以前に持っていた役割を放棄した。文学が中心的な社会的価値を表現し、文学的形式において創造された神話的統一を社会に与えることは、もはやなくなったのである。芸術は美しくなければならないという責務を放棄し、逆に日常生活が、特に商業デザインへの新たな注目によってますます美化されつつある。近代スポーツは、特に新しく生み出された音声文化的な形式への新たな関心を伴った文化情況に出会うのである。このことは、非媒介的に見える表現形式を求めた啓蒙主義の時代にすでに始まっていて、対話、感嘆詞、「自然のシンボル」（例えば、音が意味を示しているような擬声語）、日常会話の形式、日常の言葉での語りといったことが、文字による文学の中へ持ち込まれたのである。

文学は、例えば過ぎゆく人生の時間といった、時間という次元にますます関心を示すようになる。現代のアヴァンギャルド芸術は、自らを社会的実践から切断し、その代わり、使用する素材そのものとその中間的な性格との対峙へと向かうのである。芸術から見放された空白の場所は、芸術以外のもの、とりわけスポーツによって満たされる。高級芸術には属さないけれども以前以上にその存在の権利を主張する一連の芸術、例えば装飾芸術、商業デザインなどが、新たに開いた場所へと分け入って来る。そういった芸術は、日常生活と社会的実践に対する美的態度を育成することに関わっているのである。

すべての芸術の中で、写真と映画がスポーツに最も近いものを持っている。写真、映画、スポーツが共通して関心を寄せるものは、自立的と考えられた人間の身体であり、そして表面の表現である。美的表現のこれら三つの方法は、モノと人の物理的・身体的な現れを呈示する。しかし、いずれもそのうわべだけで満足することはない。それらは、表面の感性において、より深い秩序を可視化するのであり、それは写真、映画、スポーツといった媒体において自立的に生み出されるものなのである。スポーツもまた現象的で単純な身体的次元を超えている。スポーツは、緊張、勝利と敗北、悲劇、ドラマ、記録、一回限りの見事さなどを示すのである。付与される解釈の言葉の助けを借りて、すなわち言葉による「論評」によって、スポーツは物語を生み出す語りの次元へと結び付けられる。同様に、写真は一瞬において与えられたモノの表面を捉えるが、それだけではその表面は意味を持たない。写真が表面以上のものでありたいと願うならば――それは技術的な次元を超えたほとんどすべての写真の場合がそうなのであるが――写真には意味の次元が付与されなければならないのであり、それは写真のタイトルという特殊な論評によってなされるのである。同様のことが、初期の時代の映画において見られる。動く画像技術の最初の商業的な利用においては、動く映像に物語が付け加えられていた。一九世紀から二〇世紀にかけての最初の映画は幻想的な物語であり、映像的な手段は錯覚と幻覚を生み出すために使われたのであった。例えば、何とも不思議な「女が消える」物語などといったものである。映画という装置は、「自然にある」対象を捉えるがゆえに科学的な装置であり、それと同時に「演劇的装置」でもあった。初期の映画の台本は大衆的な娯楽劇から生まれており、しばしば粗悪なものだった。当時の映画の美的価値は、物語の言葉と言葉による論評の弱さによって損なわれている。映像は、差し挟まれるテクストによって語り始めるのだ。この意味で、初期の無声映画は、映像と文字の中間に位置しているのである。その映像自体は、固有の「映画言語」をまだ与えられていない。それが実現するのは、後の、例えば表現主義の映画においてである。同じように、スポーツの身体的に可視的な表面もまた、それだけが取り上げられる場合には、固有の世界を持つことはない。その表面が運動といった現れ以上のものを示すためには、解釈が必要なのである。論評が加えられる必要があるのだ。解釈のための象徴体系が表面を手助けしなければならないのである。表面が解釈されることによってはじめて、スポーツの表面はそれを超える何ものかを表現する可能性を獲得しうるのである。

Ⅶ

付与される言葉によってはじめて、スポーツは美的次元を持つ。論評の言葉によって強められるがゆえに、スポーツはスポーツ以外の何ものかの表現たりえるのである。そのように見れば、立ち現れる可能性を持った美的価値は、スポーツの中だけにあるというのではなく、論評する言語の質にも依存していることになる。音楽との比較が示唆的である。音楽には、スコアと、演奏によるスコアの解釈、とがある。スコアは書記体系、文字であり、演奏によって具現化され感覚可能となる。同時に、スコアはそれ固有の美的特質を持っている。それが可能なのは、それが音楽の楽譜という独特の表記法を持っているからである。それに対して、スポーツの行為は、他の諸運動から区別されその独自性を確保するような固有の言語記号を持っていない。要するにスポーツの表記法などないのだ。スポーツの行為は、それ以外の何ものによっても規定されないのである。

文字文化とは対照的に、近代スポーツは直接的なコミュニケーションにおいて成立している。スポーツについての言説の緊密な網の目において、スポーツ特有の表現、言い回し、用語法、ニュース報道の形式、口頭に近いリポート、そして文体表現上の特性など、独特の語りの形式が生まれている。

それらのすべてが、スポーツについての文字による表現において消えてしまうわけではなく、その生気を保つ。その生気とは、スポーツの体験相から離れてしまえば、往々にして奇妙なものと見なされるようなものである。しかし、それは、文字という形式において保たれ、もともと具現化されている、語り以外の何ものでもない。十分に展開された言葉による語りは、スポーツ愛好者の世界に属すものである。それは内部の構成メンバーのコミュニケーションという性格を持っており、自らスポーツを実践し、スポーツ競技の世界で自分自身を理解しようとする人々の、独特の情緒的な語りなのである。

近代スポーツ史の初期に、スポーツ競技について語るもう一つの方法を見出すことができる。それは文字文化の慣習に沿った「オリンピック」の公式的な記録描写である。その描写は、明らかに美的な質をねらったものである。その論評や解釈は、スポーツに倫理的、美的次元を与える。競技にまつわる神話の輪郭が形をなす。すなわち、競技の闘いは無私無欲であるとか、スポーツ競技によって市民社会の競争力が洗練され、ルールによって倫理的に制御されたスポーツ競技は「実存の美」といった意味で解釈されるだろうといった神話である。しかし、このイデオロギーは、文学的な支えや装いをあまりとっていない。スポーツの描写に刻まれたのは、エリートの美学ではない。それは、オリンピックが大衆運動として普及し、話し言葉がスポーツにその表現的な質を与えた時代なのである。したがって、これらの特質は文字文化とはほとんど関係がなく、むしろ口頭でのコミュニケーションに典型的な特徴を有しているのである。その表現的な目的のために、スポーツの描写は二〇世紀となる世紀の変わり目ころに生じた、例えばニュース・リポートといった半ば口頭による一連の文学的形式を使う。スポーツをめぐる言説の美的性格は、ラジオという「ホットな」メディアによる「実況」放送、あるいは文学的な線に沿って音声という次元を再創造するような文献において最もよく明らかになる。スポーツについての口頭でのあるいは口頭に近い言葉によって、観戦者は、そこに繰り広げられた描写方法に完璧になじむ。その描写は観戦者に語りかけるのであり、観戦者自身の生き方と関わりを持つのだ。このようにして、スポーツは、社会の中心的な思想、価値、イデオロギーに対して表現的機能を持つことになるのである。

ここで私たちは、スポーツの行為に密接に結び付いた直接的なコミュニケーションの新しい形式の誕生を見ることになる。その形式は、明瞭な感覚的、身体的性格と、情況への直接の結び付きを持って、言葉を媒介にしてスポーツ行為を模倣的にかたどるのである。もしそれを概念的言語に翻訳しようとすると、それは本質的な性格を失う。いわば活気や生気を失うのである。そのような概念的な文字化において、スポーツやスポーツをめぐる論評は、その多彩さ、繊細さ、微妙さ、そして他の社会的実践の諸領域への結び付きの可能性を失う。それゆえに、スポーツをめぐる言説をもっぱら文字的な言語へと方向付けるのは誤りである。それは、スポーツとスポーツをめぐる論評によって可能となる表現の豊かさを、競技という視野や量的な比較へと制限してしまうからである。そこには、社会的実践をさまざまに取り扱うといった可能性はもはやないわけだ。他者との出会いは全く制限されて、他者は、敵という役割か味方という役割によって規定されるしかない。しかし、競技者にしても観戦者にしてもその個人はスポーツをいかに受け取るのか、その人の人生や世界においてスポーツはどんな意味を持っているか、個々人がスポーツに結び付ける思い、イメージ、夢、内面的なリアリティはどんなものなのか、さまざまな可能性があるはずなのだ。

文字で書き留めることは、近代スポーツにとって一つの基本的なことがらとなっている。スポーツは記録、ランキング表、結果報告書なしでは考えられない。しかし、それはスポーツの美的次元に対して一つの危機となりうる。つまり、文字で表記することは、スポーツに含まれている音声文化性という要素を文字形式に移すことであり、違った媒体においてそれを変形してしまう恐れがあるのだ。このことは、社会的実践との関係でスポーツが創造するものが、もはや理解されえないということである。それは美的次元にとっての危機であるが、もう一つの危機は、ステレオタイプのありきたりの語りの形式によって、論評する言葉の生気が失われることである。スポーツの美的次元を活性化しようと思うのならば、口頭での話、リポートであれ、口頭でのコミュニケーションの模倣であれ、スタイル化された語りの形式を再生したりそれと戯れたりすることの中に、その語りを見出そうとしなければならない。それによって、スポーツだけでなく論評もまた、内部に存在していても一般には気づかれていない、一つの美学を展開させることになるのである。その言葉の群はまさに実際の情況から生まれるのであり、スポーツにコメントを与え、スポーツを語り、そしてスポーツを解釈し、時にはスポーツを神話化してしまうのである。それは、文学の作家たちがそれによって作品を生み出し、彼らがスポーツについての物語を書こうとするとき戯れる、大きな言葉の集積体なのである。

本日の私の講演で特に述べたかったことは、次のことである。すなわち、スポーツについての言説に関与し、その言説に責任があり、あるいはその言説に何らかの影響を与えるすべての人々に対して明示すべきことは、スポーツを美的に興味あるものとし、さらに価値あるものとすることができるのは、そういった人々の理解と発言なのだということなのである。それは彼ら彼女らが、競技の視点への矮小化を打開することに成功し、身振り、リズム、論評、そしてスポーツについてのさまざまな物語を伝えることができるときに、実現することなのである。

ダイアローグ7
スポーツ＝芸術論への批判と論評による美的次元の生成

樋口　聡

ゲバウアの“Orality and Literality in Sport: On the Language of the Body and Art”。一九九六年の講演である。その第一節で、スポーツを芸術と見なしたがる哲学論への批判が展開されている。この問題は、スポーツの美学的考察では、或る意味必然的に生じるものである。その必然性については、私の『スポーツの美学――スポーツの美の哲学的考察』（不昧堂出版、一九八七年）を参照していただきたい。そして、私は、「スポーツは芸術か?――ワーツ‐ベスト論争」を一九八九年に発表した（『体育・スポーツ哲学研究』第一一巻第一号、二七―三九頁。後に『遊戯する身体――スポーツ美・批評の諸問題』大学教育出版、一九九四年、一四七―一七一頁、に収録）。私は、ゲバウアと同じように、スポーツを芸術と見なそうとする論を批判している。この批判的言説に対し、スポーツが芸術と見なされないのは、その際の「スポーツ」の概念が、陸上競技などの特定のスポーツに限定されているからではないか、新体操などのスポーツを見れば話は違ってくるのではないか、などと言う人がいるが、このゲバウアの論考を丁寧に読めば、新体操も含めてスポーツの独自の価値を明らかにするという強靭な意志のもとに、スポーツ＝芸術論の安直さが批判されているのが分かるであろう。

ゲバウアよりも早く私はその議論を展開しているのであるが、私が論文を英語で発表しなかったので、すぐには、ダイアローグは成立しなかった。スポーツ＝芸術論を批判する論者が人数の意味でマイノリティであったということも、学界での意思疎通を停滞させた。一九九六年にゲバウアがこの論考を講演会で読み上げたとき、ようやく問題の共有を図ることができ、互いに顔を見合わせて、「そうなんだよな」とほほ笑んだことを覚えている。

しかしながら、ゲバウアの論考は、私の議論をさらに発展させることになる問題を含んでもいる。スポーツが芸術的な位置から外れていく様を古代ギリシアにおけるプシケーの成立に見て（この点は、樋口聡「ヘーゲル哲学とスポーツ論の可能性」『思想』第一〇五〇号、二〇一一年、五〇―六五頁、でも取り上げている）、スポーツは芸術とは異なる独特の特性をまとっていくことになるのであるが、その特性を、ゲバウアは口承詩に見られる音声文化と捉えようとしているのである。何と、スポーツは詩という芸術なのではないか。否。スポーツを詩などの音声文化との対比の中で、メタファー的な思考においてスポーツを改めて見ているのである。このポイントを見誤ってはならない。私のその後の議論は、ゲバウアのそれとは異なる方向で展開したが、ゲバウアと同様、スポーツを芸術との対比のもとで、スポーツをも飲み込む「アート」の観念の創成へと向かったのであった。ワーツ－ベスト論争は、このさらなる展開を踏まえて見ていただきたい。おさえるべき論考は、さしあたって、私の、「芸術と非芸術――魔術的なアートとしてのスポーツ」（『諸芸術の共生』溪水社、一九九五年、四〇三―四一五頁）、「美学的知の臨界――美学の変容とスポーツ文化論」（近藤英男ほか（編）『新世紀スポーツ文化論』タイムス、二〇〇二年、五一―一一三頁）、「スポーツの美学とアート教育」（佐藤学・今井康雄（編）『子どもたちの想像力を育む――アート教育の思想と実践』東京大学出版会、二〇〇三年、一九〇―二〇七頁）、「美学の変容の一断面――W・ヴェルシュのスポーツの美学をめぐって」（『美学』第二一八号、二〇〇四年、一―一三頁）、である。

そして、「ヘーゲル哲学とスポーツ論の可能性」で指摘したように、論評による美的次元の生成の必要性。"Innovations in Aesthetics and the Culture of Sport"（『現代社会におけるスポーツの諸問題と多元的価値に関する研究――スポーツ文化・現代身体論への学際的アプローチ』（科研報告書）、二〇〇九年、四七―五四頁）および「美学とスポーツ」（『体育の科学』第五四巻第八号、二〇〇四年、六〇九―六一二頁）で、私は「一〇代後半から二〇代にかけての若者であるアスリートたちの「内面」に、一体何があるというのか。そこに、ある種の精神性やスポーツの美の発現があるとすれば、それをみて取る私たちが、写真や物語や映像を通して、精神性や美をクリエイトしているからに他ならない」と書いた。さらに、「スポーツと美しさ」（友添秀則ほか（編）『新版　教養としての体育原理』大修館書店、二〇一六年、一四一―一四三頁）。「「スポーツ」に「美しさ」を結びつけること……それは、スポーツの体験や現象を、言語によって考察し、表現することによって実現される。その言語による表現は、「美学」といった学問の言葉によるだけでなく、エッセイなどの文芸によっても、なされることがよくある。そうした現実のスポーツの体験や現象を振り返って省察すること、そして、それについて語ることによって、「スポーツ」と「美しさ」は結びつけられ、「スポーツの美」の広がりがみえてくる」のだ。

こうした論の展開は、必ずしもゲバウアと直接的にこの問題に向き合ってなされたものではないが、図らずも同じ地点へと辿り着いている。こうしたことが、本書で言うダイアローグの妙なのかもしれない。

第八章　日常生活における健康スポーツの今日的意義

——社会学的・哲学的視点から

G・ゲバウア

I

進歩というイデオロギーと、それが現在生きている場所を考察することによって、今日の私たちの生活における健康スポーツの果たす新しい役割について考えてみよう。「健康スポーツ（fitness sports）」ということで、私は、テニス、ジョッギング、バレーボール、水泳といったものを考えている。この言葉の意味については Hoberman, J., *Sterbliche Maschinen*（Aachen: Meyer and Meyer, 1993）に詳しい。

一九世紀、進歩とは、機械、機械的なもの、無機的なもの、要するに、蒸気機関とか動力織機、二〇世紀では内燃機関、そして電力、といった「エネルギー」を巨大化させる装置の価値を安定させることを意味していた。初め、テクノロジーの発達とともに、それは人間の身体や人間の生からはどんどん離れていった。テクノロジーは身体との或る種の類似性を有していたが、そのうち、抽象的で人間とは異なるモデルが好まれ、そのような身体との類似性は放棄された。テクノロジー使用の連鎖の中で、身体は関係を絶たれ、排除され、最も弱い結び付きしか持たなくなった。結局、人間と機械の関係におけるそうした亀裂は、テクノロジーの機構という脅威をもたらすこととなった。それは二つの側面から見ることができ、人間は機械に奉仕し機械を操作するものとなったのであり、そして同時に、機械によって生産された商品を消費するものとなったのである。

遅くとも第一次世界大戦の終わりには、産業テクノロジーが私たちの身体能力の改善へと向かうことになった。最初にそれに取り組んだのは製薬産業であった。人間の運動能力を高めるために、製薬会社は、興奮剤、強壮剤、そして感情の高揚状態と闘争心を生み出し、活動抑制の安全弁を解除するための精神活性剤を製造した。これはすべて、人間の機械的操作の最適効率化という目標に合致する、代理物であり支持物である。性ホルモンの製造が大きな前進をもたらした。身体自身によって作られる物質の製造は、正常な量であったとしても、突然、その「正常」は、新たな製造目標を実現するために必要なレベルをはるかに下回ることになった。言い換えれば、自然が人間の身体にとって可能だと考えることをはるかに超えて、人間は、活動を刺激する物質を過剰に製造しようとしたのだ。この新たな進展によって、自然それ自体が刺激を受けることになる。つまり、自然は単に強化されるというだけでなく、自然だけでかつてなしえたこと以上のものへと変えられるのである。

私たちがとにかくこのような考えを持つことができるということは、人間の身体の運動であるスポーツがその実践の中で長いこと保持してきたものと関わらなければならない。スポーツはこの種の事態の展開に道を開いてきた。体力トレーニングのポイントは、身体自身の運動により、その標準的な能力を超えることにある。筋肉、赤血球、神経回路、血管などが最も効率的に作りかえられ、自然は、いわば自然自身によって乗り越えられる。自然は、身体が生存するために必要なレベル以上に、その能力を発達させるのである。スポーツにおいては、生きている生物体が、テクノロジーが目指す目標となる。スポーツの進歩の原則は、自然の進歩のシミュレーションである。運動とトレーニングにより、身体は人為的に、極端に困難な生存条件にさらされ、忍耐を強いられることになり、身体はより強く、より速く、よりパワフルになってそれに適応しなければならない。例えば、高地トレーニングは、二千メートルの過酷な条件のもとで人間の生物体としての機能を発揮させ、その結果、人間の持久能力を高めようとするものである。そのような人間の能力の人為的な育成のモデルは、トップレベル競技者のそれである。日常の運動や健康スポーツについて言えば、平均的なランナー、テニスや水泳の愛好者たちは、自らの能力や時間、そして個人的な好みに合わせて「マイケル・ジョーダン」モデルを改変しているのである。

今日、私たちは、この事態の推移の最終段階が、自然の身体的変化のシミュレーションを超えていかなる局面を迎えるかを見ようとしている。その進展は、現実の人間の能力を高めようとするものではもはやなく、遺伝子操作のテクノロジーによって新たな展開を図ろうとするものである。人間存在の全体像などは現代では通用することはない。私たちが人間のより良い姿として描くことができる可能性と比べて、現実の私たちのあり様は時代遅れなのである。遺伝学における人間存在の新たなユートピアは、スポーツにおいて興味深いアナロジーを見出すのであり、実際、スポーツは、これから起こるかもしれないことの予兆である。つまり、トップレベル競技者たちは、私たち人間がいかようになりうるのかを示しているのだ。遺伝学は、効率的かつ簡単に、遺伝子操作だけでトップレベル競技者を養成し、さらにすぐれた者を生み出すことができるのである。今日の最高峰にある競技者たちにおいて、日常生活における運動や健康スポーツの特殊条件や要求に見合った方法を、将来、健康クラブにおいて導入する可能性が試行され開発されている。

右で述べられたような、人間の改善の試みとともに、スポーツが社会の進歩をもたらしうるもう一つの流れがある。製造される商品は消費者の関心を惹かなければならない。商品それ自体、テクノロジーによる諸機能が或る種の魅力を喚起しうるのであるが、そのような魅力だけでは十分ではない。何かを買うという決断は、別の領域での消費を控えることを意味することが多く、それはテクノロジーによる装置以上のものに依存している。車を買う場合、たいていの人は燃料噴射エンジンの諸特性で購入を決めるのではなく、何と言っても、それが発散する情緒的なものによってである。例えば、アクセルの感じ、スピード感、車全体のフォルム、優雅さと力強さ、運転のしやすさと楽しさ、などといったことである。テクノロジーの装置によって発散される感情は、極めて身体的なものである。それらはしばしば身体に関係する用語で表現される。エンジンの「ブーンという快音」、「滑らかなアクセル感」、「反応のいいハンドル操作感」の、purring、smooth、responsive などが身体に関係する用語である。テクノロジーは、まず存在感あふれる美を保持し、それが人間の身体を思い起こさせる諸特徴で磨き上げられ、私たちの感情を刺戟するとき、それは私たちのポケットからうまく金を出させることに成功する。健康スポーツは、この流れを示す重要な指標である。スポーツは、美しく感覚の鋭敏な身体にテクノロジーが具現化するのを示すのである。

Ⅱ

歴史的に見れば、スポーツが身体とテクノロジーの融合をもたらしたことには二つの段階がある。第一には、競技者の身体自体がテクノロジーの産物と変えられたということである。それは完璧に機能する機械であり、その絶対的な完全性において、今日、一般的なジョギング愛好者にとっての目指すべきモデルとなっている。競技者のどんなささいな動きも優美さを示さなければならないし、脚の動きは時計のようにスムーズで、一連の身振りは、高精度のメカニズムによってコントロールされているかのようになされなければならない。競技者はわずかな筋肉の動きをも制御するのであり、すべてが問題なく進む。競技者はあらゆる機械の最もすぐれた部分を所持しているのだ。このことは強い印象を与えるように思われるが、半機械人間というのは、また、異常な、ときには不気味な感じさえ私たちに与える。機械的なものは、明確に機械の中の人間が明るみに出るとき、自らを感じさせる。これはまずは苦痛であった。例えば、苦しさにゆがんだエミール・ザトペックの顔や、「責め苦の旅」と呼ばれるツール・ド・フランスの山を登る自転車の闘い、などである。今日、人々はあらゆる形の熱情を目にし、それぞれの仕方で日常生活において熱情を再生産することを望んでいる。とりわけ、喜びの表現、感動した顔の劇場、成功を祝う勝利の祝祭などである。そこに内在化しているものが見えるものへとならなければならないのである。

第二の段階が生じたのはごく最近である。競技者の身体－機械は、同時に、感情の表現のステージでもある。競技者は機械のようになろうとする。競技者は、感じたことや知覚したことを、どんな機械よりもうまく表現することができるがゆえに、機械を超えている。競技者はただ単に結果を出そうとするのではない。何と言っても、競技者は自分自身のイメージや感情を作り出すのである。ハイテクと感情が競技者において現実化することは、消費のための理想的な状態を生み出す。

さて、ここで、メディアによって作られたトップレベル・スポーツ競技の存在が、日常生活における健康スポーツに与える影響について考察することが重要である。テレビのスポーツ放送は、広告と結び付き、日常生活を超えたスポーツ・ショウを呈示する。広告は視聴者にとってスポーツの中心部分である。視聴者もまた、自ら競技者となる可能性のある人々であり、あるいはすでに実際の競技者であったりもする。広告は太陽であり、スポーツの競技会がそのまわりを廻る。最近のスポーツの発展ぶりを理解しようとすれば、私たちはテレビ・スポーツの世界に対する広告の力から考察を始めなければならない。そして、テレビのスポーツ放送が実際のスポーツの競技会自体に与える影響も考察する必要がある。テレビの前に座り、私たち視聴者は、競技者の妙技や高ぶる感情を期待する。感情のスペクタクルを私たちは待ち受けるのである。広告について見れば、競技者のイメージが感情的な性質を保持しているということにおいて、広告は消費者に語りかけるのである。広告はスポーツ放送のために資金を提供し、競技者に金銭を支払い、そしてスポーツ競技会に必要な物品を購入する。それに引き替え、消費者は広告に、感情を経験する時間と感受性、言い換えれば喜んでそれを受け入れる意志を提供するのである。

広告のイメージは、美しい人々がいかに良い生活を送っているかを示す。私たちはその快適さに加わるように誘われる。そのイメージは日常生活を賛美する。きらきら光るクルマ、注がれるビール、泡立つシャンプー――淡く薫る肌、洗い立ての衣服――こうしたイメージが、スポーツのイメージの海に繰り返し顔を出す。スタジアムで、私たちは繰り返し、並外れた競技者、良く知った顔、信頼の置ける人々に、親しく出会う。私たちは、競技者の機械－身体を頼もしく思える。彼らのスタイルは、私たちが広告で見る人々よりもはるかに素晴らしい。そのかわり、私たちのスター選手たちは、激しい闘いを勝ち抜かなければならない。もともとミュージカルのために考え出されたメディア・テクノロジーに支えられて、スポーツ報道自体が、極めて感情的な装いを呈している。視聴者は緊迫した実況放送に引き込まれ、感情的なものの感受装置は最高度の感度を示す。スポーツの興奮のまっただ中に、突然コマーシャルが飛び込んで、手頃な値段で購入できるという消費の幸せの淡いイメージで、広告は私たちに微笑みかける。そのテーマはこうだ。つまり、少なくとも金銭的に余裕がある程度において生活を改善すること、である。広告とスポーツは二つの交差し合う領域である。すなわち、現実の生活における幸福の追求と、スポーツにおける生きることの向上である。

この観点からすれば、スポーツは広告になくてはならないものとなる。その逆に、広告はスポーツにとって不可欠なものなのだ。スポーツはそれだけでは全く違った性質を持つことになるだろう。特に、金銭収入、社会での認知度、マス・メディアの注目、イメージの生成といったことに関し、広告の支えなしではスポーツは今のような高い地位を獲得することはできないだろう。スポーツと広告は互いに互いを必要としているのであるが、その意図することは違っている。広告は、トップレベルの競技者と日常レベルの競技者の間に結び付きを見出そうとする。トップレベルの競技者たちは、一般のジョギング愛好者が見る広告を通して、直接、間接に金銭を受け取っている。そのかわり、スター選手たちは、広告の重要なメッセージの保証を請け負い、彼らは多くの平均的などこにでもいる競技者を支配することになる。スポーツに信頼を寄せる人は皆、将来、それもより良い将来を信じる。社会的な平等と公正という崇高なるユートピアはすでに消え失せ、より人間的な社会を希求することなどもはや真面目な話としてはなしえない。しかし、日常生活での限りあるユートピア、例えば私たちの個人的な生活では物事は良い方向に進んでいるとか、私たちの身体は現代生物学の恩恵を受けるだろうといった保証を、私たちは熱意を持って信じるのだ。スポーツは、この進歩の頂点に位置している。その進歩の確実性の印は大変な重みがある。スポーツは私たちの向上を求める。未来は自分自身の身体によって切り開かれる。それ以外のもの、例えばより良い社会、公正と社会的平等のための闘いなどは、背後で消え失せるのである。

Ⅲ

今、健康スポーツに重要な役割を与えている特筆すべき変化は、ファッションの領域で起こった。かつて一九七〇年代、ファッションは、身体の露出の度合いを変化させるゲームの中で美しさを競う、明らかに衣服に関することがらであった。現在の情況は全く違っている。ファッションはもはや身体に関することではなく、身体そのものがファッションなのだ。ファッションの対象として身体は、衣服の全体的な「ヴォーグ」以上にはるかに重要である。今日のファッションの中心は、競技者的な身体能力の高さである。それゆえに、ヌードはファッションの表徴としてより説得力を持っている。裸になってはじめて、身体はその真の姿を露わにする。計算されたカロリー摂取、身体の特定の部分を削減するための運動、全体的な健康感、清潔感、香しき肌などの、その人のライフスタイル全体がそこに呈示されるのだ。裸の身体によってはじめて、私たちはその人が社会階級のどこに立っているのかを判断することができる。身体は、その人の社会的位置を詳しく表現する。身体は社会的表徴の束である。人の社会的地位は、言わば裸の身体に基礎を持ち、その身体がまとう下着から外套にいたる衣服の層によって形作られるのである。

筋肉が人を包み込み、私たちは包まれた身体となる。筋肉は神話的なものを包み込む、時間を超越した衣服となる。皮膚とは違って、筋肉には触感がない。筋肉は呼吸をすることも感じることもできないのである。筋肉は、人を守るための防備物となる。しかし、その中に人間がいるわけではない。筋肉はサングラスのような働きをする。サングラスは、仮面のように、見ている人間の不在を隠す。競技者の顔を覆う仮面は、神話的な仮面である。こうして、身体はその過去を喪失し、それゆれにその深さも失う。そのかわり、神話を獲得するのだ。

トレーニングを積んだ身体が欠いているものを、私たちはギリシアの彫像に見ることができる。彫像は良質の軽い衣服をまとい、その衣服は身体を優しく包み、身体の形を際立たせている。そして、身体は或る種の滑らかさや流れを獲得する。「手が滑るように、湿った感じの衣服が古代の彫像の身体を流れる。今日、感じることができる何ものかが、ここに芸術作品となる。触覚の流れの中で、何かが身体に訪れ、身体の内部に入り込み、皮膚を開き、柔らかで開けゆく感じを与え、私たちを一つの感覚の薄膜へと変化させる。その薄膜を通して、活気と生気を伴いながら、他者の身体が私たち自身の身体の中に現出するのである」。「鍛えられた身体」が欠いているものは「触れ合いの魔術」である。鍛えられた身体は触覚に向き合うことがないのだ（Böhme, H., "Plädoyer für das Niedrige. Der Tastsinn im Gefüge der Sinne," *Die neue Gesellschaft. Frankfurter Hefte 6*, 1996, 513.）。

かつては、社会的認知の方向は全く逆向きであり、外側の部分から始まった。毛皮を着た人が私たちの前にいれば、それが誰かは分かったのである。社会的地位は、肩から掛けられた衣裳のようなものだった。外面は、中に何があるのかを示していたのである。しかし、身体の実際の外形はそれほど重要ではなかった。より重要なものは、身体の中に満ちている精神だったのである。身体の表面の下に、いくらか古い表現で信念、態度、内的核などと呼ばれる、この「他者」が存在したのである。人が身体的にどのように見えるかということはたいして問題ではなかったのであり、むしろ内面が重要であった。この見方は、競技者的なファッションの身体には全然当てはまらない。競技者的な気構えからすれば、非競技者的な身体の内に留まることなどできない。健康を意識する態度や禁欲的なライフスタイルとちょうど同じように、その精神は直接的な身体の形を前提にしている。精神そのものの身体化・具現化なのだ。健康スポーツの中心的な特性、例えば優れた競技能力、健康の意識、禁欲主義などは、価値であると同時に身体的な特性であり、身体的なるものの顕示である。それらは身体の外形へと入り込む。

かつては「内的な」価値と考えられていた価値の具現化・身体化のこのプロセスとともに、身体は一種の砦となる。鎧と同じように、その役目は病気、加齢、魅力の減退、能力の低下などから人間を守ることである。皮膚、筋肉、体毛は、人間に対するあらゆる脅威から人間を守るために洗練される。鎧の堅牢さは、また、社会的に好ましくないものをも撃退し、人間はそうはなりたくないもの、例えば、肥満、筋肉のたるみ、気力の減退、また関わりを持ちたくない社会のグループの特徴などのすべてを締め出すのである。

運動や健康スポーツにおいて、身体は、かつては別のものが有していた次の三つの機能を引き受けてきている。一つ目は、社会的地位を表す象徴的表現であり、二つ目は、従来内的なものと見なされてきた〈考えること〉の身体化であり、三つ目は、自然の、あるいは社会の脅威に対する恐れを払拭すること、である。

これらのことがらは、絡み合いながら、身体を人間の最も重要な部分へと変換させる。身体は人間の社会的な形式なのだ。つまり、人間は服を着ていないときに本当の意味で裸なのではない。形式として人間はなお衣服をまとっているのであり、その人の社会的アイデンティティを形成する諸特徴に覆われているのである。服を着ていない状態のときでさえ、身体は、身体を取り巻く社会的属性という衣服を身に付けているのである。それはアダムとイヴのコスチュームではなく、社会的地位という記章で飾られた衣服である。衣服がなくても、身体は誰かである。服を脱いだとき、一人ひとりの違いははっきりする。裸体に均一性はない。かつて、社会的な不平等がそのような形で進展したことはない。あなたの身体は、あなたが獲得したものなのだ。

スポーツでは身体は一つの舞台である。そこにおいて、社会的地位が露わになり、それゆえに他の地位に対する区別、差異が現出することになる。さらになお、かなりの部分、その区別がここで生成されるのである。健康スポーツによって、人は、自分自身の社会的地位の形成に取り組むことになる。スポーツは、伝統的には教育と職業に依存してきた社会的な立場の形成を、余暇活動の追求の中で成し遂げるのに寄与する。この観点からすれば、健康スポーツは、社会的な階級の差を飛び越えて、それ自体の利点にのみ向き合う自立的なゲームではもはやない。むしろ、社会の真面目な領域で獲得された諸特徴を、非‐真面目の領域にまで拡張するものである。階級の差がないなどということはありえない。逆に、余暇におけるスポーツの実践は、区別をするラインに満ちている。まず、さまざまな種類のスポーツの間にはっきりと付けられた境界線が存在する。例えば、レスリング、ウェイト・リフティング、アマチュア・ボクシングなどのパワー・スポーツは、ほとんど例外なく低い社会階級によってなされるものであり、テニスとバレーボールは中流・上流の階級によってプレイされる。次に、外部からはほとんど見えない明確な境界線が、同じスポーツの内部に存在している。テニスのプレイヤーは、どのように、そしてどこでプレイするのかによって分類される。すなわち、厳しい会員制のルールと高い会費の伝統のある高級クラブでプレイするのか、それとも時間制のスポーツ施設でプレイするのか、といったことである。

社会階級を分け、或る社会階級のメンバーが自らを他から区別するのに使う諸特徴、シンボル、社会的実践、これらのすべての区別に、健康スポーツの諸特性も属している。ここにおいて、身体とその使用は「文化資本」の構成部分となるに至る。健康スポーツの実践は、多数の人々が観客として見に来るスポーツ競技とは違って、国家を統合することができるような社会の絆を形成する中心的な役割を果たすのには適していない。

スポーツ競技の成績は個人の社会的な立場には何の関係もないという重要なメッセージをスポーツは伝えることができるのだとされたのは、かつての話であろう。スポーツは、物質的報酬や社会的利益を目指して社会の階段を駆け上がる機会を与えるとは見なされてこなかった。スポーツによって金持ちになるなどというのは思いも寄らないことだった。それは賃金労働とは対比的なものだった。紳士の高潔さを試すことがスポーツのモデルとなったのである。「フェア・プレイ」とは、非の打ち所のない条件のもとでのみ勝利を望むことを意味した。それは、真の勝利のみが価値あるものであるからであり、その人は、確かに自分が一番であるということを確信しなければならないのだ。この考えは、勝利についての厳格な考え方を示している。違った行動原理が今日のスポーツには当てはまっている。それは身体資本の最大活用である。健康スポーツによって獲得された健康や体力とは、社会的競争の場での勝利なのである。

ダイアローグ8　現代日本におけるスポーツの諸相

樋口　聡

I

現代日本において、スポーツが余暇の主要な領域の一つであることは疑う余地のないことである。年間、それぞれ一〇〇〇万を超える人々が、ゴルフやスキーに出かけ、テニスや水泳を楽しんでいる。また、野球、サッカー、相撲といったプロ・スポーツは実に多くの観客を動員し、スポーツ観戦という楽しみを、生み出している。野球の年間観客動員数（一九九二年当時）は二三〇〇万人を超え、会場の収容人数が限られている大相撲でも年間八〇万人を上回る観客を獲得している。そしてスポーツが新聞やテレビで報道されない日は一日もない。スポーツ用品のメーカー、フィットネス・クラブ、リゾート産業、ツーリズム、スポーツ・ジャーナリズム、プロ・スポーツ、そしてスポーツをめぐる広告業などといったスポーツ産業は、今、数兆円規模の市場を有しているという（原田宗彦（編）『スポーツ産業論入門』杏林書院、一九九五年、一三―一三、一二五頁）。

こうした社会現象は、日本的なもの、特に現代日本的な何かを象徴的に示しているのであろうか。確かに「スポーツは社会を正確に映し出す鏡であると同時に社会の産物でもある」がゆえに、ジョルジュ・ヴィガレロがツール・ド・フランスにフランス的特性を見出すように（ヴィガレロ（杉本淑彦訳）「ツール・ド・フランス」『思想』第九一一号、二〇〇〇年、八六―一一八頁）、私たちは例えば相撲に日本的特性を見出し、記述することもできるかもしれない。しかしながら、相撲だけでなく、野球にしてもサッカーにしても、日本におけるそれらのスポーツの様相は、まことに日本的であることに私たちは気づいている。そうした日本的特性を紋切り型の表現で括り素朴な文化ナショナリズムに陥ってしまうことを避け、ここでは、一つの課題として、現代日本におけるスポーツの諸相を描写してみよう。

Ⅱ

現代日本において、最も参加者数が多いスポーツは何か。「スポーツ」の概念を広く捉え、「参加」の意味を自ら実践することと考えれば、それは野球でもサッカーでもない。驚くべきことに「体操」なのだ。「参加」の意味を観戦にまで拡張すれば、それは競輪・競馬・競艇などのギャンブル・スポーツだ。入場者数の統計で見る限り、ギャンブル・スポーツの人気は野球などを圧倒している（原田、前掲書、二〇、一二五頁）。それは、現代日本におけるパチンコの隆盛とも無関係ではないように思われる。

多くの日本人が実践している「体操」としてすぐに思い付くのは、ラジオ体操である。それは、アメリカ・ニューヨークのメトロポリタン生命保険会社が始めたラジオ体操にならって、一九二八年に逓信省（かつての郵政省の前身）簡易保険局が文部省と協力して制定しＮＨＫのラジオ放送で普及させた国民保健体操である（高橋秀実『素晴らしきラジオ体操』小学館、一九九八年、三二─三三頁）。それは、毎朝六時三〇分から、独特のかけ声と音楽伴奏で実施されるわずか数分間の簡便な体操である。この体操の愛好者は三〇〇〇万人を超えるという。現代の日本人は、小学校時代の夏休み早朝の日課として、必ずこのラジオ体操を経験する（同書、七頁）。それは、体操というよりも一種の儀式のようなものである。この不思議なラジオ体操が、現代日本の愛好者数のトップを記録する「スポーツ」に位置している。

日本人とラジオ体操の関わりを興味深く描写した本が、今参照している高橋秀実の『素晴らしきラジオ体操』である。それによれば、ラジオ体操の愛好者のほとんどは高齢者である。ラジオ体操は、皆がやっているものだから何となくつられてやってしまうという「共振現象」に基づく日本人の行動の仕方をみごとに様式化しており、そしてそれは日本の昭和という時代を象徴するものだろうという。ラジオ体操は、人々が、日常生活における画一的な時間配置の感覚を、身をもって習得するための装置として機能していたのだ。

ラジオ体操は、健康の維持増進のための身体運動であると同時に、一種のパフォーマンス的な行為の実践でもある。それは、現代日本においては、観察されるためのパフォーマンスではなく、むしろ実際にそれを行う人にとって有意味な演技であるのだ。もちろん他人によって観察されることもありえる。しかし、そこで重要なのは集団の渦の中で体感する「共振現象」である。「共振現象」が生じるためには、体操の一つひとつの動作や、一つの動作から次の動作に移る連続性などに、一種のスタンダードがなければならない。そのスタンダードを示す模範演技者の体操には、指先の方向や肘の角度など、まことに細々とした画一性が求められている。それは滑稽でもある。画一性に身を委ねてしまう快楽を、ラジオ体操はシンボル化しているのだろう。画一性に身を委ねる快楽は、もちろん、今の老人たちだけに固有に見られることがらではない。現代の若者たちのレジャー・スポーツの画一性とも、通じるかもしれない。

Ⅲ

さて、日本で最も人気のあるスポーツは何かと問われれば、多くの日本人は「野球」と答えるだろう。その答えの自明性は揺らぎつつある。しかし、外来文化としてのスポーツが日本に受け入れられて定着・普及していく過程において、野球が占めた位置の意味は大きく、野球の人気には根強いものがある。東京大学の前身の第一高等学校の学生たちが野球をプレイし、この第一高等学校を中心に野球が広まっていった。第一高等学校は、縮めて「一高」と呼ばれた。一高は強豪チームであり、長い間いわゆる一高時代が続いた。その後、早稲田・慶応が一高を破り、早慶時代となる。伝統の早慶戦の始まりだ。一九一五年に、中等学校野球大会、今の甲子園高校野球大会が始まる。それを背後から支えたのが、新聞というマス・メディアだった。一九二六年にラジオ放送が始まり、すぐに野球の試合を放送するようになった。一九三〇年代にはゴムボールを使った軟式野球が一般化した。それによって、それまで野球の観戦に留まらざるを得なかった人々が、野球を自らプレイすることができるようになったのである。また、一九三〇年代にはプロ野球が始まった。これらが、野球を国民的スポーツにまで持ち上げたのである（樋口聡「日本の近代化とスポーツ観客の誕生」金田晉（編）『芸術学の一〇〇年——日本と世界の間』勁草書房、二〇〇〇年、九七—一一七頁）。

戦後、日本のプロ野球は発展した。特に六〇年代から七〇年代にかけての高度経済成長期に読売巨人が日本シリーズ九連勝という信じがたい記録を作り、巨人神話が出来上がった。そのチーム力だけでなく、プロ野球界で最古のチームで、そして東京という日本の巨大な中心に位置するチームという属性が、「絶対的な存在」のオーラを生み出し、巨人は人々の憧れの存在となった。それは、例えば、日本で最も古い東京大学という大学が、仮想的なアカデミズムのピラミッドの頂点に位置するかのように、である。

さらに「巨人の星」という漫画に描かれた「スポーツ根性物語」も時代の産物だった。一九六四年の東京オリンピックで、日本の女子バレーボール・チームは金メダルを獲得したが、彼女らは「東洋の魔女」と呼ばれた。大松博文という監督に率いられたそのチームは、信じがたいハード・トレーニングで知られていた。それが「東洋の魔女」というニックネームの由来である。死力を尽くしてとにかく頑張るという姿勢と重なって、「スポーツ根性（縮めて「スポ根」と呼ばれる）」という俗悪なスポーツ・イメージが形成された。その後マス・メディアがそのイメージを増幅させ、その醜悪なイメージを再生産し続けた。それはもちろんマス・メディアだけに対して問われるべき問題ではなく、高度経済成長期に日本人が経験した生活の記憶の一端を象徴するものであり続けているように思われる。その生活の記憶の一端とは、組織の明確な目標を掲げ、それに向かって皆が協力し、和を保ち、力の限り頑張るのだ、という物語、そしてその物語を維持するための快活な振る舞い、といった空虚なイメージである。さらに、長嶋茂雄に代表されるスター・システムの完成もまた、日本人を野球に引き付ける大きな要因だ。

日本の子どもたちが野球というゲームと出会い、自ら参加する機会を得るのは、従来は学校の課外活動としてのクラブ活動だった。小学校ではソフトボールが一般的であり、野球は中学校からプレイされた。その野球は軟式野球が中心だった。六〇年代、ほとんどの中学校に野球クラブがあり、野球はまさに花形スポーツだった。野球チームに加わらなくとも、男子生徒にとって、キャッチボールの最低限のテクニックは、習得しなければならないものだった。日本人をそれほどまでに引き付けてきた野球であるが、意外なことに、学校教育の正課の授業で教えられることは決してない。バスケットボール、サッカー、水泳、陸上競技などの多くのスポーツが、正課体育の教材として教えられるにもかかわらず、野球はそこから完全に除外されている。これは戦後の教育システムの構築とスポーツ団体の利害に関わる政治的問題に由来する。教育の場としての学校空間に、野球のプロフェッショナリズムのイメージはそぐわないものであったのかもしれない。

今、少年野球は、リトル・リーグなど学校の外の活動に移行している。この傾向は、水泳やテニスなどすでにコミュニティにおけるクラブ・システムが整備されている一部のスポーツだけでなく、少子化という時代の流れとともに、ほとんどすべてのスポーツ種目で近い将来生じることが予想されることである。それでも文部科学省や学校現場は、教育の領域からスポーツの教育的意義を放棄してしまうことはない。むしろ、逆に、スポーツの教育的意義の強化を図ろうとしている。学校の正課の教材に含まれなかった野球というスポーツに対し、教育的意図のもとに寄せられる期待はますます大きくなっている。大リーグでのイチローをはじめとする日本人選手の活躍なども、それに拍車をかけてきている。それは、学校教育の正課・課外という制度的配置がすでに無効のものとなっていることを示している。スポーツは、制度的教育における学校空間がすでに時代の流れに即さないものとなってしまっていることを示しているのだ。そして、スポーツと学校教育の関係の中で、野球は独特の位置を占め続けてきているのである。

この野球と対照的なのが、サッカーである。サッカーのJリーグとプロ野球はどちらもプロ・スポーツであるが、その組織の構成原理は大きく違う。例えば、サッカーにおいては、プロのチームの下にユースなどのアマチュア・チームの設置が義務付けられている。これは、これまでの日本のスポーツのプロとアマチュアの関係からすればまことに斬新な仕組みである。そうしたスポーツのあり方に対する新しい考え方が、現代日本のスポーツ・シーンの新たな一ページをすでに開いている。

文化人類学者の今福龍太は、野球などのスポーツにはありえなかったディアスポラ的な無国籍性の発現という快楽が今のJリーグにはある、と言う。今福によればその最も象徴的なものが選手たちの髪形だ。あらゆるヘアスタイルが乱舞するサッカーと、全員が仏教徒の坊主のようなショート・ヘアが当たり前と考えられてきた高校野球は、全く対極的である。今福は、規格性、統一性、同一性といったユニフォーミティに対する社会的抵抗のシンボルとしての髪形を、サッカー、特にJリーグのサッカーに見る（今福龍太「二〇世紀論としてのスポーツ」『談』第五〇号、一九九五年、五四―六二頁）。

ノンフィクション作家の佐山一郎は、日本のサッカーについて次のように指摘した。すなわち、「日本のサッカー環境は、均質的無階級社会であるがための困難に直面している。それは社会システム内に差異を創出することの難しさといってもよいだろう。野球、相撲、マラソン、ゴルフと、すでに切っても切れないほど定着＝和食化した競技種目があり、それがために日本人にとってのサッカーは、依然どこかしつこい西洋料理なのである」（佐山一郎「日本のサッカー——社会の限界と可能性を写す苦い鏡面」日本スポーツ社会学会（編）『変容する現代社会とスポーツ』世界思想社、一九九八年、一六六—一六七頁）。

ここでは、スポーツへの嗜好が、味覚という原初的な感覚に帰着させられている。私たちは、自分たちの基本の味覚を持つがゆえに、さまざまな料理を言わば無国籍化し、自分たちの文化の中に定着させる。日本において食べられる中華料理やフランス料理や韓国料理は、やはり日本的である。日本的なフランス料理の「国籍」を問うてみても意味がないのだ。しかし、近代スポーツは、オリンピックに象徴されるように、ナショナリズムのシステムとして発展してきた。今福のサッカー論とつきあわせて考えてみれば、サッカーは、文化が融合する中で、国家という政治的共同体によって呈示される「国籍」の虚構性を、料理の無国籍化とは違った方向で示しているのである。

V

多くの日本人にとってサッカーが依然西洋的であるとするならば、和のスポーツの典型はやはり相撲である。今私たちが目にする大相撲の「伝統」と考えられる神事的性格は、二〇世紀になって作られたものであるという指摘がある（トンプソン「スポーツ近代化論から見た相撲」亀山佳明編『スポーツの社会学』世界思想社、一九九〇年、九一頁）。日本古来の伝統と言われているものには注意深くならなければならないのであるが、家制度を機軸にした大相撲の相撲部屋のシステムは、世界的に類を見ない制度だという。相撲部屋は新弟子養成機関としての役割も果たす。初土俵を踏んだ新弟子は、国技館内にある相撲教習所へ六ヶ月間通い、教養として、相撲史、運動生理学、国語（書道、作文を含む）、社会教養一般さらに詩吟まで勉強するという（生沼芳弘『相撲社会の研究』不昧堂、一九九四年、三〇―三一頁）。このシステムも、プロ・スポーツの選手養成としてはユニークだろう。

現代日本（二〇一八年）の高校生の野球人口、サッカー人口は、それぞれ一五万人を超えているのに対し、クラブ活動として相撲に取り組む高校生は一〇〇〇人に満たない（全国高等学校体育連盟のウェブサイトにおける統計資料 http://www.jhbf.or.jp/data/statistical/index_koushiki.html、日本高等学校野球連盟のウェブサイトにおける資料 http://www.zen-koutairen.com/f_regist.html）。野球、サッカーの一〇〇分の一以下である。限られた数の中から新弟子を確保し、大相撲を維持・発展させるためには、すぐれた才能を発掘するリクルートと、その才能を十分に開花させるための魅力的な受け入れ体制を準備する必要があるだろう。相撲部屋は、今のところ、その体制を維持しえていると言ってよいのだろうか。海外出身の力士が大活躍している現況を見るとき、関係者の思いは深刻だろう。最近は、いくつかの相撲部屋がインターネットにホームページを開設しており、そこで新弟子募集をうたっている。入門資格は、「身長一六七cm以上、体重六七kg以上、中学卒業から二三歳まで」という単純なものだ。それは、入門資格に合致し、やってみようと思う若者に対する呼びかけであるが、むしろ相撲部屋の後援会などの関係者に広く推薦を求めるものだ（http://www.arashio.net/howto.html）。そこにあるのは、「情報があれば全国どこにでも親方が出張します」という軽快で明るい乗りだ。確かに、相撲は、見る者にとって魅力的である。そこには、超人間的とも言うべき異形の身体のぶつかり合いにおける力と技の美学がある。しかしながら、誰が自ら力士となろうとして、異人の世界へと足を踏み入れることができるのだろうか。大相撲の世界は、今や、高校や大学の相撲クラブの延長上に位置している就職先の一つであり、若者が挑戦してみる対象の一つとなっている。それは、野球やサッカーと同じなのだ。

Ⅵ

大学を卒業して力士やプロ野球選手やJリーガーになる人々もいる。その存在がそれほど奇異ではない、というのも現代日本におけるスポーツの一断面かもしれない。ただし、これは、例えば、ヨーロッパの或るスキー選手が医学生でもあり、学業を一時休学しながらワールドカップのレースを転戦しているといった事例、つまり学業もスポーツもどちらもハイレベルで両立させているというのとは、全く異なる。要するに、大学というアカデミズムの性格が、ヨーロッパのそれとは違うのだ。現代日本の大学は、アカデミズムとは異質のスポーツという領域が確固たる地位を占めうるシステムになっている。大学スポーツの隆盛という点では、アメリカの方が日本よりも先行しはるかに上を行っている（Andre, J. and James, D. N.（Eds.）*Rethinking College Athletics*, Philadelphia: Temple University Press, 1991, pp. 1-3.）。そのアメリカのシステムとも大きく違う情況が、日本の大学にはあるのである。

これまでの日本の大学は、入るのは難しいけれども、卒業するのはまことに簡単だ。ほとんど同じ年齢の若者たちが、同時に入学し、ほとんどすべて同時に卒業していく。入学試験をパスすることは、大学生として勉強することを認められたことを意味するだけではなく、それ以上に、その大学に所属し、同時に同窓生になることを意味するのである。卒業は当たり前のことがらだ。大学を卒業したという学歴は、今日の日本社会でやはり一定の意味を持ち、就職にとっても有利な付加価値であることは確かだ。したがって、当然、大学入試に合格することは、高校生にとって重要な問題となる。そこに激しい競争が生じることになる。大学教育のグローバル・スタンダードからすれば決して適正とは言えない日本的システムを何とか変えるために、さまざまな入試改革がなされてきた。その改革の一つとして、筆記試験の学力検査だけで合否の判定をするのではなく、受験生の多様な能力を評価しようという動きがあった。その「多様な能力」の中に、スポーツの競技能力も含められたのである。要するに、「スポーツ推薦」という入試制度が導入されたのだった。

スポーツ推薦には大きく二つある。一つは、どんなスポーツ種目でもいいから、特定のスポーツ競技において全国大会入賞などのすぐれた成績を高校時代におさめた者に対して、その能力を「一芸（一つの能力）」として評価しようとするものである。いくつかの、特に私立大学が導入している入試である。大学に入ってから勉強する学問と、そのスポーツ能力は全く関係がない。高校時代に、特定のスポーツ競技にすぐれた成績を残すことができた者は、そのスポーツ競技に献身的に打ち込んだのであり、競技者としての生活と一般的な高校生としての学校生活を両立しえた点において、十分に模範的な高校生、つまり大学に進学してさらに学業生活を継続するに足ることを証明しているというのが、この入試システムの背後にある考え方である。しかし、それは建前だ。その背後には、主要なスポーツ競技の優秀な選手を集めることによって強い大学チームを作り、大学選手権などの競技会で優秀な成績をあげ、大学の名前を世間にアピールしようという意図がある。マス・メディアが取り上げる競技会での活躍で大学名が報じられれば、結果的に顧客としての受験生の増加を見込むことができ、それは大学にとって重要な経営戦略なのだ。大相撲やプロ野球に進む大学卒業者は、このシステムのメリットを享受した者が多い。

もう一つは、大学の学部にスポーツに関係する分野があり、その分野が大学入試改善の一方策として導入する推薦入試である。その分野とは、スポーツ科学や体育学と呼ばれるものだ。それはこれまで多かれ少なかれ教育に関係する領域として位置付いているので、この推薦入試で問題にされるスポーツ種目には一定の制限がかかることが多い。要するに、学校教育の「保健体育」という教科で扱うようなスポーツ種目が中心であり、したがって野球などは外れてしまうことがある。この入試でも高校時代のすぐれた競技能力が評価されるのであるが、その能力は、大学入学後の専門的な勉強とも関係があるとされる。一例を挙げれば、筑波大学はスポーツ科学を研究・教育する日本で最大の組織を有する国立大学であるが、この入試を早くから幅広く導入しており、その結果、国立大学を卒業したJリーガーを生み出すことになっている。スポーツ科学や体育学という分野は大学の中で一定の位置を占めており、この領域で教える大学教員への道も、華々しい競技成績を残して引退した優秀なスポーツ競技者たちには開かれている。もちろん、最低限、大学院の修士課程を修了しなければならないので、そのために、この分野の大学院もまた整備されてきた。

このようなスポーツ推薦制度の存在は、特定のスポーツ競技に秀でた能力を有する身体が、現代日本においてまさに一定の文化資本たりうることを示している。上記のようなプロ・スポーツやオリンピックにつながる競技レベルだけではなく、今日の日本において、かなりの広がりを持ってスポーツ推薦制度はその機能を発揮しているようだ。東北地方の小さな山村でスキーの能力が文化資本となり、そのことがその地域の教育力の形成に寄与していることを実証的に示す事例研究がある（松村和則（編）『山村の開発と環境保全――レジャー・スポーツ化する中山間地域の課題』南窓社、一九九七年、一七七―一九七頁）。それによれば、中学校や高校で競技スキーに打ち込み、県の大会で上位入賞するくらいの技能レベルで大学進学の切符を得ることができるという。そして彼ら彼女らは都会の大学で四年間過ごした後、スキーによる文化資本の再生産のために、子どもたちにスキーを教える指導者として村に帰るという。また、スキーによる大学進学は、彼ら彼女らの交際範囲を飛躍的に拡大する。そして、スキーなしにはありえなかったケースの配偶者の獲得をも可能にしているのだ。

Ⅶ

現代日本におけるスポーツの諸相を見てきた。そこに見えたものは、スポーツ産業と呼ばれる形で複合的に人々の生活を覆っているスポーツの姿、メディアによって作り出される野球やサッカーなどのいわゆるメジャーなスポーツ像、それからはこぼれていくマイナーでローカルなスポーツ的変種の文化的生態、学校教育との結び付きを変質させつつも新たな関係を生み出していくスポーツの繁殖力、文化の基層から原初的な身体感覚に至るまでの変容の動因と象徴としてのスポーツ、そして文化資本としてのスポーツ技能身体などであった。それらはスポーツの諸相であると同時に、社会や時代の諸相でもある。現代日本におけるスポーツの隆盛の背後には、人々のライフスタイルと結び付いた産業、メディア、教育などの問題性が見えてくるだろう。スポーツ技能身体が文化資本となりうる現代日本の社会構造が、浮き彫りになってくる。

スポーツを実際に自分でプレイするにしても、観客としてハイレベルのスポーツ・パフォーマンスを観戦するにしても、それは、ほとんどの人々にとっては、労働時間と対比的に捉えられる自由時間すなわち余暇になされる活動である。しかしながら、現実のスポーツは、余暇になされる単なるレジャーであることをはるかに超えてしまう。「娯楽」や「行楽」といった限定的なニュアンスを持つ一般的な「レジャー」の観念を超えて、レジャーの基本的意味に帰り、逆に労働や仕事に対する新しい見方を生み出すときに私たちは差し掛かっているのだろう。本論考で見てきた現代日本におけるスポーツの諸相は、そのことを示唆している。

本論考は、ゲバウアが健康スポーツの今日的意義について語った（第八章、一九九九年）ころにまとめられたものである。さまざまな具体的データの多くはその当時のままである。社会的アイデンティティとしての身体といったゲバウアの基本的視座に触発され、本論考は、現代日本のスポーツの具体相に迫ろうとしているのが分かるだろう。「現代日本」へのまなざし、そしてその語り口は、このダイアローグが国際研究集会（日本語とフランス語の同時通訳の場）でなされたものであるという情況と無関係ではない。

第九章　ニーチェ、フーコー、そしてスポーツにおける英雄主義

G・ゲバウア

一七八四年に書かれた「啓蒙とは何か」[1]という論文で、カントは、哲学に新たな課題を与えた。それは、哲学的出来事としての現在についての探究、すなわち哲学者自身が属している「現在」の意味の探究である。そして、哲学は、「私の現在の意味は何か」という、哲学それ自身の現在について語るという問題の省察へと至る。ミシェル・フーコーは、この論文について、私たちにとって示唆的な解釈を与えている。フーコーは、思惟と行為がいかなる現在においても可能である条件の探究という、この問いに対するカントの答えを、批判的に解釈しているのである[2]。この種の哲学的推論は、「現在という時点」の意味の同一性を明らかにすることを目指している[3]。それは、当事者である参加者の視点からではなく、静観的な観察者の距離を置いた立場から、現在を理解することである。

現在という時間の意味は、現代美学といった領域から考えられうるのであり、芸術家の作品におい

てだけでなく芸術家のライフスタイルにおいても示される。この点については、フーコーによって引用されるように、観察者ボードレールの目が、生きることとの空想的現実、現実は空想であり空想は現実であるということを、あからさまにする(4)。空想的なるものは、現代人の生活のはかない、束の間の美、現代の性格によって、特徴付けられる(5)。このようにして、「日常的な英雄主義」が私たちの時代の一部となる。より広い意味では、美的現象は、社会の中でプレイされるゲーム、特に、危険性の高いスポーツ、スケートボード、インライン・スケート、トライアスロン、極限スポーツなどを含むと言われうるだろう。それらもまた、現在という時点の感覚的具体化を与えるのである。現在の意味に疑いを挟むということとは違って、それらは、現在の意味をはっきりと目に突き付ける。舞台での演技のように、身体的でパフォーマンス的な仕方で現在の意味を表現するのである。ゲームは、知性によってなされる抑圧からかなり自由である行為の領域をプレイヤーに与える素朴な活動であるから、もし、それをどのように読めばいいのかが分かるのならば、現在は他の領域以上に自らを明らかにする。現在という時点の意味は、新しいゲームがプレイされ、観客によって取り上げられる実に多くの場所において、顕在化する。それらは、たいていは、ありきたりの場所、見ごたえのない場所、毎日の社会生活の場である。現代スポーツにおいて見られるような、日常生活における英雄主義が、ここでの議論の対象である(6)。

　現代において、ゲーム、特にスポーツは、ここ二〇年、三〇年、四〇年の間に、根本的な変化を被った。それらの変化は、過去とは異なる現在という時点の意味に付随する、重要な変容を表している。

その複合的な変容は、人間主体が自分自身と向き合う態度における変化によって、簡潔に説明されうる。ゲームは、自己に対する主体の関係の特別なケースである。ゲームにおいては、主体は、その活動の対象となる。すなわち、主体は活動そのものに夢中になり、没頭するのである。主体は、われを忘れ、と同時に、自分自身を顧慮し、興奮の欲求を調整し、快楽に身をゆだね、ゲームのルールに実際にあるいは形の上だけで従うことによって、ゲームとの関係、そして一緒にプレイするプレイヤーたちとの関係を表現する。ゲームは、自己との関係は、制度によって成文化されるはるか以前に、ゲームにおいて具体的に示される。ゲームは、制度や規範的な実践よりも迅速であり、自己に対する関係を根本から変容させる。つまり、行為する主体は、永続的な社会形式を獲得する以前に、新しい形式の実験をすることができるのである。ゲームとスポーツにおいては、自己との関係の展開は、日常生活における以上に、はるかにダイナミックで流動的である。

ここ二、三〇年の間に出現した新しいスポーツは、危険を冒すという特徴を持つ。それらは限界に挑戦する試みである。競技者は、最高度の極限状況に耐えうることを、自分自身に対しても、また他人に対しても、はっきりと示そうとする。記録を破ることや、新生面を開拓することが目標である古典的スポーツとは対照的に、その目指すところは、他人に負けまいとすることや境界線を越えようとすることではない。ポストモダン・スポーツでは、世俗化はもはや目標とはならない。実際のところ、これから世俗化すべき場所などこの地球上に存在しない。ポストモダン・スポーツは、困難さの限界、耐久不可能なことと接する情況を切り開くのである。(7) 危険を冒すことは、長いこと真理と結び付けられてきた。古代ギリシアでは、危険を冒すことは真理探究の一つの特殊形式であった。初期の裁判は、実際に何が起こったのかを問題にはせず、対立する当事者たちを一つの闘い、危険性の高い場所へと差し向けた。そのような裁判は、真理を証明することに基づいているのでなく、真理を決定するために演じられる、身体的闘いに依拠したものであったのである。

同じ様に、危険を冒すことに焦点がある新しいタイプのスポーツは、裁判の構造を持っている。新しいタイプのスポーツを、次のように説明することができる。競技者は、平凡な毎日を告発する原告の役目を果たすのであり、自分が特別なグループに属していることを証明しようとする。彼は、告発の根拠は彼自身の内部にあるのではなく、普通の生活条件のもとでは開花することのない彼の能力への挑戦の欠如にある、という証拠を示す必要がある。原告は彼の力の検証を要求する。その検証とは、競技者が限界まで達し彼の生を奪い返すことによってなそうとするものである。それは、その主体の試練である。

そのようなスポーツは、人間の本性の探求に至る。人々は自分自身を新たなものへともたらすことができるだろうか。生き方の形を変えることができるだろうか。極限的な状況を求めることで他者と共同体を形成することができるのだろうか。そのような人間は人々に受け入れられるのだろうか。そうしたグループは、家族や、クラブのような家族的な制度とは、明らかに違っている。古典的スポーツもまた、一つの探求の形であった。それは自己探求であった。そこでは「私とは誰であるか」ということが問われたが、それは「私は何ができるか」という主体のパフォーマンス・レベルの問いへと変えられた。ポストモダン・スポーツはパフォーマンスに非常に大きな関心を持つのだけれども、彼らの目標は、主体の深遠さを証明することや、個性や独創性を示すことでは、ない。競技者は、他の人々と比較して特別な人間であろうとは、もはや思わない。彼らの自分自身への関心は、自分は何ができるかということだけである。

古典的なスポーツとポストモダン・スポーツにおける自己の概念の違いを見ることで、この変化を解釈することができる。自己とは、社会によって構成された個人的性格である。その個人的特徴は、完全に社会的存在に包摂される。その人に与えられた社会的位置、ブルデュがハビトゥスと呼ぶものへと自己が消えていくことは、非常に洗練された自己の卓越化と結び付いている。(8)個人的性格の社会的形成とその個人化は、同じ過程の二つの側面以外の何ものでもない。このことが、「監視と処罰」におけるフーコーの根本的に革新的な分析の中心的主題である。古典的なスポーツにおける競技者は、卓越化による極微的差異化（infinitesimal differentiation）という事実に気づいていない。彼らは、自らを他者と区別する努力の中で、彼らがいかに特別で、いかに大衆から抜きん出ているかを、繰り返し示そうとする。しかし、ポストモダンの競技者の不満は、他者との違いを絶えず示さなければならないことへの異議申し立てにあるのである。

個人化の極端な形のように見えるものは、実際は、生涯にわたって形成され、社会の中に根差している自己からの解放という試みである。個人対社会という裁判において、「私は永遠に私のままであり続けなければならないのだろうか」という問いが呈示される。スポーツの二つの理解は、二つの対立する傾向を示している。古典的な理解においては、主体は、彼の潜在的な、未開発の可能性を引き出そうとする。新しい理解においては、主体は、社会的自己とは異なる何者かであると同時に、共存できる他者とともに共同体を形成することを望む。この種の連帯感においては、個人は他のメンバーと同じであって、彼らとともに、あらゆる非メンバーとの違いを生み出し、同時に共同体内部で明瞭な位置付けを維持することを望むのである。彼の行為は、普通であることという力に抵抗するとともに、他者との区別ということにも抗うように向けられる。しかしながら、それは破壊的なわけではない。それは、社会的な力を侵食するものではなく、社会的関係を問題にすることなしに、社会的関係から自由になる試みを意味しているのである。

限界にまで到達し、人間としての可能性を試し、社会的現実を告発するという危険を冒し、それに打ち勝つとき、その人は英雄となる。ポストモダン・スポーツにおいては、競技者は、競技者に対してなされた古い表現を振り払おうとする。そして、その古い表現に替わる新しい考え方を見出そうとする。新しい実践の出現によって、スポーツは、新しいタイプの人間性を描くための、一種のアヴァンギャルド、一つの実験の場を作り出すに至った。それらの規律・訓練のすべてにおいて、私たちは、一つの激変、一つの破壊的解放、あらゆる形式の安全の放棄、そして平常の限界に向けての動きに、立ち会っている。今日、そのような限界は、実存哲学との関係において規定されることは、もはやない(9)。焦点は、明らかにされるべき主体の内面に深く隠された、根源的で代替不可能な同一性や本来性や自我ではないのだ。目標はむしろ、それ自身の自己の構築を導くことができる主体の構成と、自己を制御し続けることである。自己についての個人的概念を生成し、それをどれほど変更することができるかを試すという、境界線と向き合うことについてのフーコーの記述は、ポストモダンのゲームにとてもよく当てはまるように思われる。

社会とスポーツの両方における最近の傾向を特徴付けると言われている個人化に対して、それとは逆に、英雄主義における非個人化や非主体化を私たちは見ることができる。その英雄は、中流階級の伝統的な個人主義を超えていくことによって形作られる超主体的人物像である。競技の英雄は、もはや一個人ではなく、映画や演劇における登場人物のようなものである。彼の創造のプロセスとそこで用いられた芸術的な手段が、最終的な作品を形作る。その芸術的な手段によって生み出された英雄を考察することで、その手段の関わりの程度を理解することができる。

この新しいタイプの英雄の特徴は何であろうか。基本的には、英雄を生み出すために、技術的な手段が使われる。第一に、競技活動を支えるために使われる装置が、そのための道具である。最新の技術的装置の使用に基本的に依拠しつつ、競技者は身体とパフォーマンスのレベルを上げている。身体がそうした装置に適応するのであるが、それは身体が装置に従属しているという意味ではない。自然の身体だけでは決して成し遂げることのできない偉業を達成することをその装置は可能にするのであるから、それは、より高い発展の段階に到達するという意味においてである。今や、競技者は、空中を舞い、滑空し、長距離を駆け抜け、いとも簡単に大変な高さを跳ぶことができる。その装置が、競技者を別の生き物に変えているのである。それは、自己に対する競技者の関係を変化させる。競技者は自分を違った存在と見、違いを感じ、そして自分自身を別人と見なすのである。視覚イメージを生成させる装置は、自己との新しい関係のもう一つの側面である。(10)

テレビ、写真、ビデオが、スポーツにおけるポストモダンの英雄を生み出すことに重要な役割を果たしている。メディアの助けを借りて、人気のある英雄は大衆に身近なものとなる。クロース・アップの接近が、テクノロジーによって生み出された競技者の視覚イメージで実現される。そのイメージは、新しい見方を示している。それは、他のメディアが見劣りしてしまうような圧倒的な存在感を持っている。それは、テレビジョンを「(「テレ」ではない)「ローカルビジョン」に変える。同じ技術的装置が、ポストモダン・スポーツの日常的な英雄によって使われる。それは、危険と向き合っている競技者を賛美し、鼓舞する。そして、競技者は社会を告発する裁判に勝ち、英雄となるのだ。彼は、もはや彼自身ではなく、より高い存在、ほとんどフィクションのキャラクターとなる。パフォーマンスとテクノロジーを結び付けることによって、彼は、個人という状態から自由になるのである。

ポストモダンの英雄の今日的イメージは、写真とビデオ・カメラで制作され、インターネットで表示、配信され、その当人によっても、また他の人々によっても、実際の人物描写として受け入れられる。それらは、現実を表現するのでも、それらが何らかの現実を有しているのでもなく、自分自身に対する競技者の態度を示しているのである。一つのイメージが、人間主体の代わりをしたのである。非個人的で、超個人的な何ものかが、作り出されているのだ。このプロセスの新しいことは、技術的な非人格化が、ポスト個人主義的でポスト主体的人物像を形成する機会となっていることである。その人物像から一つの物を作り、その創造に一つの永続する形を与えているのである。

そのような作られたイメージは、ゆらめく現象界によく見られることがらを、私たちに気付かせる。それらは、繰り返し再生産される一定のモデルを固定化させる。実際のところ、標準的な英雄の視覚的特徴を再生産する目立った傾向がある。一定のイメージの再生産は、最初の衝撃を与え、共同体での受容と認知を得るプロセスにとってなくてはならない部分である。共同体のメンバーは、新しいメンバーが、衣服、態度、動きのスタイル、用具、材料、個人的な関心のしるしなど、欠くことができないと見なされるすべての見た目の特徴を持っているかどうかを、念入りに調べる。[11]共同体の儀式の中心に位置するはっきりした反復が、英雄とその行為に安定性と構造を与えることがらである。ポストモダン・スポーツのどの共同体も、イメージの反復と類似に依拠している。そのイメージがなければ、メンバーたちは見分けがつかないだろう。しかし、それは、メンバーはどこかにあるイメージを単にコピーすることを意味するのではない。そのイメージは模写ではないのである。そのことは、競技者は一つのイメージへと自己を粉飾するというのではない。そのプロセスの中で、日常生活において今まで生じたことのない全く新しい何ものかを見分けることができるのである。その新しいものは何であるのかを明らかにするために、一人の人間が一つのイメージとなるプロセスを詳しく見る必要がある。

通常、行為の真最中に、人は自分自身のイメージを呈示しているということに気づくことはない。行為のシンボル的側面は、行為の最中には気づかれず、後になってそれは明らかになる。例えば、A

さんを「ヒッピー世代の典型的な代表」と呼び、彼はそのイメージの完全な具現化だと言うとすれば、私たちは多様な現象を呼び起こし、それらを一つのイメージへとまとめ上げることになる。そのイメージの融合は、将来、一九六〇年代と関係する時に生じるのである。六〇年代においては、そうしたことが起こるだろうとは誰も考えることはできなかっただろう。当時、ヒッピー世代の典型的なイメージを示す、また今日的な観点から見てもそうであるような人々は多数いた。その当時は、人々は、彼らのいでたちはその特徴を示していたが、彼らが自分たちをそのイメージとして示したのではなかった、と言っただろう。彼らのシンボル的特性それ自体は、彼ら自身あるいは他の人々にも、認識可能ではなかった。今日、競技者は、ポストモダン・スポーツを「自分自身をデザインする」ために用いるのであり、彼らは、後の世代が彼らについて持つだろうイメージをすでにはっきり示しているのである。彼らは、一定の将来のイメージを先取りしている。彼らが将来示したいと思うのは、彼ら自身のそのイメージである。詳しく述べれば、このイメージの呈示は三つの段階を持っている。（一）現在における行為の間、競技者は将来の時点での観点へと自らを移動させる。（二）現在という時点において、彼らはその将来の時点から振り返る。そして（三）将来のイメージに対応する仕方で行為する。このことは、彼らは将来という様態においてのみ存在するイメージを繰り返し投影するのであるから、彼らは通常の時間の流れを逆転させていることを意味している。

　ポストモダン・スポーツの競技者は、二つの時間を同時に生きている。現在だけに彼らは関わっているわけではない。彼らの自己のいくらかについては、あたかも「これが、私が持つことになるだろうイメージだ。将来の世代は私をこのシンボルと見るだろう」と言うかのように、彼らは将来から彼ら自身を見返すのである。それが、ポストモダンの英雄を生み出す見方なのである。古典的な競技者英雄から新しいスタイルの英雄への転換を表現しているラインホルト・メスナーは、いかに彼が現在完了の視点を彼自身の生き方に当てはめているかを、あからさまに記述している。[12] まず、ハイデガーを読むことで強い影響を受けたスタイルで、彼は、「自分の生き方を死から考察する」と主張する。[13] しかし、彼は次のように続ける。「私が一つの決定に直面するとき、私は二〇年先の自分自身を考え、その時点から現在を振り返っているかのように行動する。それは仮想的ではないのか。全くごまかしにすぎないのではないのか。人生が終わるとき、人生は終わりなのだ。したがって、人生は一つの伝記にすぎない[14]」。

メスナーは、自分自身を伝記以上に、神話へと作り上げている。彼のポストモダンの神話は、時間の拘束を超えようとし、英雄の死を超越した視点を取る。英雄の人生と仕事は、死がすでに克服された場所から見られている。その超越した視点は、時間の制御を確実なものにする。それは、現在という時点のはかなさと短さを把握し、それを忘却と喪失から守る。神話は、時間の非連続性と結果として生じる退廃と闘うために、作られる。それは、人類の上に立ちたいという競技者の欲望、英雄になるための闘いに満ちている。ボードレールは、魂の探求という形とは異なる「自己創出」という形で、芸術世界の中にそうした態度を創造した。彼は、それは現代人の生活における一種の叙事詩（le côté épique de la vie moderne）であると見ている。[15] 一九世紀において、そのような自己創出を実践したのは芸術家であった。当然、彼らは、そのような態度はアイロニーというコンテクスト、ダンディとしての自己の呈示というコンテクストにおいてのみ、存続することができるということを知っていた。

スポーツの世界では、自己創出者たちは、それを知っているにしても知らないにしても、身体的強さの単純な記録において明白に、アーティスト－ダンディという理想を目指して努力している。しかしながら、微妙なアイロニー、距離化、逆説的な定式化は、その記録においては表現されえない。新しい競技の英雄たちは真剣であり、その真剣さは、ボードレールによって描かれた、皮肉を込めた「現在という時点の英雄主義」のパロディである。彼らもまた自己表現のゲームをプレイするのであるが、しかし、ゲームの間、彼らがなろうと欲するシンボルであることのためにただプレイしているのだということを認めたがらない。彼らは、英雄としての自分自身の皮肉なプレイヤーでありアクターであるという意識を、持っていないのである。

私たちがポストモダン・スポーツに見ることができるものは、社会に対する権力闘争のパロディである。しかし、そのパロディは真面目な正当性を持っている。その告発は、主観性という側面を排除する抑圧的な社会的アイデンティティにおける個人の束縛に対してなされるものである。個人に向けられる規律・訓練的権力に抗して、規範、要求、期待、家父長主義に抗して、主体は、新しい領土へと向かうのではなく、新しいイメージ、彼自身についての新しい真理へと向かう。それは、社会的順応主義と個人のための闘いとの間の親密な結び付きを告発するのであるが、どちらも克服することは不可能である。もちろん、主体の努力が、主体自身に、主体のプレイに、身体形成、衣服、身振り、

社会的イメージ、生き方の美学に向けられる限りにおいてである。(16)

古典的なスポーツとは対照的に、ポストモダン・スポーツの競技者が関心を示す限界は、克服することを望む外的な限界ではない。その境界線は、社会的に押し付けられた個人性からどれほど離れることができるかという問いによって、印される。重要なことは、一番であることや独創的であることではなく、スタイル、すなわち或るタイプのイメージへの到達である。その主体は、イメージの典型的な代弁者たるべく努力する。典型的であることは、その人自身のなしうることということでは何の意味もない。その人自身の人生は、それ自体では何の意味も持たず、その人が将来楽しむだろうイメージを「再生産する」限りにおいてのみ、意味があるのだ。

ニーチェは、ポスト独創性の哲学の開拓者である。ニーチェが「ツァラツゥストラかく語りき」と「悦ばしき知」で概要を示した時間の観念を私たちが信じることができるとすれば、現在における行為は、循環する時間の中での永遠の反復ということゆえに、意味を獲得する。(17) 一つの行為は、将来繰り返し起こるだろう出来事の、終わりのない反復の連鎖の一部である。現在なされることは、将来、何度もなされるだろう。ニーチェは、未来から現在を振り返った哲学者である。この観点は、それが与える意味は現在の情況から引き出されたのではなく、極めて虚構的な将来という視点から呈示されたものであるがゆえに、実際の情況そのものを具体的に変えることはないという理由から、批判されうる。しかし、ポストモダン・スポーツの実践者の間で共通理解されているものごとを見る方法は、行為する主体そのものを変容させる。自分自身との関係を変容させるのである。

私たちは、今、新しいタイプの人間の出現を目の当たりにしている。それは、通常の英雄なのであるが、余暇の時間に危険な活動に参加することによって職業上の生き方を超越する人である。と同時に、何世紀もの間、古典的な個人に対して付与されてきたオーラの輝きが姿を消し始めていることも、観察されることである。彼の驚くべき成功――そして同時に自分自身に対して生み出した危険――を説明するものは、彼の並外れた自己一貫性である。すなわち、このタイプの人間においては、世界に対する関係と自己に対する関係は、一九世紀の偉大な人物たち、例えば、詩人、哲学者、知識人、医者、発明家、起業家、探検家、政治家といった人たちの多くによって示されたような内的一貫性において、よどみなく結ばれている。限界を押し上げることが、偉業のための主たる動機であり、古典的な個人の情念の基盤であったのだ。

現在の情況を考えると、自己に対する関係は、世界に対する関係から切り離されており、それだけで形をなしている。このことが主として生じるのは、行為に関わる主体が、客観的な観察者としてではなく自己のデザイナーとして、あたかも未来から彼らの行為を振り返るかのように、現在とは異なる時間を創り出すことにおいてである。このように、自己に対する関係は、世界に対する関係から自由になり、関係の基礎として個人を扱う共同体の構築へと、改めて方向付けられる。この視点からすれば、古典的な個人的性格概念によってすべての行為の限界点を形成した、独創的な個人的性格の役割は、もはや重要ではない(18)。自らを英雄とするポストモダンの主体は、古典的な個人社会のメンバーでは、もはやないのである。

註

（1） Kant, I.: Beantwortung der Frage: Was ist Aufklärung? in: *idem: Kants Werke.* Akademie Textausgabe, Vol. VIII, pp. 33-42.〔小倉志祥訳「啓蒙とは何か？　この問いの答え」『カント全集第13巻』理想社、一九八八年。〕

（2） Foucault, M., Qu'est-ce que les lumières? in: *idem: Dits et Ecrits*, Vol. 4, Paris 1994, pp. 562-578; first published in 1984; German translation, Foucault, M., *Was ist Aufklärung?* In: Erdmann, E., Forst, R., Honneth, A. (publishers): *Ethos der Moderne. Foucaults Kritik der Aufklärung*, Frankfurt a. M. 1990, pp. 30-54.〔石田英敬訳「啓蒙とは何か」『ミシェル・フーコー思考集成X：倫理／道徳／啓蒙』筑摩書房、二〇〇二年、三―二五頁。〕

（3） Foucault, M., *loc. cit.*, p. 569.

（4） フーコーは彼の論文（*loc. cit.*, p. 569）の中でシャルル・ボードレールの作品に言及している。Le peintre de la vie moderne, in: *idem: Oeuvres complètes*, Edition de la Pleiade, Paris 1961, pp. 1152-1192, p. 1161.

（5） Baudelaire, C., *loc. cit.*, p. 1192.

（6） 考察はゲバウアらの研究プロジェクト"Die Aufführung der Gesellschaft in Spielen" as part of the special research topic "Kulturen des Performativen" の結果に基づいている。

（7） これは私たちの著作"Sport-Eros-Tod"（Hortleder, G. and Gebauer, G. (Eds.): *Sport-Eros-Tod*, Frankfurt a. M. 1986）において記述された情況との違いである。今日、スポーツは、たとえそのように見えないとしても、エロスと性を求める情況にある。さらに、新しいスポーツにおいてエロスが存在するとすれば、それはまさに主体形成の要素として立ち現れる。

（8） Bourdieu, P.: *La distinction*, Paris 1979.〔石井洋二郎訳『ディスタンクシオン――社会的判断力批

判Ⅰ・Ⅱ』藤原書店、一九九〇年。〕

（9） 古典的なスポーツについての解釈の一例として、Lenk, H.: *Leistungssport: Ideologie oder Mythos?* Stuttgart 1972; ders.: Herakleisch oder prometheisch. Mythische Elemente im Sport, in: ders.: *Pragmatische Vernunft,* Stuttgart 1979, pp. 176–199 を参照。

（10） Gebauer, G., Der von Apparaten gemachte Körper und der Apparat, der Körper macht, in: Ränsch-Trill, B., *Natürlichkeit und Künstlichkeit. Philosophische Diskussionsgrundlagen zum Problem der Körper-Inszenierung,* Hamburg 2000, pp. 135–142 を参照。

（11） Alkemeyer, T. und Gebauer, G.: Intermediäre Strukturen. Vermittlungen zwischen Spielen und Alltagswelt, in: *Paragrana* 11, H. 1, 2002, pp. 51–64 を参照。

（12） In: *Reinhold Messners Philosophie,* hg. v. Caysa, V. und Schmid, W., Frankfurt a. M. 2002.

（13） In: *Wie man leben lernt und Träume Realität werden lässt. Gespräch mit Reinhld Messner auf Burg Juval,* Südtirol, ebd., p. 214.

（14） Messner, R., *loc. cit.*

（15） Baudelaire, C., Salon de 1846, XVIII De l'Héroisme de la Vie moderne, in: *idem: Œuvres complètes, loc. cit.,* pp. 949–952, p. 949 f.

（16） Foucault, M., A propos de la généalogie de l'éthique: un aperçu du travail en cours, in: ders. *Dits et Ecrits, Vol.* 4, p. 629.

（17） Gebauer, G., Warten auf den Übermenschen, in: *Zeitenwende–Wertewende,* hg. v. R. Reschke, Berlin 2001, pp. 127–143 を参照。

（18） Elias, N., *Die Gesellschaft der Individuen,* hg. v. M. Schröter, Frankfurt a. M. 1991〔宇京早苗訳『諸個人の社会――文明化と関係構造』法政大学出版局、二〇〇〇年〕を参照。

ダイアローグ９　ポストモダンと私たち

樋口　聡

グンター・ゲバウアは、「ニーチェ、フーコー、そしてスポーツにおける英雄主義」において、「伝統的スポーツ」と「ポストモダン・スポーツ」の比較を試みている。ここでのゲバウアの関心の出発点は、一九八〇年代以降の「スポーツの変化」にある。スノーボードやインライン・スケートといった新しいスポーツは、陸上競技などの伝統的スポーツとは決定的に異なる性格を有しており、その違いにポストモダンの情況を重ね合わせているのである。論の冒頭、モダンの観念の省察につながる「現在」の見方への言及がある。そこでは、静観的な観察者の視点から見られた意味の同一性を持つ時間の流れ（すなわち歴史）の一こまを「現在」あるいは「モダン（現代）」と見なすような態度が慎重に退けられている。したがって、ゲバウアがポストモダン・スポーツと言うときの「ポストモダン」とは、モダンの後に来る歴史区分を意味するのではない。私たちは絶えず「現在」あるいは「モダン」を生きるしかないのであり、その現在を語ることは原理的に不可能な営みである。と同時に、全く逆に、未来から規定される現在といった倒錯的な語り方さえも、私たちには可能である。そうした歴史観念の中に生きざるを得ない私たちにとって、スポーツは私たちが現在と遭遇する格好の媒体である。それがゲバウアの基本的立場である。

一九世紀にはありえた人間観や英雄像が、今はありえない。そうした変化の情況を見ていたのがニーチェやフーコーであり、彼らの哲学から現在のスポーツの変化について語ること、そしてスポーツの変化の具体像からニーチェやフーコーの哲学に一つの解釈を付け加えること、それが、ゲバウアがやろうとしていることである。本論考では、その大きな企ての、ほんの一側面が開示されたにすぎない。ここに呈示されたテクストからは、多くの問題の示唆を得ることができるが、それらはスケッチに留まっている。関心を共有する人々が、この論考から、自由にかつ批判的に問題を展開することが求められるだろう。

ところで、陸上競技を伝統的スポーツの典型であると言い切るゲバウアに、私は複雑な思いを抱く。彼の態度は、多分に彼自身のスポーツ経験から来ている。彼は、若いころ、実に優秀な走幅跳の競技者だったのだ。自らのスポーツ経験は、スポーツに対する語り口に深みを与えると同時に、哲学者としての目を曇らせていはしないか。ゲバウアが指摘するポストモダンという私たちの社会や人間の情況は、実にさまざまな現象の中に見出されるだろう。それは、スノーボードやインライン・スケートといった類型化されたスポーツの問題ではないはずだ。また、ポストモダンの情況は、モダンの歴史との対峙の中でこそありえるものでもあるだろう。

ゲバウアがポストモダン・スポーツに興じる若者について語ったとき、私の念頭に浮かんだのは、何と、中原中也という詩人であった。類型化された図式を構成することなどではなく、具体的な人間の生き様の中に、私たちはポストモダンのありかを見出すべきだろう。ニーチェ、フーコー、さらにはブルデュやウィトゲンシュタインを自由に援用するゲバウアは、当然のことながら、それには賛成するであろう。

第一〇章　ドイツにおけるスポーツ科学——歴史と展望

G・ゲバウア

I

ドイツにおいてスポーツに対する科学的な関心が生まれたのは大変早く、一八世紀の終わりである。しかし、その時代、それは「スポーツ科学」とは呼ばれなかった。人類の友人とでもいった意味の「フィランソロピスト（汎愛主義者）」という語で自らを呼んだ教育者たちのグループが、科学者であると見なされることを望んだというのが本当のところであったように思われる。彼らは科学的な目的とは違ったねらいを心に抱いており、はるかに野心的であった。彼らの目標は知の限界を拡張することではなく、人間を改造することであった。ヨーロッパの啓蒙主義時代という当時においては、この考え方は決して新しいものでもユニークなものでもなかった。同じ願望を抱いていた思想家、政治家、医者たちなどの多くのグループがあったが、汎愛主義者たちは或る信条を作り上げたのであり、そこでは教育の中心的な対象がドイツ語でLeib（身体）と呼ばれるものであった。

この表現は中世ドイツ語に由来するものであり、英語、フランス語、その他非ゲルマン語派の諸言語に翻訳不可能であるように思われる。それは、身体と精神の複合的な構成を指示しており、どの部分も分離不可能な緊密性を有している。次のように言うことがより良い理解を可能にするだろう。すなわち、Leibとは、感情、知覚、思考などの能力を備えた身体、要するに感覚と知能を有した身体である。あるいは、Leibとは人間存在の自然の部分、すなわち文化によって形成された人間における自然であるとともに同時に人間の認知能力の自然的基盤である。つまり、Leibとは物質的な生の実質であり、自然と文化が互いに積極的に絡み合い作用し合うものなのである。それは自然の支配のための最も重要な対象であるとともに、人間の感性や知性の向上のための最も効果的な出発点でもある。汎愛主義者たちの主要な考えは以下のようなものであった。世界についてのあらゆる経験的データは感覚によって与えられる。そのデータの質は、完全に、身体の認知能力の質に依存している。身体を鍛えることによって、私たちは身体的自然を制御し、経験的データをより正確なものとする、より鋭敏な感覚的基盤を感性と知性に与えることになるのである。

今、Leibを教育するという考えの何がそれほど新しかったのかを理解することができる。それは、人間は身体的トレーニングによって進歩しうるのだという楽観的な考え方なのである。これは二つのレベルで生じる可能性がある。一つは、人間の感覚が研ぎ澄まされ、より良い働きをして感覚与件の質を高めることができるというレベルである（認知の発達）。もう一つは、人間は自己の自然を支配する方法、生活をより良いものにする方法を学ぶことができるというレベルである（道徳の発達）。私たちは今、汎愛主義者たちが非常に高い目標を設定していたことを知ることができる。運動、すなわち実際の行為によって人間を道徳的にも認知的にもより良いものとするというこの野心は、ドイツの知識人、特に汎愛主義者の実験に大変な興味を示したカントにとって、極めて魅力的なものであった。

彼らのねらいと教育的態度はドイツの知識階級に完全に受け入れられたのであるが、そこでなされた身体運動はあまり説得力があるようには思われなかった。それらは計算され目的を付与された一種の体操であったが、確かにあまりに身体そのものに傾いたものであり、全然美的ではなく、当時のドイツの教養階級にとっては全く詩的魅力を欠いたものと見なされたのであった。その実際的な身体運動とシラーによる遊戯についての美的・哲学的書簡を比較してみればよい。シラーのテクストは、実践的な立場から見れば全く不明瞭なテクストでしかない。そして、Leib の教育が専ら理論、論文においてのみ興味深いものであり、実際においては興味を引くものではないことの理由も理解できるだろう。汎愛主義者の実験が結局は失敗に終わったとしても、歴史上の実に早い時期に、彼らは、ドイツのスポーツ教育にとって重要なものとなった主たる思想を含む Leibeserziehung としての体育という考え方を定式化したのであった。彼らの考えは、その当時の最も重要な知的傾向とまさに軌を一にするものだったのである。

五〇年後の一九世紀の中頃、身体の教育の領域に違った試みが登場した。それは、物理的対象としての「身体」を医学の技術的な問題において理解しようとするものであり、身体が自然科学の対象となったのである。それは教養階級の関心を呼ぶような哲学的基礎は有しておらず、たとえ証明されたものでなくとももっともらしく思われるような医学の学説にその基礎を持っていた。その学説によれば、若者の身体特性、特に若い男性の健康と体力は、文明化の影響で危機にさらされた。軍事的な理由から体育がすべての学校で実施される科目としなければならないことを決めたのはプロイセン国王だった。そして、軍事訓練の形式を持っていた体操を教えることになったのは軍人だったのだ。

二〇世紀の初めまで、上述の二つの流れは互いに反目し合っていた。Leib の教化についての知的理解（それはドイツの「教養市民」の好みであっただろう）と、軍の指導者層、医者、そして人口学的問題の専門家たちによって強く支持された国家戦略、つまり国民の健康や人口の増加など、フーコーが「生の政治学」と呼んだものの一部とである。前者は人間の発達についての楽観的な見方ゆえに魅力的であり、後者は政治的な権力の立場から魅力的である。しかし、両者を融合させることは不可能であるように思われた。前者の哲学的な衝撃力は、国家の利益といった原則とは相容れない。他方、政治的な権力の代表者たちは、Leib の教育の核である感受性を持った主体の哲学を決して受け入れることはないだろう。しかし、第一次世界大戦の頃にドイツにおける「体育（Leibeserziehung）」が成し遂げようとしていたことは、まさにこの二つの流れを結び付けることであったのだ。それは国家主義的であるとともに主体の発達を目指すものでもあった。また、それは身体の医学的側面に関わるものであるとともに、身体運動によって改善されるべきLeibの能力についての言説を生み出すものでもあった。彼らが呈示した実践は確かに体育であったが、彼らはそれをLeibの教育、Leibeserziehungと呼んだのであった。彼らがLeibについての哲学的省察を有効に活用することができなかったのは明らかである。したがって、彼らは彼らの考え方からそれを排除しなければならなかったのであるが、それは公然となされたのではなく、むしろ隠蔽されてなされた。その代わりに、社会のための身体運動の有効性というイデオロギーを彼らは持ち出した。つまり、身体を鍛えることが身体的にも精神的にも、そして道徳的な意味でも人間をより良いものとし、その結果少しずつ社会を変えていくことができるのだというのが、彼らの主張であった。こうして、教育者たちは、政治的な権力の側に立ち、国家の目的さらには国家主義的な企てにさえも奉仕し、身体運動による人間の身体の教化を唱え、自己鍛錬（それは軍隊の考えに近いものだった）を発展させ、精神に対する身体運動の積極的な効果を主張することができたのだった。

Leibeserziehungは国家にとって有益な考え方として自らをアピールした。この戦略によって、その代表者たちは、体育が学校の科目としての重要な役割を保証されることを期待したのであった。

Ⅲ

第一次世界大戦後、この複雑な情況の中に、新しい、第三の流れが入ってきた。それは、イギリスやアメリカで行われていたような近代スポーツである。すでに指摘したようにかなり人為的な統合の産物であった Leibeserziehung のシステムに、近代スポーツの考え方とイメージをどうにか結び付けようとした一人の人物が、ドイツにはいた。それがカール・ディームである。彼は、アングロサクソンのスポーツの精神、その近代性、実践的感覚、進取の気性、自由主義と成功を目指す社会の徳、友情に満ちた雰囲気、を見抜いていた。これらの特性は、必ずしもすべてが Leibeserziehung の考え方に適合するものではなかったが、ディームはそれを可能にするような仕方で Leibeserziehung を再定式化することに成功したのであった。これは巧みな動きであった。というのは、近代スポーツは、上流階級の余暇、強い身体鍛錬、そして近代性によって評価されていたからだった。そしてディームは、これらの特性を、国家主義的精神すなわちよく鍛錬され訓練された身体と精神の軍事利用に結び付け、同時に、身体のトレーニングによる心的能力の発達をも主張したのであった。

ディームの考えでは、スポーツは実践、教育、研究の複合的な領域であった。彼の最終的な目標は、スポーツの科学を出発させ、それを一つの学問に仕立て上げ、それによってスポーツを真面目で高貴な活動とすることであった。この目的のために、彼は、スポーツに関心があり、かつ優れた学問的業績を持ったドイツの大学の有名な教授たちを必要とした。彼はそのような人材を医学の教授たちの中に見出した。彼らの支援を受けて、カール・ディームは一九二〇年代のはじめ、ベルリンにドイツ体育大学（Deutsche Reichshochschule für Leibeserziehung）を創設した。その学長（Rektor）は有名な医学者のザウアブルフであったが、実際にその大学を運営していたのはカール・ディーム自身であった。その大学の科学的な名声は、一つは医学の領域のものであり、そして或る程度は実験心理学の領域においてであった。その名声は、スポーツ教育学の中に芽生えていた他の学問を取り囲む、一種の保護ベルトを構成していた。

この大学（Hochschule）の設立はスポーツ科学の発展にとって重要なステップではあったが、しかしそれは総合大学（Universität）のランクを持っていなかった。したがって、学生に学位を授与する権限を持っていなかったのである。また、いくつかのドイツの（総合）大学は学校の教科「体育」のための教師養成機関を作った。しかし、これらの機関に対してもまた、ドイツの大学は学問的な地位を与えなかった。その理由は、ディームと彼の同僚たちがスポーツ科学の学問としての力を証明することができなかったからだと思われる。スポーツの領域における医学的、心理学的研究は、そのもともとの学問においてもなされた可能性があった。他の学問、例えばスポーツ教育学、スポーツ方法学、スポーツ史などにおいては、スポーツとの関係は明瞭であったが、それらは学問的な水準を明らかに下回っていたのだ。

この問題は、一九六〇年代の終わりから七〇年代の初めに解決されることとなった。その時までに、スポーツは重要な社会的関心事となっていたのであり、国家的表象の媒体となっていたのである。ドイツでは、すべての学問的権利（学位、大学教授資格、講座）を有したスポーツ科学の誕生のために、三つの重要な要因があった。すなわち、一九七二年のミュンヘン・オリンピック、ドイツのスポーツクラブのすべての会員の中央組織であるドイツ・スポーツ協会（ＤＳＢ。当時約一八〇〇万人の会員を有していた）の政治力、そして大学の構造とプログラムの近代化の試みである。ドイツ・スポーツ協会は政府に圧力をかけた。というのは、大学という世界の中でスポーツという表示を獲得することが、協会のどうしても成し遂げたいことだったからである。それによって、スポーツ全般に明確な正当性を与え、ハイレベル・スポーツの発展のために科学的な支援を得ることができるだろうというのが、その意図であった。

Leibへの言及は、軍隊を暗示するようなコノテーションと同様に、避けられてきた。スポーツは本来的に教育的機能を持つべきだといった考え方でさえ（健康教育を除いて）重要なものではなくなっている。それは、今日、スポーツ科学が「真の」科学になることに重要な関心を示しているからである。そこで、改めて、例えばスポーツ哲学は「しっかりした」方法を全く持っていない不必要な学問かどうかが問われる。しかし、スポーツ科学の構造について問うことができる学問は哲学である。例えば、私たちは次のように問うことができる。すなわち、或る特定のスポーツ科学を必要とするスポーツの特性とは何であろうか。伝統的な学問の方法を、変更を加えることなくスポーツの問題に適用することができるとしたら、私たちはスポーツ科学を必要とはしないだろう。それらの学問で研究を続けることができるのである。例を挙げてみよう。もし、社会学の通常の方法をスポーツの諸問題に当てはめるだけだとしたら、固有のスポーツ社会学の存在理由は何であろうか。どうしてスポーツ社会学でなければならないのか。社会学の他の領域とは違う研究領域を形成する特性をスポーツは持っていないのだろうか。まさにこれが、今検討に値する問題だろう。以下において、私の考えるスポーツの特性とは何であるのか、そしてそれがいかに科学的研究へともたらされるのかを示すことによって、この問いに答えることにしよう。

Ⅳ

議論にあたり、スポーツ科学の通常の科学的なプロセスの問題は何かを問うことにしよう。まず、スポーツ科学は、それぞれが依拠する学問（「親学問」）の方法の確かさに支えられ、そこで開発された学問の装置や方法の助けを借りて、スポーツを見ようとする。このプロセスにおいては、スポーツ科学は、それらの親学問から実に多くのことがらを借りてくる。問題の定義、手続き、技術など、要するに研究者が研究対象自体を発見する方法、いかにそれを研究する準備を整えるか、といったことである。ここで、研究課題と研究者の関係、「親学問」から研究者が持つ予想と目標、これらすべてが、知らないうちにそしてたいてい無意識に、スポーツ科学の中に持ち込まれることを見ることができる。しかし、スポーツ科学は、例えば社会学、歴史学、心理学、教育学などにおいて違った目的のためになされた研究から応用された知識以上のものでありうるだろう。私は強調したいのであるが、スポーツは一つの文化的実践であり、次のような特性を備えたものである。

（一）スポーツは言語を介在して機能するものではない。

（二）スポーツはその情況と、そこに含まれている行為と結び付いている。

（三）動きやパフォーマンスの感覚的質がスポーツでは重要な役割を持っている。

（四）スポーツでは、その情況に応じた行為がなされるのであり、たいていの場合、思考とは異なる、特定の情況に対応した知が働く。

右で述べられた、行為とそれに応じた行為との絡み合い、経験と知の相互作用、法則やルールの適用ではない、理論的な思考を伴わない直接的な行為は、スポーツの実践において典型的に見られることがらである。トレーニングによって、私たちの身体は学ぶための準備を整え、確かに、必要な知識が、私たちが獲得する正しい知識であるのだ。私たちは身体の理解力をトレーニングするのであり、その結果、考えるための時間や、行為に対する反省的な距離を必要とせずに、身体は直接かつ適切に応答することができるようになるのである。

スポーツの実践において使われる知は、系統立てて学ばれたり教えられたりするものではない。それを明確に記号化することなどはできないのであり、何度も何度も繰り返すことによって獲得されるものなのだ。この繰り返しによって、それらは互いに似たものとなるのであり、実際上、広範囲の行為に及んで、それらをトレーニングすることになるのだ。ブルデュはこのことを sens pratique（実践感覚）と呼んでいる。例えば、ゲームの中で私たちはどのようにしてボールをキャッチするのかを知っている。それは身体で知っているのであり、ピアノを弾くときに指がどの鍵盤をたたけばいいのかを知っているのと同じである。私たちは、躊躇することなしに、また再度考えてみたりすることなしに、その情況で起こっていること、これからどのように展開するのか、そして何をすればよいのかを知る。それがまさに実践感覚であり、私たちはその、それ自体は理論的ではないものについての理論の展開を試みようとしているのである。

したがって、スポーツ科学が最初になすべきことは、実践それ自体についての幅広い考え方を打ち出すことである。実践を理論知の適用の場と単純に考えるような見方を、私たちは変えなければならない。スポーツ科学は、スポーツの実践についての理論の構築からまず取りかからなければならない。私の見るところでは、スポーツ科学は理論への道半ばで立ち往生している状態である。スポーツ科学は方法と理論を他の学問から借りてきたものであるがゆえに、実践についての科学的な見方を生み出す可能性を失ってきた。スポーツ科学は、実践の理論化を行っていないがゆえに、その理論は十分ではない。一方、実践について見てみれば、それはあまりに理論的である。というのは、スポーツ科学はもっぱら理論知の側面でのみ実践的な行為を捉えているからである。

言い換えれば、スポーツ科学が必要としているのは、それによってスポーツ科学の対象の構築が図られるような用意周到な実践の理論である。その実践の理論は、スポーツ理論のいくつかの領域を結び付けることになるだろうし、スポーツの最も重要な特性を考察することになる。すでにその特性のいくつかを指摘したが、さらにいくつかを取り上げてみよう。一つは、スポーツ運動は個人的であるが、同時に、一つの記号化のプロセスの結果でもある、ということである。スポーツ運動は文化の原型のもとで形をなす。もう一つは、この記号化は象徴とコミュニケーション構造と絡み合っている、ということである。

一般に、スポーツは二人以上の人間の間での出来事である。一つの象徴世界がプレイヤーの間で形をなす。それは、完全に虚構の世界の諸特徴を備えており、プレイヤーが確実に信頼を寄せる遊戯世界である。それは、一つの条件、幻想のもとで存在する。ブルデュはこのポイントを強調する。幻想的な部分とともに、この世界は極めて現実的な側面も持っている。それは、プレイヤーは身体によってゲームに参加するということである。彼らは身体でもってゲームを学ばなければならないのであり、身体でもってそのゲームをプレイするのだ。「身体が学んだこととは、私たちが外部の何かの知識や見ることができるもののように所持するものではなく、それは私たちそのものなのである」。この知は身体と無関係に存在するのではない。その知自体が身体化されたものなのだ。

これらの諸条件を満たすに十分なほど多様性と固有性を備え、スポーツ実践の理論のための一種の基礎用語として機能する概念とは何か。「運動」は一般的すぎ、日常生活の運動も含んでしまう。「行為」はスポーツにおける志向性を捉えるものではあるが、記号化の事実を顧みない。「儀礼」は原型的なものの性格を示しているが、実践感覚の側面、プレイそれ自体の知を捉えることができない。一方、ウィトゲンシュタインの「言語ゲーム」という考え方が、私が求めている概念に非常に近い。確かに、私たちはスポーツを非言語的コミュニケーションと考えることができる。しかし、私たちは重要な事実を見逃すことになるだろう。スポーツは非言語に留まるものであって、言語に翻訳することは不可能なのである。それは行為においてのみ展開を見せるものなのだ。スポーツを話すことや書くことに置き換えることはできない。スポーツの記号化された行為は、そのパフォーマンスの状態（プレイする際に起こっていること）から引き離されることはありえないのである。

このパフォーマンスの状態を別の事柄と比較してみよう。例えば、文字を書くことは、言葉で話された話の音と意味を定着させるのに有効である。話されたことは、文字で書かれたテクストに保存されうる。文字が現れる以前（また今日でも文字を持たない口承文化では）、文化的なメッセージの表現において身体が重要な役割を果たしていた。文化は語られ、朗唱され、パフォーマンスとして呈示された。このパフォーマンスに巻き込まれた人々は、それに耳を傾け、それを守り、そして伝統の中で文化を伝えたのだ。スポーツはこの文化的（歴史的ではない）情況に位置付いている。多くの点において、スポーツは、「口承」文化、文字を使わないコミュニケーションに特徴的な行為の領域と対比可能である。スポーツは初期のギリシア文化においてその地位を獲得し、文字が導入された後でさえもそのパフォーマンス性を維持した。スポーツは一九世紀以降文字による表現形式と絡み合ってきたとはいえ、今日においてもスポーツは非文字文化の領域に留まっている。

しかし、実践の理論のための基礎概念を探索するという私たちの課題に戻れば、口承文化についての研究、特に、パリー、ロード、ハヴロック、ジュス、オング、そしてグッディの研究に目を向けることができるだろう。しかしながら、私たちは一つの概念にこだわるのではない。そうではなく、全体的な概念のコンテクスト、概念のネットワークを構成する必要があるのだ。手始めに、身振りの概念を指摘したい。身振りはパフォーマンス的であり、身体の規範的な使用である。そして表現的な特性を持っている。身振りは他者に向けられ、文化的な意味を伝達する。身振りは身体的な媒体なのだ。他者は、プレイヤー自身であれ、対戦者であれ、あるいは観戦者であっても、身振りに応答し、そのことがゲームに関わる人々の間に相互関係を生み出す。プレイの仲間たちの間でのこの対話において、身体は媒介者なしにコミュニケーションを図り、分かり合うのである。要するに、身体の運動は、文化的な意味を行為の中にもたらすのである。

V

身体によって伝えられる、語られない文化的意味を、私たちはどのようにして把握することができるのだろうか。身振りによるコミュニケーションの第一の特徴として思い浮かぶことは、リズムである。ここで言うリズムは生気論や形而上学的な次元でのことではなく、極めて具体的に、身体運動を通してリズムは行為の空間と時間をいかに正確に構造化するのかということを問題にしたい。身体全体は、楽器に似て、振動や共鳴を目的とする道具となる。スポーツと（西アフリカの口承文化で観察されている）口承詩との比較をすることによって、今問題にしようとしていることを記述することができる。この種の詩は、語り手と唱い手の記憶とパフォーマンスの中にだけ存在している。どの上演もオリジナルである。たいていのパフォーマンスは驚くべき類似性を示すが、しかし同一であることはない。それぞれがそれぞれの性格を持った再創造、再生であり、それ以前のパフォーマンスの新たな実現なのである。どのパフォーマンスも演じられていることの記憶を新たにし、そして強化するのであり、それぞれ違った部分を強調するのである。

一つの問題が特に、研究者たちを捉えてきた。それは、極めて広範囲で詳細な詩を保存し伝えることはいかにして可能なのか、という問いである。どんな種類の記憶が働いているのだろうか。ここで今私たちが問題にしているのは、身体的なプロセスを通して機能する一種の集合記憶である。口承詩、そしてまたスポーツは、実践感覚に似ており、両者ともまさに身体化されるものである。それらを学び、保存し、再生産する重要な構成要素は、身体リズムである。朗唱する人の身体全体がリズム的な運動の中にある。これが話される言葉の流れを導くのである。語りのリズムは、実際のところ、特定の身体部位の運動によって構造化され、引き出されることが非常に多い。口による発声運動とともに、とりわけ、腕の振りと足の連続的なリズム運動、（日本の祭りで若者によってなされるような）一種のダンスが見られるのである。

身振りはスポーツではどんな働きを持っているのだろうか。それは集約的な身体的活動であり、重要な非言語的働き、文化的意味を示す。スポーツによって示される象徴の記号化に身振りは属している。それは、身体が自然界や社会的世界と相互に関わるときに、身体はどのように使用されるのかを示す。記号化の中に組み込まれたすべてのスポーツ運動は目的を志向する実践から生み出されている、とまで言おうとは私は思わない。しかしながら、スポーツの最も重要でおそらく最も古い運動については それが言えるのであり、それは身体の根源的な社会的使用を伝えているのである。それらは行為の集約的な形式であり、強いリズムを伴い、たいていは足（あるいは脚）の運動で始まる。それとは異なる、手の巧みな運動は、スポーツにとって特徴的なものとはならなかった。スポーツ運動は触れたり文字を書いたりする微細な熟練ではなく、身体全体を使った、足のリズムから始まるような運動なのである。それらが記号化されるとき、パフォーマンスの方法は目的を志向する実践から離れ、身振りとなることによって、そのイメージを形成するのである。このことから思い至るのは、写真が人間の運動を固定化して保存しながら、同時に人間の運動とそれを取り巻いていた環境との間に距離を生み出すことである。文字を書くことは、声による音の生成を記号化し保存する。それと同じことがスポーツでは、身体の運動とリズムでもって身振りの中に実現されるのである。

スポーツ運動では、身体は完全な感覚的存在としてそこにある。実践感覚の助けを借りて、競技者はゲームや競技の中で自分の役割を演じることができるようになる。その身体をちらっと見るだけで、或る特定のスポーツの独特のリズムに気づくには十分である。しかし、スポーツの身振りは目で見られるだけではない。耳のことを考えてみよう。スポーツ運動のリズムは耳で聞くことができるのである。「何が起こっているかを聞く」ことができる、そしてたとえ運動が終了する前でも、それが成功の栄誉を与えられたかどうかを判断できる、と考えられている。スポーツは、口承詩と同様、「保存されたコミュニケーション」である。この観点からすれば、スポーツは文化的メッセージ、すなわち身体の道具として身体によって生成される声を伴わないメッセージを保存し伝達する、非常に古い可能性のように思われる。スポーツは詩とは違った道を歩む。それは記憶のもう一つの方法なのである。したがって、スポーツと口承詩の両者を互いに関係付け、比較・分析することが意味を持つ。リズムは、叙事詩や韻文といった記録されたテクストの中にも保存されているが、それらを理解し、その感情を味わうためには、読むこと、特に声を出しての朗読が必要である。スポーツがビデオやテレビに録画され放送されるとき、運動のリズムは電子メディアのリズムに覆われている。そこでは、リズムはアクセントを付けられ、激しさを付与され、さらにドラマ化されることさえしばしばである。

Ⅵ

スポーツの実践についての的確な記述と規定がスポーツ科学の中心になりうるのであり、またそれが新しい視点を開きうるのだ、ということを示すことができたことを期待する。以下のポイントを考えよう。身振りの編制は社会的である。それは社会によって、社会的階級によって、男性と女性の間で異なる。それは歴史とともに変化する。何世紀もかかって、或る型の身振りが形成されてきた。いくつかの身振りは生き残っているが、時代遅れになって新しい身振りに取って代わられたものもある。例えば、インライン・スケート、スノーボード、パラグライダーなどを考えてみればよい。身振りは時間と空間にわたって編制され、その編制はまさに特徴的なリズムを持った運動の構成としてスポーツにおいて学習される。それは、パフォーマンスの文化においていかに行為するのかとか、伝統における動きの原型をいかに見出して継承するのかといったことと同様である。このように見ることによって、スポーツに関する歴史的、教育学的、社会学的、哲学的、心理学的研究の全体的な領域が開けてくる。

本論考の最後にあたり、今までスポーツ科学において、身振りが人間存在にとって内的意味を持っているという事実に、ほとんど注意が払われてこなかったのはなぜだろうかと言いたい。身体的な活動は、内的な形式を形成するように働くのである。それは「スポーツは人格を形成する」といった古い考えを意味しているのではなく、ウィトゲンシュタインやブルデュといった思想家によって呈示された仮説、すなわち外的な影響、強制、必然性といったことがらはすべて、内的なハビトゥスを形成するということを意味している。羞恥と当惑（N・エリアス）、或ることがらを行え、あるいは行うなという命令と禁止、宗教的実践の儀礼的形式などは、それの一部である。これらのことは、もちろん、スポーツだけに当てはまるものではない。スポーツは、これらの内化・外化のプロセスが生じる多くのことがらの一領域であるということを理解することが、私たちがなすべきことなのだ。

そのようなプロセスは、他の領域以上にスポーツにおいてより明瞭に現れる。スポーツ科学は、現在進行している人文科学の再構造化に参加するチャンスを持っているように思われる。それは、文字文化を回避する、文字文化とは異なる領域の発展である。スポーツ科学は、その課題の一つとして、実践の理論の構成を引き受けることができるだろうと、私は期待する。そのとき、スポーツ科学にとってのみならず、他の多くの学問にとっても重要なことがらを示すことができるだろう。たとえそれが十分な注目を集めることがないにしても、である。このようにして、スポーツ科学の中心に位置することがらを検討することによって、他の学問の活性化にも資することになるだろう。

ダイアローグ10　スポーツ科学の誕生物語

樋口　聡

ドイツにおけるスポーツ科学の発展の歴史。その起点は、一八世紀の汎愛主義教育だとゲバウアは言う。汎愛主義者たちにとっての教育の中心的な対象は、ドイツ語でLeib（身体）と呼ばれるものであった。Leib＋教育（Erziehung）、すなわちLeibeserziehungの誕生である。その際のLeib（身体）とは、感情、知覚、思考などの能力を備えた身体、要するに感覚と知能を有した身体である。人間は身体的トレーニングによって認知の面でも道徳の面でも進歩しうるのだという信念が、Leibを教育するという考えの新しさだったという。「スポーツ科学」の原点に汎愛主義教育を見る見方は、近代の教育学の系譜について面白い視点を与えるように思われる。

その後、一九世紀の中頃に起こる医学的な知との結び付きと、Leibeserziehungの軍事利用。主体の発達を促しての教養市民の育成と国家主義的権力を結び付けようとするイデオロギーの生成が、二〇世紀の初頭、第一次世界大戦の頃に起こったという。

そして、第一次世界大戦後に起こる、Leibeserziehung への近代スポーツの導入である。そのキーパーソンが、カール・ディーム。ディームは、上流階級の余暇、強い身体鍛錬、近代性といった特性を有していた近代スポーツを、国家主義的精神すなわちよく鍛錬され訓練された身体と精神の軍事利用に結び付け、同時に、身体のトレーニングによる心的能力の発達も主張した、という。ディームは、スポーツの科学を出発させ、それを一つの学問に仕立て上げ、それによってスポーツを真面目で高貴な活動とすることを考えたという。ここで、実質的にスポーツ科学の誕生を見ることができる。何ゆえにスポーツ科学なるものを創らなければならないのか。それは、その「科学」が対象とするスポーツの社会的・人間的価値と関係する。その価値のありかを考えるとき、汎愛主義教育や国家主義的イデオロギーが見えてくるというのが、ゲバウアの議論である。

私は、異なる問題関心からであったが、同様に、わが国におけるスポーツ科学の誕生の系譜を探ったことがある（樋口聡「スポーツ科学論序説（Ⅱ）：イメージの生成——わが国におけるスポーツ科学の誕生」『広島大学教育学部紀要（第二部）』第四四号、一九九六年、一一三—一二三頁、を参照されたい）。そこで見出されたスポーツ科学の誕生は、一九二四（大正一三）年にわが国初の国立体育研究所が設置されたこと、に認めることができた。それは、カール・ディームが一九二〇年代の初めに、ベルリンにドイツ体育大学（Deutsche Reichshochschule für Leibeserziehung）を創設した、という時期と重なる。それは、Universität ではなく学位授与権などを持たない Hochschule でしかなく、スポーツ科学の学問レベルはきちんと認めらるようなものではなかった。

その問題が改善されていくのが、一九六〇年代の終わりから七〇年代の初めだとゲバウアは言う。「ドイツでは、すべての学問的権利（学位、大学教授資格、講座）を有したスポーツ科学の誕生のために、三つの重要な要因があった。すなわち、一九七二年のミュンヘン・オリンピック、ドイツのスポーツクラブのすべての会員の中央組織であるドイツ・スポーツ協会（DSB。当時約一八〇〇万人の会員を有していた）の政治力、そして大学の構造とプログラムの近代化の試みである」。一九七二年のミュンヘン・オリンピックが何ゆえに、スポーツ科学の学問性に関わるのか。それは、おそらく、オリンピックの際に開催されたスポーツ科学の国際会議の有した意義を意味しているのだろう。と同時に、ドイツ・スポーツ協会が発揮した政治力の重要性にも、ゲバウアは目を向けている。さらに、大学という制度の変化も、スポーツ科学が学問として認知されていく上で欠かすことができなかったことも、ゲバウアはきちんと見ているのである。スポーツ科学の研究者たちが努力して学問レベルを上げればどうにかなる、などといった素朴な思いを哲学者ゲバウアは持っていない。

ゲバウアは、これからのスポーツ科学の展望として、既存の諸学問の方法を使ってスポーツを研究する、といったことに留まることを超えて行かなければならないと考えている。それは、スポーツ科学の研究対象である「スポーツ」の理解の仕方に大きく関わってくる。歴史的系譜の中に観察されたように、教育と絡んだ社会的権力の問題は大きいだろう。その中で生きる人間の身体運動の特性を周到に把握し、その根源的なるものに応じた議論の形式の創成を、ゲバウアは考えているのである。

あとがき

本書に収められた論考の経歴、書誌事項を記しておこう。☆がオーラルなパフォーマンスの場を示し、★がエクリチュールとして刻まれた論考の場を示している。いずれも、本書に収められるにあたり、かなりの修整が加えられている。学会誌等からの転載を許諾いただいたこと、関係者の皆様に感謝いたします。

・「身体・運動・世界制作（Movement and Worldmaking）」
☆広島大学講演会（一九九八年一〇月一六日）
★講演会の配布資料
・「行為する主体としての身体」初出。
・「〈手〉の世界制作について（The Worldmaking of the Hand）」
☆広島芸術学会での講演（一九九九年一二月一一日）
★『藝術研究』第一二号、二〇〇〇年、八三―九五頁。

・「認識論的な世界構成の問題としての身体の問題」
★『藝術研究』第一三号、二〇〇〇年、九三―九五頁の「訳者解題」。
・「歴史人間学とは何か？（What is Historical Anthropology?）」
☆広島大学講演会（一九九九年八月三日）
★『学習開発研究』第一号、二〇〇〇年、一二五―一三五頁。同じテクストが、『ポスト・モダン的問題提起のもとでの教育科学の課題に関する日独協力研究：環境、美学、身体と教育科学：科学研究費補助金研究成果報告書』二〇〇二年、五―一二頁に収録されている。
・「「歴史人間学」と「学習開発」をつなぐもの」
★『学習開発研究』第一号、二〇〇〇年、一二九―一三五頁の「解説」。同じく、『ポスト・モダン的問題提起のもとでの教育科学の課題に関する日独協力研究：環境、美学、身体と教育科学：科学研究費補助金研究成果報告書』二〇〇二年、一三―二六頁の「解説」。
・「ミーメーシスの視点から見た教育と暴力（Violence and Education from the Viewpoint of Mimesis）」
☆科研（「ポスト・モダン的問題提起のもとでの教育科学の課題に関する日独協力研究：環境、美学、身体と教育科学」）研究会（二〇〇一年六月三〇日、ベルリン自由大学。）
★『ポスト・モダン的問題提起のもとでの教育科学の課題に関する日独協力研究：環境、美学、身体と教育科学：科学研究費補助金研究成果報告書』二〇〇二年、五七―六六頁。
・「教育におけるミーメーシス概念――基本的にミーメーシスとは何なのか（The Concept of Mimesis in Education: The Basic Ideas about Mimesis）」
☆教育思想史学会第九回大会（一九九九年九月二六日、中央大学駿河台記念館）
★『近代教育フォーラム』第九号、一五七―一六四頁。
・「ミーメーシスと遊び（Mimesis and Play）」

☆International Congress "Philosophical Foundations of Innovative Learning"（二〇〇五年、一〇月二二日、グラーツ大学、オーストリア）。内容は本論考と若干違っており、"Learning as Mimesis: Aspects of Play, Art and Morality" というタイトルでなされた。
★"Mimesis and Play," Marssal, E. et al (Eds.) *Das Spiel als Kulturtechnik des ethischen Lernens*, Münster: Lit Verlag, 2005, pp. 33-46. 本書に収められた論考は、樋口によって作成された、この英語の論考の日本語版。日本語版は初出。

・「美学的問題としての「娯楽」（Entertainment: A Question for Aesthetics）」
☆第五三回美学会全国大会記念講演（二〇〇二年一〇月一四日、広島大学）。
★『第53回美学会全国大会当番校企画報告書』二〇〇三年、二四九―二六九頁。この英語論文は、のちに *British Journal of Aesthetics*, Vol. 43, No. 3, 2003, pp. 289-307 に収録されている。

・「美学から身体感性論へ」
★『第53回美学会全国大会当番校企画報告書』二〇〇三年、二六七―二六九頁の「訳者解題」。

・「身体感性論と教育（Somaesthetics and Education）」
☆広島大学滞在中（二〇〇二年七月一日～二〇〇三年六月三〇日）の樋口のゼミナール（不定期）において
★"Somaesthetics and Education"『広島大学大学院教育学研究科紀要第一部（学習開発関連領域）』第五一号、二〇〇二年、一七―二四頁（この英語の論考の日本語訳は存在しない。ここに収録された日本語の論考は、樋口によって改めて抄訳として呈示されたもの）。

・「現代日本における身体感性論（Somaesthetics in Japan as Practicing Pragmatist Aesthetics）」
☆Rethinking Pragmatist Aesthetics Conference（二〇一一年九月二日、ヴロツワフ社会科学・人文学

大学、ポーランド）での英語での口頭発表。
★“Somaesthetics in Japan as Practicing Pragmatist Aesthetics” Malecki, W.（Ed.）*Practicing Pragmatist Aesthetics: Critical Perspectives on the Arts*, Amsterdam: Rodopi, 2014, pp. 203–215. 本書に収められた日本語版は初出。

・「スポーツの音声文化性と文字文化性——身体芸術と言語（Orality and Literality in Sport: On the Language of the Body and Art）」
☆広島大学講演会（一九九六年一〇月二四日）
★講演会配布資料。講演のための英語テクストのもとになっているドイツ語のテクストは、Gebauer, G. “Oralität und Literalität im Sport: über Sprachkörper und Kunst” In: Gerhardt, V. und Wirkus, B.（Hrsg.）*Sport und Ästhetik*, Sankt Augustin: Academia Verlag, 1995, S. 15–29である。

・「スポーツ＝芸術論への批判と論評による美的次元の生成」初出。

・「日常生活における健康スポーツの今日的意義——社会学的・哲学的視点から（On the Role of Everyday Physical-fitness Sports in our Times）」
☆日本スポーツ教育学会（一九九九年一一月一三日、長崎大学）
★講演会配布資料

・「現代日本におけるスポーツの諸相」
☆日仏シンポジウム〔自由時間・余暇・遊び〕（二〇〇〇年六月二日、日仏会館（恵比寿））

・「ニーチェ、フーコー、そしてスポーツにおける英雄主義（Nietzsche, Foucault, and Heroism in Sports）」
☆日本体育学会第五八回大会体育哲学専門分科会特別講演（二〇〇七年九月七日、神戸大学）
★『体育哲学研究』第三八号、二〇〇八年、一二七—一三四頁。

・「ポストモダンと私たち」

★『体育哲学研究』第三八号、二〇〇八年、一三三一一三四頁の「訳者解題」。
・「ドイツにおけるスポーツ科学――歴史と展望（Sports Science in Germany: History and Outlook）」
☆日本体育学会第五〇回記念大会（一九九九年一〇月八日、東京大学）。
★『体育原理研究』第三〇号、二〇〇〇年、九四―九九頁。ここに収められているのは、オリジナルの英語の論考である。それの樋口による日本語訳は当日の資料として配られた。それは活字になっていない。ここに収録されたものが初出である。
・「スポーツ科学の誕生物語」初出。

どうであっただろうか。どの章も、どんな順番で読んでもかまわないことは言うまでもないが、章の論考とそれに対応したダイアローグの論考はセットで見ていただければと思う。どんな共鳴があり、あるいはまたすれ違いや齟齬があるのか、必ずしも明示されていないそれらのことがらを想像していただければと思う。私は、グンターやリチャードが展開する議論に、すべて賛同するものではない。それは当然のことだろう。それを実践感覚のレベルで語ることができるようになったのは、やはり、数ヶ月間同僚として生活・仕事をともにすることができたことが大きいように思う。私の学習開発学講座が「外国人客員教授」のポストをこの二〇年間保持できたことに対して、広島大学には感謝します。その時代も幕を閉じ、そのタイミングに合わせて本書を刊行することができたことは大きな喜びである。

論文や著書を几帳面に読むだけであれば、このようなダイアローグの生成には限度があっただろう。

ここに示されたものは、生きたやり取りから生まれた実践感覚、ハビトゥス、身体知のほんの一齣でしかない。それらの多くは、うまく語りえないものだ。グンター、リチャードとの、いくつものエピソードが脳裏をよぎる。

今回もまた、勁草書房の編集の藤尾やしおさんにはお世話になりました。彼女の判断・決断・行動という疾走がなければ、本書は到底日の目を見ることはなかっただろう。これからの若い人たちにとっては、本書で意識したダイアローグのようなことは、当たり前のことであるに違いない。昨今のアカデミズムの偏向の中で息の根を止められかねない人文学が、生きた身体知と実践知でこれまでにないような面白さを創造していくことを、願わずにはいられない。

樋口　聡

二〇一九年六月

著者略歴

樋口　聡（ひぐち さとし）
筑波大学大学院博士課程修了，教育学博士
現在：広島大学大学院教育学研究科・教授
著書：『身体教育の思想』（勁草書房、2005），『教育における身体知研究序説』（編著，創文企画，2017）など

グンター・ゲバウア（Gunter Gebauer）
カールスルーエ工科大学，大学教授資格（哲学）
現在：ベルリン自由大学・名誉教授
著書：*Mimesis: Kultur, Kunst, Gesellschaft*（Rowohlt, 1992）
Wittgenstein's Anthropological Philosophy（Palgrave Macmillan, 2017）など

リチャード・シュスターマン（Richard Shusterman）
オックスフォード大学，Ph. D.
現在：フロリダ・アトランティック大学人文学部・教授，ドロシー・F・シュミット特別教授，身心文化センター（Center for Body, Mind and Culture）長
著書：*Pragmatist Aesthetics: Living Beauty, Rethinking Art*（Blackwell, 1992）（秋庭史典訳『ポピュラー芸術の美学――プラグマティズムの立場から』勁草書房，1999）
Practicing Philosophy: Pragmatism and the Philosophical Life（Routledge, 1997）（樋口聡ほか訳『プラグマティズムと哲学の実践』世織書房，2012）など

人名索引

ア行

カ行

サ行

タ行

ナ行

ハ行

マ行

ヤ行

ラ行

ワ行

事項索引

ハ行

マ行

ラ行

身体感性と文化の哲学
人間・運動・世界制作

2019年7月20日　第1版第1刷発行

著　者　樋口　聡
グンター・ゲバウア
リチャード・シュスターマン

発行者　井　村　寿　人

発行所　株式会社　勁《けい》　草《そう》　書　房

112-0005 東京都文京区水道2-1-1　振替 00150-2-175253
（編集）電話 03-3815-5277／FAX 03-3814-6968
（営業）電話 03-3814-6861／FAX 03-3814-6854
平文社・松岳社

ISBN978-4-326-29931-7　Printed in Japan

R・シュスターマン 秋庭史典訳　ポピュラー芸術の美学　プラグマティズムの立場から　四六判　三四〇〇円

田中智志　他者の喪失から感受へ　近代の教育装置を超えて　〔教育思想双書1〕四六判　二四〇〇円

松下良平　知ることの力　心情主義の道徳教育を超えて　〔教育思想双書2〕オンデマンド　三〇〇〇円

田中毎実　臨床的人間形成論へ　ライフサイクルと相互形成　〔教育思想双書3〕四六判　二八〇〇円

遠藤孝夫　管理から自律へ　戦後ドイツの学校改革　〔教育思想双書5〕四六判　二五〇〇円

西岡けいこ　教室の生成のために　メルロ゠ポンティとワロンに導かれて　〔教育思想双書6〕四六判　二五〇〇円

樋口聡　身体教育の思想　〔教育思想双書7〕四六判　二五〇〇円

吉田敦彦　ブーバー対話論とホリスティック教育　他者・呼びかけ・応答　〔教育思想双書8〕四六判　二五〇〇円

高橋勝　経験のメタモルフォーゼ　〈自己変成〉の教育人間学　〔教育思想双書9〕四六判　二五〇〇円

山名淳　都市とアーキテクチャの教育思想　保護と人間形成のあいだ　〔教育思想双書10〕四六判　二八〇〇円

下司晶　教育思想のポストモダン　戦後教育学を超えて　〔教育思想双書Ⅱ-①〕四六判　二八〇〇円

綾井桜子　教養の揺らぎとフランス近代　知の教育をめぐる思想　〔教育思想双書Ⅱ-②〕四六判　二八〇〇円

＊表示価格は二〇一九年七月現在。消費税は含まれておりません。